G国家创新调查制度系列报告
Guojia Chuangxin Diaocha Zhidu Xilie Baogao

中国区域创新能力监测报告2023

中国区域创新能力监测课题组 编

科学技术文献出版社
SCIENTIFIC AND TECHNICAL DOCUMENTATION PRESS
·北京·

图书在版编目（CIP）数据

中国区域创新能力监测报告. 2023 / 中国区域创新能力监测课题组编. —北京：科学技术文献出版社，2023.11

ISBN 978-7-5235-0603-5

Ⅰ.①中… Ⅱ.①中… Ⅲ.①创造能力—研究报告—中国—2023 Ⅳ.① G322

中国国家版本馆 CIP 数据核字（2023）第 153389 号

中国区域创新能力监测报告2023

策划编辑：李 蕊 刘文文　责任编辑：张瑶瑶　责任校对：王瑞瑞　责任出版：张志平

出 版 者	科学技术文献出版社
地　　址	北京市复兴路15号　邮编 100038
编 务 部	（010）58882938，58882087（传真）
发 行 部	（010）58882868，58882870（传真）
邮 购 部	（010）58882873
官 方 网 址	www.stdp.com.cn
发 行 者	科学技术文献出版社发行　全国各地新华书店经销
印 刷 者	北京时尚印佳彩色印刷有限公司
版　　次	2023 年 11 月第 1 版　2023 年 11 月第 1 次印刷
开　　本	889×1194　1/16
字　　数	393千
印　　张	19.75
书　　号	ISBN 978-7-5235-0603-5
定　　价	106.00元

2023

国家创新调查制度系列报告

Guojia Chuangxin Diaocha Zhidu Xilie Baogao

中国区域创新能力监测报告

党的二十大报告指出，坚持创新在我国现代化建设全局中的核心地位，加快实现高水平科技自立自强，建设科技强国。党中央对完善科技创新体系、加快实施创新驱动发展战略做出部署，为新时代科技发展指明了方向。立足新发展阶段，贯彻新发展理念、构建新发展格局、推动高质量发展，比过去任何时候都更需要增强创新这第一动力。

区域创新是国家创新体系的基础，是深入实施国家发展战略的支撑，也是实现经济高质量发展的保障。在我国步入创新型国家行列的进程中，区域创新成效显著，已形成以各具特色的创新模式为基础、以不断涌现的创新高地为引擎、以跨区域科技合作为纽带的区域创新格局。

依据国家创新调查制度的总体部署，自2014年起，科技部会同有关部门持续开展了区域创新能力监测研究工作，并按年度发布《中国区域创新能力监测报告》。该报告基于政府统计调查，系统发布能够客观反映全国各省（自治区、直辖市）创新活动特征的数据，为各级政府部门、研究机构和社会公众构建来源可靠、分析科学、使用便捷的数据平台，为区域创新政策制定、创新工作开展和创新能力评价提供数据支撑。

《中国区域创新能力监测报告2023》是该系列报告的第10辑。报告从创新环境、创新资源、企业创新、创新产出和创新绩效等5个维度构建监测指标体系，共计214个监测指标。相较于上期报告，基于政府统计调查制度的变化，部分指标有所调整：一是反映邮政、电信业务量的指标调整为企业电子商务方面的指标；二是新增加了"PCT国际专利申请受理量"；三是补齐了上年缺失的研究机构的创新数据。

《中国区域创新能力监测报告2023》包括5个部分内容：一是区域创新能力监测指标体系的构建；二是全国创新能力监测指标年度间的比较；三是各地区创新能力监测指标按5个子系统的数据发布；四是创新能力监测数据按地区发布；五是区域创新能力监测指标的简要说明，以方便研究者使用。

　　为与其他创新调查制度系列报告保持一致，报告标题中的"2023"是指报告发布年份，报告中全国监测数据涵盖了2017—2021年的数据，区域监测数据为2021年的数据，这是截至此报告发布时所能获取的最新数据。

　　在《中国区域创新能力监测报告2023》的编制过程中，得到了来自各方领导和专家的支持。在此，衷心感谢国家统计局社会科技和文化产业统计司、中国科学技术发展战略研究院技术预测与统计分析研究所、国家科技统计数据中心有关专家为监测数据的收集和整合提供的有力支持！

编写组
2023年6月

C 目录
ontents

一、区域创新能力监测指标体系的构建

根据《国家创新调查制度实施办法》的相关部署，创新能力监测是基于政府统计调查，科学设计监测指标体系，发布客观反映国家、区域和企业等创新活动特征的数据。区域创新能力监测的任务是基于政府统计调查，通过监测指标体系的建立，系统发布全国各省、自治区、直辖市（不包括港澳台）反映创新活动特征的数据。一方面，区域创新能力监测是区域创新能力评价的重要支撑，能够为后者提供全面、系统的统计数据，以保证评价活动的科学化、系统化和规范化；另一方面，区域创新能力监测可以更大范围地为社会各界广泛开展的各类分析研究提供与科技进步和创新有关的数据支持。

（一）创新与区域创新

创新是改革开放进程中牵引中国经济社会发展最为重要的引擎。熊彼特（Joseph A. Schumpeter）于1912年出版的代表作《经济发展理论》中，提出以创新为核心的经济发展理论，创立了创新经济学。按照熊彼特的观点，创新处于经济变革的核心地位。所谓"创新"，就是"建立一种新的生产函数"，把一种从来没有过的关于生产要素和生产条件的"新组合"引入生产体系。熊彼特所指的"创新"包括引进新产品和引用新技术、采用新的生产方法、开拓新市场、获取原材料或半制成品的新供应源及实现企业的新组织。在熊彼特提出创新的概念之后，对创新的理解逐步发展，从狭义趋于广义。"创新"一词在不同情况下有着不同的含义，如产品创新、工艺创新、营销创新和组织创新，又如国家创新、区域创新、城市创新和产业创新，其实际内涵取决于所测度和分析的特定目标。

我国人口众多，幅员辽阔。从经济社会发展角度看，区域经济社会发展是整个国民经济与社会发展的基础，区域产业结构优化和经济发展质量提高是整个国民经济产业协调发展的前提。

区域创新能力监测可以帮助我们从数量的角度了解中国各地区在创新资源和条件、创新投入水平、企业创新状况、创新产业发展、创新产出水平及对经济发展质量的影响作用等各个方面的表现，为总体把握创新型国家建设进程提供数据参考。

（二）区域创新能力监测指标体系和原则

正确理解创新的概念和准确把握创新的基本特征是进行创新能力监测的重要环节。在区域创新能力监测体系的建立过程中，对涉及创新型国家、区域创新和创新城市评价的研究成果进行了深入分析，并特别参考了经济合作与发展组织（OECD）的《OECD科学技术和产业记分牌》、欧盟的《欧洲创新记分牌》，以及国内较为知名的《国家创新指数报告》《中国区域科技创新评价报告》等。本报告在对区域创新能力基本特征进行系统归纳的基础上，拟从创新环境、创新资源、企业创新、创新产出、创新绩效等方面对区域创新能力进行监测。

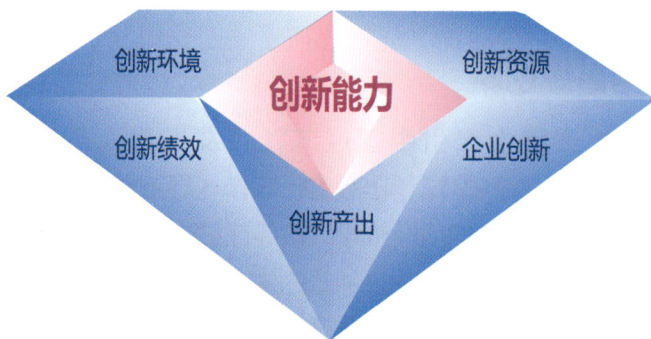

区域创新能力监测指标体系基本框架

区域创新能力监测指标体系的建立遵循以下原则。

（1）全面。尽可能地包含各个方面、各个角度反映创新能力的指标。既有反映总量规模的指标，也有反映增长速度的指标，还有反映一般水平、强度、构成和比例关系的指标；既有反映创新环境、创新资源的指标，也有反映企业创新、创新产出的指标，还有反映创新绩效的指标。

（2）规范。统计口径和计算方法力求符合统计规范。生成监测指标的基础数据均为纳入政府统计调查制度、采用国家或部门统计标准的统计指标。经与各方面专家反复论证，进一步规范了统计指标名称。

（3）公开。生成监测指标的基础数据均来源于政府统计公开出版物，以便于社会各界进行核实和索引。

区域创新能力监测指标体系（1）

一级指标	指标名称
创新环境	大专以上学历人数（万人）
	万人大专以上学历人数（人）
	高等学校数（个）
	高校在校学生数（万人）
	十万人高校在校学生数（人）
	高校（机构）硕士毕业生数（人）
	十万人硕士毕业生数（人）
	高校（机构）博士毕业生数（人）
	十万人博士毕业生数（人）
	研究机构数（个）
	科技企业孵化器管理机构从业人员数（人）
	国家级孵化管理机构从业人员数（人）
	国家大学科技园管理机构从业人员数（人）
	火炬计划特色产业基地企业从业人员数（人）
	国家技术转移机构从业人员数（人）
	众创空间服务人员数（人）
	众创空间数（个）
	科技企业孵化器数（个）
	国家级科技企业孵化器数（个）
	科技企业孵化器在孵企业数（个）
	科技企业孵化器累计毕业企业数（个）
	科技企业孵化器总收入（亿元）
	企业研究开发费用加计扣除减免税额（亿元）
	高新技术企业减免税额（亿元）
	高新技术企业减免税额占全国比重（%）
	信息传输、软件和信息技术服务业固定资产投资（亿元）
	信息传输、软件和信息技术服务业固定资产投资占比重（%）
	有电子商务交易活动企业占比重（%）
	企业电子商务销售额（亿元）
	企业电子商务销售额与地区生产总值比值（亿元/亿元）
	固定电话和移动电话用户数（万户）
	百人固定电话和移动电话用户数（户）

区域创新能力监测指标体系（2）

一级指标	指标名称
创新环境	移动互联网用户数（万户）
	万人移动互联网用户数（万户）
	有效注册商标数（万件）
	百万人有效注册商标数（件）
	地区生产总值（亿元）
	第二产业增加值（亿元）
	第二产业增加值占地区生产总值比重（%）
	工业增加值（亿元）
	工业增加值占地区生产总值比重（%）
	装备制造业营业收入（亿元）
	装备制造业营业收入占工业营业收入比重（%）
	人均地区生产总值（元）
	城镇登记失业人员数（万人）
	城镇登记失业率（%）
	客运量（亿人）
	旅客周转量（亿人公里）
	货运量（亿吨）
	货物周转量（亿吨公里）
创新资源	研究与试验发展（R&D）经费支出（亿元）
	R&D经费支出与地区生产总值之比（%）
	R&D经费中基础研究经费支出（亿元）
	R&D经费中应用研究经费支出（亿元）
	R&D经费中试验发展经费支出（亿元）
	R&D经费中基础研究经费支出占比重（%）
	R&D经费中应用研究经费支出占比重（%）
	R&D经费中试验发展经费支出占比重（%）
	R&D经费中政府资金经费支出（亿元）
	R&D经费中企业资金经费支出（亿元）
	R&D经费中政府资金经费支出占比重（%）
	R&D经费中企业资金经费支出占比重（%）
	高校R&D经费支出（亿元）

区域创新能力监测指标体系（3）

一级指标	指标名称
创新资源	研究机构R&D经费支出（亿元）
	高校R&D经费支出占全社会R&D经费比重（%）
	研究机构R&D经费支出占全社会R&D经费比重（%）
	高新技术企业R&D经费支出（亿元）
	高新技术企业R&D经费支出占全社会R&D经费比重（%）
	财政性教育经费支出（亿元）
	财政性教育经费支出与地区生产总值比值（万元/亿元）
	地方财政科技支出（亿元）
	地方财政科技支出占地方财政支出比重（%）
	地方财政科技支出与地区生产总值比值（万元/亿元）
	R&D人员全时当量（人年）
	万人R&D人员全时当量（人年）
	R&D人员中基础研究人员数（人年）
	R&D人员中应用研究人员数（人年）
	R&D人员中试验发展人员数（人年）
	R&D人员中基础研究人员占比重（%）
	R&D人员中应用研究人员占比重（%）
	R&D人员中试验发展人员占比重（%）
	R&D研究人员全时当量（人年）
	R&D研究人员占全社会R&D人员比重（%）
	高校R&D人员全时当量（人年）
	研究机构R&D人员全时当量（人年）
	高校R&D人员占全社会R&D人员比重（%）
	研究机构R&D人员占全社会R&D人员比重（%）
	高技术产业R&D经费支出（亿元）
	高技术产业R&D经费支出占全社会R&D经费比重（%）
	高技术产业R&D经费支出占营业收入比重（%）
	高技术产业引进技术经费支出（万元）
	高技术产业消化吸收经费支出（万元）
	高技术产业购买境内技术经费支出（万元）
	高技术产业技术改造经费支出（万元）

区域创新能力监测指标体系（4）

一级指标	指标名称
创新资源	高技术产业技术获取和技术改造经费支出占营业收入比重（%）
	高技术产业新产品研发经费支出（亿元）
	高技术产业新产品研发经费支出占新产品销售收入比重（%）
	高技术产业R&D人员全时当量（人年）
	高技术产业R&D人员占全社会R&D人员比重（%）
	高新技术企业R&D人员全时当量（人年）
	高新技术企业R&D人员占全社会R&D人员比重（%）
	科学研究和技术服务业固定资产投资（亿元）
	科学研究和技术服务业固定资产投资占比重（%）
企业创新	开展创新活动的企业数（个）
	开展创新活动的企业占比重（%）
	实现创新的企业数（个）
	实现创新企业占比重（%）
	企业创新费用支出（亿元）
	企业R&D经费支出（亿元）
	企业R&D经费支出占创新费用支出比重（%）
	企业R&D经费支出占全社会R&D经费比重（%）
	企业R&D经费支出占营业收入比重（%）
	企业引进技术经费支出（亿元）
	企业消化吸收经费支出（亿元）
	企业购买境内技术经费支出（亿元）
	企业技术改造经费支出（亿元）
	企业技术获取和技术改造经费支出（亿元）
	企业技术获取和技术改造经费支出占营业收入比重（%）
	企业科学研究经费支出占R&D经费支出比重（%）
	研究机构来源于企业的R&D经费支出（亿元）
	高校来源于企业的R&D经费支出（亿元）
	研究机构和高校R&D经费支出中企业资金占比重（%）
	企业平均吸纳技术成交额（万元）
	企业R&D人员全时当量（人年）

区域创新能力监测指标体系（5）

一级指标	指标名称
企业创新	企业R&D研究人员全时当量（人年）
	企业R&D研究人员占全社会R&D研究人员比重（%）
	万名企业就业人员中R&D人员数（人年）
	有R&D活动的企业数（个）
	有R&D活动的企业占比重（%）
	有研究机构的企业数（个）
	有研究机构的企业占比重（%）
	企业专利申请数（件）
	企业发明专利申请数（件）
	企业发明专利拥有量（件）
	万名企业就业人员发明专利拥有量（件）
创新产出	发明专利申请数（件）
	实用新型专利申请数（件）
	外观设计专利申请数（件）
	研究机构专利申请数（件）
	研究机构发明专利申请数（件）
	高校专利申请数（件）
	高校发明专利申请数（件）
	万人发明专利申请数（件）
	亿元R&D经费支出发明专利申请数（件）
	发明专利授权数（件）
	实用新型专利授权数（件）
	外观设计专利授权数（件）
	万人发明专利授权数（件）
	亿元R&D经费支出发明专利授权数（件）
	发明专利拥有量（件）
	实用新型专利拥有量（件）
	外观设计专利拥有量（件）
	研究机构发明专利拥有量（件）
	高校发明专利拥有量（件）

区域创新能力监测指标体系（6）

一级指标	指标名称
创新产出	万人发明专利拥有量（件）
	PCT国际专利申请受理量（件）
	国内科技论文数（篇）
	万人国内科技论文数（篇）
	SCI 收录科技论文数（篇）
	EI 收录科技论文数（篇）
	CPCI-S 收录科技论文数（篇）
	万人国际科技论文数（篇）
	技术市场成交合同数（项）
	技术市场输出技术成交额（亿元）
	万人输出技术成交额（万元）
	国外技术引进合同数（项）
	国外技术引进合同成交额（亿美元）
	万人国外技术引进合同成交额（万美元）
	国外技术引进合同成交额中技术经费支出（亿美元）
	国外技术引进合同成交额中技术经费支出占比重（%）
	百万人技术国际收入（万美元）
	高技术产业有效发明专利数（件）
	万名高技术产业就业人员有效发明专利数（件）
	高技术产业营业收入（亿元）
	高技术产业营业收入占工业营业收入比重（%）
	高技术产业新产品销售收入（亿元）
	高技术产业新产品销售收入占营业收入比重（%）
	万元地区生产总值高技术产业营业收入（万元）
	新产品销售收入（亿元）
	新产品销售收入占营业收入比重（%）
创新绩效	商品出口额（亿美元）
	商品出口额与地区生产总值比值（万美元/亿元）
	高技术产品出口额（亿美元）
	高技术产品出口额占商品出口额比重（%）

区域创新能力监测指标体系（7）

一级指标	指标名称
创新绩效	第三产业增加值（亿元）
	第三产业增加值占地区生产总值比重（%）
	高新技术企业数（个）
	高新技术企业年末从业人员数（万人）
	高新技术企业营业收入（亿元）
	高新技术企业技术收入（亿元）
	高新技术企业技术收入占营业收入比重（%）
	高新技术企业净利润（亿元）
	高新技术企业利润率（%）
	高新技术企业出口总额（亿元）
	劳动生产率（万元/人）
	固定资本形成总额（亿元）
	资本生产率（万元/万元）
	综合能耗产出率（元/千克标准煤）
	空气质量达到二级以上天数（天）
	空气质量达到二级以上天数占比重（%）
	废水中化学需氧量排放量（万吨）
	废水中化学需氧量排放降低率（%）
	二氧化硫排放量（万吨）
	二氧化硫排放降低率（%）
	万元地区生产总值用水量（立方米）
	万元地区生产总值用水量降低率（%）
	废水中氨氮排放量（万吨）
	废水中氨氮排放降低率（%）
	固体废物产生量（万吨）
	固体废物综合利用量（万吨）
	固体废物综合治理率（%）
	生活垃圾无害化处理率（%）
	污水处理率（%）
	建成区绿化覆盖率（%）

二、全国创新能力监测指标

全国创新能力监测指标（1）

指标名称	2017	2018	2019	2020	2021
大专以上学历人数（万人）	17911.77	18183.41	18996.15	21722.47	24996.88
万人大专以上学历人数（人）	1387.47	1401.10	1457.77	1651.46	1885.90
高等学校数（个）	2631	2663	2688	2738	2756
高校在校学生数（万人）	3606.68	3735.58	4028.45	4414.28	4662.99
十万人高校在校学生数（人）	2576.00	2658.00	2856.90	3125.99	3301.00
高校（机构）硕士毕业生数（人）	520013	543644	577088	662451	700742
十万人硕士毕业生数（人）	37.14	38.68	40.93	46.91	49.61
高校（机构）博士毕业生数（人）	58032	60724	62578	66176	72019
十万人博士毕业生数（人）	4.14	4.32	4.44	4.69	5.10
研究机构数（个）	3547	3306	3217	3109	2962
科技企业孵化器管理机构从业人员数（人）	63205	72955	73432	76540	79695
国家级孵化器管理机构从业人员数（人）	19644	20938	22956	24029	24937
国家大学科技园管理机构从业人员数（人）	2787	2768	2608	2603	3000
火炬计划特色产业基地企业从业人员数（人）	11540900	11655604	11576387	12222703	12965633
国家技术转移机构从业人员数（人）	40665	44164	44458	62239	55924
众创空间服务人员数（人）	105218	145412	94999	95020	104903
众创空间数（个）	5739	6959	8000	8507	9026
科技企业孵化器数（个）	4063	4849	5206	5843	6227
国家级科技企业孵化器数（个）	976	967	1155	1285	1412
科技企业孵化器在孵企业数（个）	177542	206024	216828	233351	243635
科技企业孵化器累计毕业企业数（个）	110701	139396	160850	188707	215969
科技企业孵化器总收入（亿元）	366.76	450.71	449.87	497.69	572.06
企业研究开发费用加计扣除减免税额（亿元）	569.90	881.46	1399.69	1713.41	2091.68
高新技术企业减免税额（亿元）	1062.27	1225.02	1423.80	1639.82	2503.95
信息传输、软件和信息技术服务业固定资产投资（亿元）	6987.43	7270.14	7895.48	9371.93	8237.93
信息传输、软件和信息技术服务业固定资产投资占比重（%）	1.11	1.09	1.12	1.29	1.08
有电子商务交易活动企业占比重（%）	9.50	10.05	10.50	11.10	11.20
企业电子商务销售额（亿元）	130480.68	152424.48	169325.89	189334.65	227611.28
企业电子商务销售额与地区生产总值比值（亿元/亿元）	0.16	0.17	0.17	0.19	0.20
固定电话和移动电话用户数（亿户）	16.11	17.58	17.92	17.76	18.24

全国创新能力监测指标（2）

指标名称	2017	2018	2019	2020	2021
百人固定电话和移动电话用户数（户）	115.08	125.10	127.11	125.77	129.09
移动互联网用户数（亿户）	12.72	12.75	13.19	13.49	14.16
万人移动互联网用户数（万户）	0.91	0.91	0.94	0.95	1.00
有效注册商标数（万件）	1359.41	1804.88	2354.35	2839.32	3532.28
百万人有效注册商标数（件）	9709.32	12842.38	16696.58	20106.78	25005.52
地区生产总值（亿元）	832035.90	919281.10	986515.20	1013567.00	1149237.00
第二产业增加值（亿元）	331580.50	364835.20	380670.60	383562.40	451544.10
第二产业增加值占地区生产总值比重（%）	39.85	39.69	38.59	37.84	39.29
工业增加值（亿元）	275119.30	301089.30	311858.70	312902.90	374545.60
工业增加值占地区生产总值比重（%）	33.07	32.75	31.61	30.87	32.59
装备制造业营业收入（亿元）①	371986.80	336133.90	350775.91	374994.80	437930.65
装备制造业营业收入占工业营业收入比重（%）②	32.83	32.88	32.86	34.60	33.31
人均地区生产总值（元）	59592	65534	70078	71828	81370
城镇登记失业人员数（万人）	972.00	974.00	945.00	1160.00	1040.00
城镇登记失业率（%）	3.90	3.80	3.62	4.24	3.96
客运量（亿人）	184.86	179.38	176.04	96.65	83.03
旅客周转量（亿人公里）	32812.80	34218.15	35349.24	19251.46	19758.15
货运量（亿吨）	480.49	515.27	471.36	472.96	529.85
货物周转量（亿吨公里）	197372.65	204686.24	199394.33	202211.34	223600.38
研究与试验发展（R&D）经费支出（亿元）	17606.10	19677.93	22143.58	24393.11	27956.31
R&D经费支出与地区生产总值之比（%）	2.12	2.14	2.24	2.41	2.43
R&D经费中基础研究经费支出（亿元）	975.49	1090.37	1335.57	1467.00	1817.03
R&D经费中应用研究经费支出（亿元）	1849.21	2190.87	2498.46	2757.24	3145.37
R&D经费中试验发展经费支出（亿元）	14781.43	16396.69	18309.55	20168.88	22995.88
R&D经费中基础研究经费支出占比重（%）	5.54	5.54	6.03	6.01	6.50
R&D经费中应用研究经费支出占比重（%）	10.50	11.13	11.28	11.30	11.25
R&D经费中试验发展经费支出占比重（%）	83.96	83.33	82.69	82.68	82.26
R&D经费中政府资金经费支出（亿元）	3487.45	3978.64	4537.31	4825.56	5299.66
R&D经费中企业资金经费支出（亿元）	13464.94	15079.30	16887.15	18895.03	21808.80
R&D经费中政府资金经费支出占比重（%）	19.81	20.22	20.49	19.78	18.96
R&D经费中企业资金经费支出占比重（%）	76.48	76.63	76.26	77.46	78.01
高校R&D经费支出（亿元）	1265.96	1457.88	1796.62	1882.48	2180.49

① 2017—2018年为装备制造业主营业务收入数据。
② 2017—2018年为装备制造业主营业务收入占工业主营业务收入比重数据。

全国创新能力监测指标（3）

指标名称	2017	2018	2019	2020	2021
研究机构R&D经费支出（亿元）	2435.70	2698.35	3080.83	3408.82	3717.93
高校R&D经费支出占全社会R&D经费比重（%）	7.19	7.41	8.11	7.72	7.80
研究机构R&D经费支出占全社会R&D经费比重（%）	13.83	13.71	13.91	13.97	13.30
高新技术企业R&D经费支出（亿元）	9279.49	10846.67	11850.07	13309.59	14662.09
高新技术企业R&D经费支出占全社会R&D经费比重（%）	52.71	55.12	53.51	54.56	52.45
财政性教育经费支出（亿元）	30153.18	32169.47	32961.06	34686.30	35778.50
财政性教育经费支出与地区生产总值比值（万元/亿元）	362.40	349.94	334.12	342.22	311.32
地方财政科技支出（亿元）	4440.02	5206.38	5954.61	5801.86	6464.24
地方财政科技支出占地方财政支出比重（%）	2.56	2.77	2.92	2.76	3.07
地方财政科技支出与地区生产总值比值（万元/亿元）	53.36	56.64	60.36	57.24	56.25
R&D人员全时当量（人年）	4033597	4381444	4800768	5234508	5716330
万人R&D人员全时当量（人年）	28.81	31.18	34.05	37.07	40.47
R&D人员中基础研究人员数（人年）	290090	304989	391972	426772	471920
R&D人员中应用研究人员数（人年）	489635	538817	615395	643130	690956
R&D人员中试验发展人员数（人年）	3253907	3537720	3793700	4164620	4553469
R&D人员中基础研究人员占比重（%）	7.19	6.96	8.16	8.15	8.26
R&D人员中应用研究人员占比重（%）	12.14	12.30	12.82	12.29	12.09
R&D人员中试验发展人员占比重（%）	80.67	80.74	79.02	79.56	79.66
R&D研究人员全时当量（人年）	1740442	1866109	2109460	2281134	2405509
R&D研究人员占全社会R&D人员比重（%）	43.15	42.59	43.94	43.58	42.08
高校R&D人员全时当量（人年）	382160	410893	565478	614763	671766
研究机构R&D人员全时当量（人年）	405711	412998	424640	453739	461030
高校R&D人员占全社会R&D人员比重（%）	9.47	9.38	11.78	11.74	11.75
研究机构R&D人员占全社会R&D人员比重（%）	10.06	9.43	8.85	8.67	8.07
高技术产业R&D经费支出（亿元）	3182.57	3559.12	3803.96	4649.09	5684.57
高技术产业R&D经费支出占全社会R&D经费比重（%）	18.08	18.09	17.18	19.06	20.33
高技术产业R&D经费支出占营业收入比重（%）[①]	2.00	2.27	2.39	2.66	2.71
高技术产业引进技术经费支出（亿元）	64.62	139.61	109.40	180.73	116.36
高技术产业消化吸收经费支出（亿元）	5.53	11.85	9.57	12.08	10.29
高技术产业购买境内技术经费支出（亿元）	77.36	239.43	286.57	251.92	227.49
高技术产业技术改造经费支出（亿元）	476.02	556.60	562.01	629.87	798.83

① 2017年为高技术产业主营业务收入数据。

全国创新能力监测指标（4）

指标名称	2017	2018	2019	2020	2021
高技术产业技术获取和技术改造经费支出占营业收入比重（%）①	0.39	0.60	0.61	0.62	0.55
高技术产业新产品研发经费支出（亿元）	4097.34	4638.93	5407.48	6152.37	7510.02
高技术产业新产品研发经费支出占新产品销售收入比重（%）	7.65	8.15	9.14	8.98	9.19
高技术产业R&D人员全时当量（人年）	747310	852467	860961	990314	1119630
高技术产业R&D人员占全社会R&D人员比重（%）	18.53	19.46	17.93	18.92	19.59
高新技术企业R&D人员全时当量（人年）	2633467	2857665	2860041	3192980	2748285
高新技术企业R&D人员占全社会R&D人员比重（%）	65.29	65.22	59.57	61.00	48.08
科学研究和技术服务业固定资产投资（亿元）	5932.48	6737.10	7939.87	8209.99	9400.44
科学研究和技术服务业固定资产投资占比重（%）	0.94	1.01	1.13	1.13	1.24
开展创新活动的企业数（个）	188542	196236	223737	238085	274714
开展创新活动的企业占比重（%）	50.60	52.36	59.20	59.63	62.21
实现创新的企业数（个）	170713	179974	201431	223781	251763
实现创新企业占比重（%）	45.82	48.02	53.30	56.05	57.02
企业创新费用支出（亿元）	19146.00	20861.60	23184.60	24671.50	28789.50
企业R&D经费支出（亿元）	13660.23	15233.72	16921.79	18357.22	21130.60
企业R&D经费支出占创新费用支出比重（%）	62.74	62.10	60.26	61.90	60.84
企业R&D经费支出占全社会R&D经费比重（%）	77.59	77.42	76.42	75.26	75.58
企业R&D经费支出占营业收入比重（%）②	1.06	1.23	1.31	1.41	1.33
企业引进技术经费支出（亿元）	399.32	465.27	476.69	459.95	507.76
企业消化吸收经费支出（亿元）	118.54	91.01	96.77	75.59	80.90
企业购买境内技术经费支出（亿元）	200.87	440.17	537.41	839.14	464.29
企业技术改造经费支出（亿元）	3103.38	3233.41	3740.15	3516.68	3844.24
企业技术获取和技术改造经费支出（亿元）	3822.10	4229.86	4851.02	4891.36	4897.18
企业技术获取和技术改造经费支出占营业收入比重（%）②	0.34	0.40	0.45	0.45	0.37
企业科学研究经费支出占R&D经费支出比重（%）	2.79	3.32	2.90	3.02	3.47
研究机构来源于企业的R&D经费支出（亿元）	91.85	102.64	118.66	135.13	203.89
高校来源于企业的R&D经费支出（亿元）	360.36	387.16	470.97	666.01	710.39
研究机构和高校R&D经费支出中企业资金占比重（%）	12.22	11.78	12.09	15.14	15.50
企业平均吸纳技术成交额（万元）	360.16	467.64	592.84	707.39	844.69
企业R&D人员全时当量（人年）	3119809	3424780	3668433	4052285	4455777

① 2017年为高技术产业主营业务收入数据。
② 2017年为企业主营业务收入数据。

全国创新能力监测指标（5）

指标名称	2017	2018	2019	2020	2021
企业R&D研究人员全时当量（人年）	1055746	1143157	1216670	1834041	1388885
企业R&D研究人员占全社会R&D研究人员比重（%）	60.66	61.26	57.68	80.40	57.74
万名企业就业人员中R&D人员数（人年）	305.46	375.36	397.50	406.37	481.28
有R&D活动的企业数（个）	102218	104820	129198	146691	169224
有R&D活动的企业占比重（%）	27.42	27.70	34.20	36.73	38.33
有研究机构的企业数（个）	70636	72607	85274	94072	108667
有研究机构的企业占比重（%）	18.95	19.19	22.57	23.55	24.61
企业专利申请数（件）	817037	957298	1059808	1243927	1403611
企业发明专利申请数（件）	320626	371569	398802	446069	494589
企业发明专利拥有量（件）	933990	1094200	1218074	1447950	1691909
万名企业就业人员发明专利拥有量（件）	104.26	137.77	153.62	186.69	212.79
发明专利申请数（件）	1233592	1380668	1231093	1332854	1415504
实用新型专利申请数（件）	1671928	2055495	2252811	2912744	2840276
外观设计专利申请数（件）	607754	685312	688583	749687	784665
研究机构专利申请数（件）	56267	61404	67302	74601	81879
研究机构发明专利申请数（件）	43426	47740	52185	57477	64132
高校专利申请数（件）	277524	320790	340685	340360	381565
高校发明专利申请数（件）	157131	191964	210885	194612	220640
万人发明专利申请数（件）	8.87	9.89	8.79	9.44	10.02
亿元R&D经费支出发明专利申请数（件）	70.07	70.16	55.60	54.64	50.63
发明专利授权数（件）	320242	339615	354111	433771	577793
实用新型专利授权数（件）	961521	1464979	1567242	2361929	3107146
外观设计专利授权数（件）	423348	514615	536288	708374	765954
万人发明专利授权数（件）	2.30	2.43	2.53	3.07	4.09
亿元R&D经费支出发明专利授权数（件）	18.19	17.26	15.99	17.78	20.67
发明专利拥有量（件）	1355846	1601903	1862381	2212722	2704102
实用新型专利拥有量（件）	3517603	4317274	5173261	6856279	9153416
外观设计专利拥有量（件）	1330558	1479570	1655877	2046034	2437980
研究机构发明专利拥有量（件）	124518	151327	162097	192340	211737
高校发明专利拥有量（件）	303283	357010	414032	492903	600653

全国创新能力监测指标（6）

指标名称	2017	2018	2019	2020	2021
万人发明专利拥有量（件）	9.68	11.40	13.21	15.67	19.14
PCT国际专利申请受理量（件）	47492	51893	56796	66948	68338
国内科技论文数（篇）	563624	508408	501088	500765	509446
万人国内科技论文数（篇）	4.03	3.62	3.55	3.55	3.61
SCI 收录科技论文数（篇）	361257	376354	450215	479277	557238
EI 收录科技论文数（篇）	228060	250767	271240	340715	344085
CPCI-S 收录科技论文数（篇）	73625	61462	51207	33892	26805
万人国际科技论文数（篇）	4.73	4.90	5.48	6.05	6.57
技术市场成交合同数（项）	367586	411985	484077	549353	670506
技术市场输出技术成交额（亿元）	13424.22	17697.42	22398.39	28251.51	37294.30
万人输出技术成交额（万元）	958.80	1259.24	1588.45	2000.65	2640.12
国外技术引进合同数（项）	7361	7147	7360	6172	6023
国外技术引进合同成交额（亿美元）	328.27	331.34	352.01	318.38	367.06
万人国外技术引进合同成交额（万美元）	23.45	23.58	24.96	22.55	25.98
国外技术引进合同成交额中技术经费支出（亿美元）	318.98	322.71	314.34	315.14	364.06
国外技术引进合同成交额中技术经费支出占比重（%）	97.17	97.39	89.30	98.98	99.18
百万人技术国际收入（万美元）	3234.13	3659.90	4151.35	4576.56	5961.65
高技术产业有效发明专利数（件）	379615	425137	471949	570905	685428
万名高技术产业就业人员有效发明专利数（件）	275.29	322.64	366.41	411.71	467.28
高技术产业营业收入（亿元）[1]	159375.81	157000.97	158848.97	174613.10	209895.50
高技术产业营业收入占工业营业收入比重（%）[2]	14.06	14.96	14.88	16.11	15.97
高技术产业新产品销售收入（亿元）	53547.11	56894.15	59164.22	68549.14	81742.57
高技术产业新产品销售收入占营业收入比重（%）[1]	33.60	36.24	37.25	39.26	38.94
万元地区生产总值高技术产业营业收入（万元）[1]	0.19	0.17	0.16	0.17	0.18
新产品销售收入（亿元）	191568.69	197094.07	212060.26	238073.66	295566.70
新产品销售收入占营业收入比重（%）[3]	16.91	18.78	19.87	21.97	22.48
商品出口额（亿美元）	22633.71	24866.82	24994.82	25899.52	33630.20
商品出口额与地区生产总值比值（万美元/亿元）	272.03	270.50	253.36	255.53	292.63
高技术产品出口额（亿美元）	6708.15	7430.44	7307.14	7762.55	9795.28
高技术产品出口额占商品出口额比重（%）	29.64	29.88	29.23	29.97	29.13

① 2017年为高技术产业主营业务收入数据。
② 2017年为高技术产业主营业务收入占工业主营业务收入比重数据。
③ 2017年为新产品销售收入占主营业务收入比重数据。

全国创新能力监测指标（7）

指标名称	2017	2018	2019	2020	2021
第三产业增加值（亿元）	438355.90	489700.80	535371.00	551973.70	614476.40
第三产业增加值占地区生产总值比重（%）	52.68	53.27	54.27	54.46	53.47
高新技术企业数（个）	130632	172262	218544	269896	324112
高新技术企业年末从业人员数（万人）	2735.48	3131.56	3436.99	3858.80	4259.06
高新技术企业营业收入（亿元）	318374.09	389203.73	450957.74	520844.97	650459.25
高新技术企业技术收入（亿元）	34249.51	44877.22	56956.29	73037.92	86100.12
高新技术企业技术收入占营业收入比重（%）	10.76	11.53	12.63	14.02	13.24
高新技术企业净利润（亿元）	23217.15	26140.30	27340.65	35149.54	44805.63
高新技术企业利润率（%）	7.29	6.72	6.06	6.75	6.89
高新技术企业出口总额（亿元）	37830.98	45007.62	49076.34	54623.59	69150.85
劳动生产率（万元/人）	10.79	11.88	13.13	13.53	15.32
固定资本形成总额（亿元）	346441.00	380771.75	422018.80	435236.52	478901.00
资本生产率（万元/万元）	0.30	0.30	0.30	0.30	0.32
综合能耗产出率（元/千克标准煤）	16.47	17.00	17.45	18.20	18.83
空气质量达到二级以上天数（天）	280	276	282	310	311
空气质量达到二级以上天数占比重（%）	76.62	75.58	77.28	85.01	85.28
废水中化学需氧量排放量（万吨）	608.90	584.22	567.14	2564.76	2530.98
废水中化学需氧量排放降低率（%）①	7.48	4.05	2.92	-352.22	1.32
二氧化硫排放量（万吨）	610.80	516.10	457.29	318.22	274.78
二氧化硫排放降低率（%）	28.55	15.50	11.40	30.41	13.65
万元生产总值用水量（立方米）	73.63	66.82	60.77	57.21	51.76
万元生产总值用水量降低率（%）	9.78	9.26	9.05	5.85	9.52
废水中氨氮排放量（万吨）	50.90	49.44	46.25	98.40	86.75
废水中氨氮排放降低率（%）①	10.39	2.88	6.44	-112.74	11.84
固体废物产生量（亿吨）	38.67	37.12	44.08	36.75	39.70
固体废物综合利用量（亿吨）	20.61	21.10	23.21	20.38	22.67
固体废物综合治理率（%）	77.69	79.79	77.68	80.41	79.48
生活垃圾无害化处理率（%）	97.74	98.96	99.20	99.75	99.88
污水处理率（%）	94.54	95.49	94.81	97.53	97.89
建成区绿化覆盖率（%）	40.91	41.11	41.51	42.06	42.42

① 2020年生态环境部调整了统计调查范围。

三、全国各子系统创新能力监测指标
创新环境监测指标（1）

地 区	大专以上学历人数（万人）	万人大专以上学历人数（人）	高等学校数（个）	高校在校学生数（万人）	十万人高校在校学生数（人）
北 京	1021.46	4914.28	92	116.29	5312.57
天 津	431.29	3294.82	56	70.75	5152.98
河 北	990.74	1416.72	123	217.91	2925.70
山 西	660.78	2011.10	82	108.31	3112.26
内蒙古	521.17	2281.81	54	56.42	2351.04
辽 宁	865.97	2126.74	114	158.25	3741.97
吉 林	477.41	2083.66	66	108.06	4549.73
黑龙江	558.32	1838.18	80	107.77	3448.50
上 海	926.65	3864.56	64	91.87	3691.01
江 苏	1834.88	2265.81	167	300.31	3531.03
浙 江	1254.44	2020.03	109	172.12	2631.84
安 徽	985.63	1724.52	121	188.82	3088.76
福 建	687.90	1760.35	89	126.59	3023.31
江 西	629.87	1491.80	106	180.74	4001.28
山 东	1647.16	1740.59	153	348.68	3428.54
河 南	1286.86	1397.36	156	338.37	3423.74
湖 北	1020.13	1853.07	130	228.16	3913.54
湖 南	1048.49	1685.33	128	230.89	3486.73
广 东	2352.55	1993.67	160	370.68	2922.40
广 西	622.12	1339.00	85	172.89	3432.37
海 南	150.66	1588.12	21	28.96	2838.78
重 庆	622.21	2042.44	69	115.78	3604.70
四 川	1306.05	1648.59	134	244.90	2925.20
贵 州	518.34	1474.79	75	99.88	2592.81
云 南	622.59	1430.68	82	134.65	2871.07
西 藏	42.91	1298.63	7	5.98	1633.63
陕 西	815.50	2200.57	97	169.18	4278.70
甘 肃	399.05	1726.22	49	74.68	2999.10
青 海	91.87	1672.40	12	9.58	1612.95
宁 夏	134.97	2016.95	20	19.93	2749.14
新 疆	469.19	1915.94	55	65.40	2525.95

创新环境监测指标（2）

地 区	高校（机构）硕士毕业生数（人）	十万人硕士毕业生数（人）	高校（机构）博士毕业生数（人）	十万人博士毕业生数（人）	研究机构数（个）
北 京	89694	409.75	21301	97.31	383
天 津	19408	141.35	2057	14.98	39
河 北	16949	22.76	569	0.76	76
山 西	11727	33.70	558	1.60	55
内蒙古	7735	32.23	257	1.07	57
辽 宁	37214	88.00	2420	5.72	41
吉 林	21203	89.28	2068	8.71	98
黑龙江	20929	66.97	2082	6.66	88
上 海	49549	199.07	6539	26.27	130
江 苏	57118	67.16	5502	6.47	117
浙 江	23137	35.38	2375	3.63	84
安 徽	18521	30.30	2009	3.29	89
福 建	15272	36.47	1271	3.04	101
江 西	13719	30.37	342	0.76	103
山 东	32593	32.05	1861	1.83	140
河 南	16861	17.06	536	0.54	110
湖 北	39048	66.98	4714	8.09	93
湖 南	24322	36.73	2268	3.42	105
广 东	35176	27.73	3735	2.94	201
广 西	11678	23.18	337	0.67	99
海 南	2297	22.52	75	0.74	25
重 庆	20932	65.17	1359	4.23	35
四 川	32707	39.07	2798	3.34	158
贵 州	7273	18.88	195	0.51	75
云 南	13185	28.11	463	0.99	123
西 藏	705	19.26	27	0.74	21
陕 西	37534	94.93	3225	8.16	92
甘 肃	12102	48.60	732	2.94	96
青 海	1860	31.31	36	0.61	18
宁 夏	2519	34.74	92	1.27	17
新 疆	7775	30.03	216	0.83	93

创新环境监测指标（3）

地　区	科技企业孵化器管理机构从业人员数（人）	国家级孵化器管理机构从业人员数（人）	国家大学科技园管理机构从业人员数（人）	火炬计划特色产业基地企业从业人员数（人）	国家技术转移机构从业人员数（人）
北　京	5269	1494	460	47108	4267
天　津	1227	526	7	141930	645
河　北	3469	717	67	284806	501
山　西	1027	277	24	69086	712
内蒙古	909	293	34	42755	71
辽　宁	1332	673	143	171569	4477
吉　林	1640	590	32	49031	406
黑龙江	2207	468	178	132223	449
上　海	2455	1110	336	220798	9009
江　苏	11856	3902	369	3204588	6030
浙　江	5567	1604	115	1366454	3936
安　徽	2180	677	48	495766	2572
福　建	1814	422	27	875842	167
江　西	1999	469	68	208910	232
山　东	4117	1626	135	1479713	2578
河　南	2834	1096	102	365361	227
湖　北	3635	1236	101	353676	4682
湖　南	1808	621	53	323099	163
广　东	11421	2935	128	2423070	4733
广　西	1232	376	21	26453	725
海　南	170	145	45	0	0
重　庆	2062	342	38	212330	1112
四　川	2533	729	171	80693	1245
贵　州	918	294	27	87743	43
云　南	606	283	65	26938	381
西　藏	29	21	0	0	0
陕　西	2595	1155	101	184524	3809
甘　肃	1463	280	45	22465	1157
青　海	289	172	23	0	314
宁　夏	406	112	14	12912	0
新　疆	420	232	11	49379	1281

创新环境监测指标（4）

地　区	众创空间服务人员数（人）	众创空间数（个）	科技企业孵化器数（个）	国家级科技企业孵化器数（个）	科技企业孵化器在孵企业数（个）	科技企业孵化器累计毕业企业数（个）
北　京	4698	250	270	65	12388	28564
天　津	2157	212	109	36	5120	3214
河　北	6554	640	289	41	9371	5952
山　西	4119	322	72	16	3005	2722
内蒙古	2910	167	51	13	1998	1921
辽　宁	3317	261	94	31	4432	4842
吉　林	1131	101	95	25	3712	2654
黑龙江	430	49	200	21	6697	3851
上　海	1602	162	185	62	7953	4362
江　苏	8935	1081	1008	243	40020	35007
浙　江	9890	796	517	106	19501	18694
安　徽	2987	255	216	48	7289	4590
福　建	3736	371	137	21	4159	4479
江　西	3210	184	107	20	4317	3466
山　东	6068	527	323	100	14314	13656
河　南	4378	315	203	59	9895	8496
湖　北	4177	376	287	72	13175	10281
湖　南	2847	285	124	31	6619	5784
广　东	9068	1043	1078	198	34375	25390
广　西	1461	117	120	22	4374	2808
海　南	144	12	6	3	661	287
重　庆	4446	327	158	26	4863	4044
四　川	2547	242	191	45	9201	7701
贵　州	2009	82	48	9	1607	1119
云　南	1872	144	42	16	2367	1758
西　藏	371	31	3	2	88	126
陕　西	3197	247	145	39	5562	5755
甘　肃	4073	243	77	13	2749	1672
青　海	572	51	15	7	643	743
宁　夏	918	55	21	6	969	748
新　疆	812	49	26	12	1593	903

创新环境监测指标（5）

地　区	科技企业孵化器总收入（亿元）	企业研究开发费用加计扣除减免税额（亿元）	高新技术企业减免税额（亿元）	高新技术企业减免税额占全国比重（％）	信息传输、软件和信息技术服务业固定资产投资（亿元）	信息传输、软件和信息技术服务业固定资产投资占比重（％）
北　京	66.83	40.83	68.39	2.73	387.80	4.72
天　津	7.97	28.15	30.52	1.22	327.00	2.52
河　北	9.87	47.72	83.45	3.33	689.22	1.74
山　西	7.29	26.21	28.42	1.13	100.06	1.26
内蒙古	4.11	12.44	28.63	1.14	218.78	1.91
辽　宁	5.27	31.40	42.98	1.72	85.84	1.22
吉　林	7.04	19.08	23.38	0.93	86.22	0.64
黑龙江	5.61	11.32	7.74	0.31	250.89	2.03
上　海	25.61	96.20	76.89	3.07	207.65	2.18
江　苏	88.58	269.30	319.07	12.74	941.87	1.51
浙　江	44.40	252.69	244.95	9.78	452.85	1.06
安　徽	8.91	90.57	91.64	3.66	592.66	1.46
福　建	9.66	54.97	59.80	2.39	443.11	1.36
江　西	9.16	62.52	46.56	1.86	738.07	2.33
山　东	22.00	153.08	156.58	6.25	606.34	1.07
河　南	11.17	58.88	51.21	2.05	666.02	1.19
湖　北	21.48	85.23	62.38	2.49	275.28	0.72
湖　南	9.98	104.83	75.85	3.03	753.13	1.71
广　东	130.28	470.21	437.83	17.49	649.23	1.24
广　西	6.09	23.22	466.25	18.62	383.52	1.42
海　南	1.21	4.30	5.15	0.21	121.70	3.12
重　庆	5.93	27.53	8.59	0.34	196.56	0.90
四　川	19.74	51.52	26.38	1.05	594.02	1.46
贵　州	11.10	7.38	6.07	0.24	201.04	1.13
云　南	1.48	10.19	12.28	0.49	218.53	0.87
西　藏	0.11	0.24	0	0	14.91	0.78
陕　西	19.78	26.83	15.52	0.62	257.73	0.96
甘　肃	5.54	6.89	5.33	0.21	73.90	1.06
青　海	1.21	2.42	3.15	0.13	35.83	0.98
宁　夏	1.15	4.85	2.53	0.10	31.80	1.12
新　疆	2.47	10.66	16.30	0.65	129.64	1.07

创新环境监测指标（6）

地 区	有电子商务交易活动企业占比重（％）	企业电子商务销售额（亿元）	企业电子商务销售额与地区生产总值比值（亿元/亿元）	固定电话和移动电话用户数（万户）	百人固定电话和移动电话用户数（户）	移动互联网用户数（万户）
北 京	23.50	31239.82	0.76	4457.20	203.62	3379.41
天 津	7.30	5403.41	0.34	2076.17	151.21	1536.83
河 北	7.50	3790.82	0.09	9314.59	125.06	7512.48
山 西	6.60	3420.83	0.15	4388.69	126.11	3325.81
内蒙古	7.50	3145.51	0.15	3220.66	134.19	2665.19
辽 宁	5.90	4785.70	0.17	5543.17	131.08	3994.08
吉 林	5.60	587.12	0.04	3342.60	140.74	2454.55
黑龙江	6.00	801.73	0.05	4076.41	130.45	3093.93
上 海	11.30	29122.50	0.67	5040.80	202.52	3616.60
江 苏	10.40	13386.12	0.11	11384.94	133.86	8753.62
浙 江	11.90	14913.50	0.20	10011.89	153.09	7483.37
安 徽	12.50	7461.89	0.18	6733.64	110.15	5276.70
福 建	11.80	6397.19	0.13	5531.41	132.11	4146.55
江 西	10.60	3807.72	0.13	4970.79	110.05	3855.94
山 东	14.80	17145.53	0.21	12355.96	121.49	9367.97
河 南	7.10	5088.33	0.09	11030.16	111.61	9136.57
湖 北	10.80	6126.92	0.12	6316.94	108.35	5041.08
湖 南	11.00	5065.79	0.11	7510.65	113.42	6026.18
广 东	11.30	37886.05	0.30	18340.00	144.59	15070.27
广 西	9.80	2616.56	0.10	5934.28	117.81	5011.41
海 南	13.80	1250.12	0.19	1332.59	130.65	989.43
重 庆	13.60	6723.44	0.24	4359.11	135.71	3288.50
四 川	12.60	7364.39	0.14	11257.51	134.47	7990.76
贵 州	10.70	1746.60	0.09	4509.38	117.07	3811.02
云 南	11.50	2461.72	0.09	5314.55	113.32	4063.24
西 藏	9.90	152.22	0.07	413.75	113.05	299.80
陕 西	11.90	3048.62	0.10	5438.79	137.55	4115.16
甘 肃	9.30	771.10	0.08	3045.87	122.32	2434.24
青 海	12.70	665.17	0.20	816.75	137.50	609.07
宁 夏	9.30	317.20	0.07	914.10	126.08	750.82
新 疆	6.00	917.68	0.06	3369.18	130.13	2464.30

创新环境监测指标（7）

地 区	万人移动互联网用户数（万户）	有效注册商标数（万件）	百万人有效注册商标数（件）	地区生产总值（亿元）	第二产业增加值（亿元）
北 京	1.54	257.86	117798.72	41045.60	7389.00
天 津	1.12	35.27	25687.69	15685.10	5672.70
河 北	1.01	106.38	14282.92	40397.10	16355.80
山 西	0.96	28.94	8315.92	22870.40	11578.10
内蒙古	1.11	29.51	12296.88	21166.00	9880.60
辽 宁	0.94	55.66	13161.08	27569.50	10883.30
吉 林	1.03	30.98	13044.34	13163.80	4768.30
黑龙江	0.99	39.28	12570.46	14858.20	4086.50
上 海	1.45	211.71	85059.70	43653.20	11366.70
江 苏	1.03	233.59	27465.56	117392.40	52678.70
浙 江	1.14	367.51	56193.46	74040.80	31174.00
安 徽	0.86	101.15	16546.07	42565.20	17240.10
福 建	0.99	198.92	47507.98	49566.10	23319.80
江 西	0.85	67.16	14869.21	29827.80	13230.70
山 东	0.92	205.75	20231.00	82875.20	32834.50
河 南	0.92	148.97	15073.25	58071.40	23566.40
湖 北	0.86	83.35	14296.64	50091.20	19332.10
湖 南	0.91	90.26	13630.23	45713.50	17852.50
广 东	1.19	676.64	53345.77	124719.50	50555.80
广 西	0.99	38.90	7723.72	25209.10	8513.90
海 南	0.97	16.03	15713.53	6504.10	1240.80
重 庆	1.02	69.40	21607.81	28077.30	11217.30
四 川	0.95	128.17	15308.93	54088.00	19949.70
贵 州	0.99	36.26	9414.46	19458.60	6850.50
云 南	0.87	53.86	11484.09	27161.60	9537.20
西 藏	0.82	4.75	12970.49	2080.20	757.30
陕 西	1.04	62.07	15698.56	30121.70	14019.00
甘 肃	0.98	15.75	6323.86	10225.50	3451.20
青 海	1.03	6.08	10228.28	3385.10	1364.70
宁 夏	1.04	8.43	11627.45	4588.20	2099.20
新 疆	0.95	27.93	10788.91	16311.60	6295.90

创新环境监测指标（8）

地 区	第二产业增加值占地区生产总值比重（%）	工业增加值（亿元）	工业增加值占地区生产总值比重（%）	装备制造业营业收入（亿元）
北　京	18.00	5855.10	14.26	12948.69
天　津	36.17	5056.50	32.24	8119.71
河　北	40.49	14132.30	34.98	8660.12
山　西	50.62	10543.60	46.10	3017.56
内蒙古	46.68	8443.80	39.89	691.89
辽　宁	39.48	9386.50	34.05	8644.92
吉　林	36.22	3839.50	29.17	7934.03
黑龙江	27.50	3751.00	25.25	1581.41
上　海	26.04	10676.70	24.46	24923.84
江　苏	44.87	45730.70	38.96	71367.68
浙　江	42.10	26996.00	36.46	39633.26
安　徽	40.50	12790.80	30.05	15538.37
福　建	47.05	18292.80	36.91	13769.81
江　西	44.36	10862.90	36.42	13310.26
山　东	39.62	26894.10	32.45	20858.25
河　南	40.58	18113.70	31.19	16053.08
湖　北	38.59	16040.70	32.02	17144.16
湖　南	39.05	13959.00	30.54	12767.98
广　东	40.54	45510.30	36.49	89902.76
广　西	33.77	6439.80	25.55	4365.10
海　南	19.08	693.10	10.66	101.18
重　庆	39.95	7940.50	28.28	15633.97
四　川	36.88	15546.10	28.74	17414.97
贵　州	35.21	5231.30	26.88	1230.49
云　南	35.11	6555.80	24.14	1674.33
西　藏	36.41	189.90	9.13	4.07
陕　西	46.54	11538.10	38.30	8367.59
甘　肃	33.75	2835.40	27.73	623.29
青　海	40.31	980.20	28.96	267.70
宁　夏	45.75	1762.20	38.41	618.24
新　疆	38.60	5057.90	31.01	761.90

创新环境监测指标（9）

地　区	装备制造业营业收入占工业营业收入比重（%）	人均地区生产总值（元）	城镇登记失业人员数（万人）	城镇登记失业率（%）
北　京	45.05	187526	37.19	3.23
天　津	35.24	113660	27.45	3.68
河　北	16.06	54181	40.18	3.08
山　西	8.96	65625	20.00	2.27
内蒙古	2.79	88137	30.53	3.84
辽　宁	23.51	64992	47.73	4.33
吉　林	53.94	55148	19.07	3.26
黑龙江	13.36	47199	28.54	3.18
上　海	54.90	175420	66.88	2.73
江　苏	46.38	138255	49.13	2.54
浙　江	39.51	113839	45.26	2.61
安　徽	34.14	69676	25.45	2.46
福　建	20.94	118750	37.97	3.33
江　西	29.62	66020	29.92	2.84
山　东	20.09	81510	62.43	2.94
河　南	28.03	58587	65.34	3.40
湖　北	33.47	86551	51.30	2.99
湖　南	29.41	68913	27.72	2.29
广　东	51.77	98561	82.53	2.45
广　西	19.60	50137	22.74	2.49
海　南	3.78	63991	10.05	3.06
重　庆	56.79	87450	18.91	2.92
四　川	32.12	64610	66.43	3.60
贵　州	11.70	50476	32.04	4.45
云　南	9.51	57717	30.00	3.75
西　藏	0.98	56831	1.81	2.56
陕　西	26.80	76171	27.69	3.47
甘　肃	6.21	40976	13.08	3.40
青　海	8.29	57036	2.83	1.84
宁　夏	9.37	63461	6.96	4.13
新　疆	4.91	62991	8.85	2.04

创新环境监测指标（10）

地　区	客运量 （亿人）	旅客 周转量 （亿人公里）	货运量 （亿吨）	货物 周转量 （亿吨公里）
北　京	3.67	149.59	2.34	1077.31
天　津	1.24	171.01	5.64	2677.56
河　北	1.50	682.13	26.12	14769.50
山　西	1.18	221.32	21.76	6444.67
内蒙古	0.63	164.82	21.60	4933.82
辽　宁	2.74	431.43	17.92	4524.65
吉　林	1.35	208.72	5.36	2068.58
黑龙江	1.35	190.24	5.51	1744.82
上　海	1.11	134.65	15.48	34074.60
江　苏	6.73	991.53	29.47	11788.60
浙　江	4.64	713.62	32.80	12937.51
安　徽	2.76	753.60	40.14	11068.04
福　建	1.96	313.97	16.61	10159.13
江　西	2.43	603.91	19.87	4884.72
山　东	3.00	706.81	34.27	12049.70
河　南	5.07	985.32	25.56	10674.57
湖　北	3.30	620.77	21.48	6742.91
湖　南	5.07	857.69	22.45	2897.70
广　东	5.36	940.86	38.65	28031.52
广　西	2.79	521.94	21.62	4882.04
海　南	0.89	89.94	2.80	8771.75
重　庆	3.28	281.17	14.46	3846.48
四　川	6.03	596.57	18.43	3078.89
贵　州	2.59	410.16	9.70	1435.90
云　南	2.06	283.36	13.50	1868.28
西　藏	0.09	30.16	0.46	150.15
陕　西	2.06	435.53	16.07	3945.05
甘　肃	1.55	335.90	7.61	2887.31
青　海	0.25	85.01	1.78	591.59
宁　夏	0.36	55.92	4.69	812.21
新　疆	1.60	260.78	7.35	2000.07

创新资源监测指标（1）

地　区	研究与试验发展（R&D）经费支出（亿元）	R&D经费支出与地区生产总值之比（%）	R&D经费中基础研究经费支出（亿元）	R&D经费中应用研究经费支出（亿元）	R&D经费中试验发展经费支出（亿元）
北　京	2629.32	6.41	422.51	657.02	1549.79
天　津	574.33	3.66	58.81	76.87	438.65
河　北	745.49	1.85	16.89	60.06	668.54
山　西	251.89	1.10	12.04	33.82	206.03
内蒙古	190.06	0.90	5.44	18.47	166.15
辽　宁	600.42	2.18	41.11	87.24	472.07
吉　林	183.65	1.40	27.68	38.87	117.10
黑龙江	194.58	1.31	21.75	59.53	113.30
上　海	1819.77	4.17	177.73	190.09	1453.92
江　苏	3438.56	2.93	135.67	179.36	3123.53
浙　江	2157.69	2.91	64.35	138.41	1954.93
安　徽	1006.12	2.36	74.11	84.22	847.80
福　建	968.73	1.95	27.92	70.06	870.75
江　西	502.17	1.68	20.99	42.58	438.61
山　东	1944.66	2.35	73.75	119.40	1751.51
河　南	1018.84	1.75	24.55	88.01	906.28
湖　北	1160.22	2.32	52.69	180.84	926.69
湖　南	1028.91	2.25	51.64	113.43	863.84
广　东	4002.18	3.21	274.27	356.72	3371.19
广　西	199.46	0.79	15.61	19.87	163.98
海　南	46.98	0.72	11.87	8.28	26.83
重　庆	603.84	2.15	29.74	74.95	499.15
四　川	1214.52	2.25	58.12	211.51	944.89
贵　州	180.35	0.93	15.87	25.48	139.00
云　南	281.94	1.04	29.74	32.91	219.29
西　藏	6.00	0.29	1.51	0.80	3.69
陕　西	700.62	2.33	38.36	117.31	544.95
甘　肃	129.47	1.27	17.07	26.18	86.21
青　海	26.77	0.79	2.55	4.82	19.41
宁　夏	70.44	1.54	3.41	6.51	60.52
新　疆	78.31	0.48	9.26	21.75	47.31

创新资源监测指标（2）

地 区	R&D经费中基础研究经费支出占比重（%）	R&D经费中应用研究经费支出占比重（%）	R&D经费中试验发展经费支出占比重（%）	R&D经费中政府资金经费支出（亿元）	R&D经费中企业资金经费支出（亿元）
北 京	16.07	24.99	58.94	1186.50	1247.72
天 津	10.24	13.38	76.38	110.58	440.65
河 北	2.27	8.06	89.68	101.38	625.14
山 西	4.78	13.43	81.79	32.95	209.85
内蒙古	2.86	9.72	87.42	27.70	156.68
辽 宁	6.85	14.53	78.62	136.07	453.15
吉 林	15.07	21.17	63.76	76.26	104.91
黑龙江	11.18	30.60	58.23	68.37	108.71
上 海	9.77	10.45	79.90	570.63	1181.23
江 苏	3.95	5.22	90.84	263.18	3065.28
浙 江	2.98	6.41	90.60	201.35	1920.96
安 徽	7.37	8.37	84.26	146.48	834.25
福 建	2.88	7.23	89.89	95.78	861.38
江 西	4.18	8.48	87.34	73.88	421.88
山 东	3.79	6.14	90.07	173.23	1750.55
河 南	2.41	8.64	88.95	88.13	907.99
湖 北	4.54	15.59	79.87	188.25	935.78
湖 南	5.02	11.02	83.96	131.46	884.22
广 东	6.85	8.91	84.23	474.26	3462.49
广 西	7.83	9.96	82.21	35.73	155.89
海 南	25.27	17.62	57.11	24.31	18.59
重 庆	4.93	12.41	82.66	88.29	488.19
四 川	4.79	17.41	77.80	513.17	651.63
贵 州	8.80	14.13	77.07	41.77	133.32
云 南	10.55	11.67	77.78	58.41	209.47
西 藏	25.20	13.35	61.45	2.99	2.62
陕 西	5.48	16.74	77.78	298.75	370.40
甘 肃	13.19	20.22	66.59	47.00	76.32
青 海	9.51	18.02	72.48	8.84	17.25
宁 夏	4.84	9.24	85.92	15.72	53.91
新 疆	11.82	27.77	60.41	18.26	58.40

创新资源监测指标（3）

地　区	R&D经费中政府资金经费支出占比重（%）	R&D经费中企业资金经费支出占比重（%）	高校R&D经费支出（亿元）	研究机构R&D经费支出（亿元）	高校R&D经费支出占全社会R&D经费比重（%）
北　京	45.13	47.45	292.21	1146.24	11.11
天　津	19.25	76.73	86.42	65.14	15.05
河　北	13.60	83.86	33.67	67.65	4.52
山　西	13.08	83.31	17.55	22.64	6.97
内蒙古	14.58	82.44	9.10	13.58	4.79
辽　宁	22.66	75.47	72.05	112.08	12.00
吉　林	41.52	57.12	31.07	57.91	16.92
黑龙江	35.14	55.87	65.23	28.81	33.53
上　海	31.36	64.91	177.44	416.42	9.75
江　苏	7.65	89.14	179.16	205.78	5.21
浙　江	9.33	89.03	114.54	67.67	5.31
安　徽	14.56	82.92	95.12	56.87	9.45
福　建	9.89	88.92	70.31	29.88	7.26
江　西	14.71	84.01	30.71	37.63	6.12
山　东	8.91	90.02	94.88	78.85	4.88
河　南	8.65	89.12	57.27	56.03	5.62
湖　北	16.23	80.66	102.72	122.37	8.85
湖　南	12.78	85.94	96.15	37.43	9.35
广　东	11.85	86.52	222.62	194.35	5.56
广　西	17.91	78.15	19.16	17.55	9.61
海　南	51.75	39.57	8.90	15.86	18.95
重　庆	14.62	80.85	58.88	41.16	9.75
四　川	42.25	53.65	95.50	471.77	7.86
贵　州	23.16	73.92	20.35	14.41	11.28
云　南	20.72	74.30	24.87	39.11	8.82
西　藏	49.91	43.74	0.91	2.06	15.09
陕　西	42.64	52.87	74.33	238.60	10.61
甘　肃	36.30	58.95	13.15	39.66	10.16
青　海	33.01	64.44	3.36	4.57	12.54
宁　夏	22.31	76.54	6.94	3.05	9.85
新　疆	23.31	74.57	5.93	12.81	7.57

创新资源监测指标（4）

地 区	研究机构R&D经费支出占全社会R&D经费比重（%）	高新技术企业R&D经费支出（亿元）	高新技术企业R&D经费支出占全社会R&D经费比重（%）	财政性教育经费支出（亿元）	财政性教育经费支出与地区生产总值比值（万元/亿元）
北 京	43.59	1481.81	56.36	1147.83	279.65
天 津	11.34	348.43	60.67	479.25	305.54
河 北	9.07	463.35	62.15	1628.81	403.20
山 西	8.99	85.57	33.97	778.00	340.18
内蒙古	7.15	83.77	44.08	641.29	302.98
辽 宁	18.67	223.84	37.28	703.64	255.22
吉 林	31.53	66.54	36.23	486.96	369.92
黑龙江	14.80	82.68	42.49	570.95	384.27
上 海	22.88	674.84	37.08	1039.47	238.12
江 苏	5.98	1892.88	55.05	2563.41	218.36
浙 江	3.14	1256.16	58.22	2039.52	275.46
安 徽	5.65	367.75	36.55	1315.66	309.09
福 建	3.08	335.57	34.64	1079.81	217.85
江 西	7.49	374.82	74.64	1249.10	418.77
山 东	4.05	886.48	45.59	2411.09	290.93
河 南	5.50	250.54	24.59	1786.41	307.62
湖 北	10.55	622.55	53.66	1201.93	239.95
湖 南	3.64	428.22	41.62	1373.63	300.49
广 东	4.86	3259.39	81.44	3796.69	304.42
广 西	8.80	96.02	48.14	1094.08	434.00
海 南	33.75	18.10	38.53	295.10	453.72
重 庆	6.82	251.39	41.63	794.95	283.13
四 川	38.84	461.04	37.96	1733.04	320.41
贵 州	7.99	72.12	39.99	1129.35	580.39
云 南	13.87	145.01	51.43	1143.30	420.92
西 藏	34.35	6.64	110.71	259.13	1245.71
陕 西	34.05	303.87	43.37	1025.00	340.29
甘 肃	30.63	21.26	16.42	661.92	647.32
青 海	17.08	7.58	28.32	221.21	653.48
宁 夏	4.33	19.41	27.56	200.01	435.93
新 疆	16.36	74.45	95.06	927.96	568.90

创新资源监测指标（5）

地　区	地方财政科技支出（亿元）	地方财政科技支出占地方财政支出比重（%）	地方财政科技支出与地区生产总值比值（万元/亿元）	R&D人员全时当量（人年）	万人R&D人员全时当量（人年）
北　京	449.45	6.24	109.50	338297	154.54
天　津	103.97	3.30	66.29	102986	75.01
河　北	112.64	1.27	27.88	125609	16.86
山　西	83.38	1.65	36.46	57228	16.44
内蒙古	35.28	0.67	16.67	26427	11.01
辽　宁	78.45	1.33	28.45	116505	27.55
吉　林	38.43	1.04	29.20	50818	21.40
黑龙江	43.52	0.85	29.29	48639	15.56
上　海	422.70	5.01	96.83	235518	94.62
江　苏	671.59	4.60	57.21	755899	88.88
浙　江	578.60	5.25	78.15	575284	87.96
安　徽	416.09	5.48	97.75	235292	38.49
福　建	155.11	2.98	31.29	235412	56.22
江　西	210.95	3.11	70.72	124785	27.63
山　东	372.32	3.18	44.93	447642	44.02
河　南	329.25	3.37	56.70	222433	22.51
湖　北	314.57	3.97	62.80	230668	39.57
湖　南	217.30	2.61	47.53	209329	31.61
广　东	982.76	5.39	78.80	885248	69.79
广　西	71.13	1.22	28.22	55821	11.08
海　南	40.47	2.05	62.23	13457	13.19
重　庆	92.64	1.92	32.99	123446	38.43
四　川	273.12	2.44	50.50	197143	23.55
贵　州	88.34	1.58	45.40	43084	11.18
云　南	61.85	0.93	22.77	58880	12.55
西　藏	8.34	0.41	40.11	1568	4.28
陕　西	93.00	1.53	30.88	125281	31.68
甘　肃	34.95	0.87	34.18	33255	13.36
青　海	12.19	0.66	36.00	5204	8.76
宁　夏	29.00	2.03	63.20	15930	21.97
新　疆	42.86	0.80	26.28	19244	7.43

创新资源监测指标（6）

地　区	R&D人员中 基础研究 人员数 （人年）	R&D人员中 应用研究 人员数 （人年）	R&D人员中 试验发展 人员数 （人年）	R&D人员中 基础研究 人员占比重 （％）	R&D人员中 应用研究 人员占比重 （％）
北　京	75525	97159	165615	22.33	28.72
天　津	10203	17827	74956	9.91	17.31
河　北	7965	19360	98285	6.34	15.41
山　西	7755	11298	38176	13.55	19.74
内蒙古	3119	5331	17977	11.80	20.17
辽　宁	14958	19660	81889	12.84	16.87
吉　林	14679	16119	20020	28.89	31.72
黑龙江	12562	14129	21948	25.83	29.05
上　海	35347	36346	163827	15.01	15.43
江　苏	33958	39795	682147	4.49	5.26
浙　江	16622	32858	525804	2.89	5.71
安　徽	17459	25311	192522	7.42	10.76
福　建	7090	20997	207326	3.01	8.92
江　西	7171	10420	107194	5.75	8.35
山　东	29228	38192	380222	6.53	8.53
河　南	7769	20944	193722	3.49	9.42
湖　北	14099	34611	181958	6.11	15.00
湖　南	14648	26498	168184	7.00	12.66
广　东	50137	71940	763171	5.66	8.13
广　西	9595	11323	34903	17.19	20.28
海　南	3100	2993	7364	23.04	22.24
重　庆	8781	17960	96706	7.11	14.55
四　川	18631	37735	140778	9.45	19.14
贵　州	6161	8791	28132	14.30	20.40
云　南	12052	9485	37344	20.47	16.11
西　藏	608	391	569	38.79	24.95
陕　西	18373	25605	81304	14.67	20.44
甘　肃	7430	9053	16771	22.34	27.22
青　海	862	1194	3149	16.56	22.93
宁　夏	1436	1878	12616	9.02	11.79
新　疆	4597	5754	8892	23.89	29.90

创新资源监测指标（7）

地 区	R&D人员中试验发展人员占比重（％）	R&D研究人员全时当量（人年）	R&D研究人员占全社会R&D人员比重（％）	高校R&D人员全时当量（人年）	研究机构R&D人员全时当量（人年）
北 京	48.96	228860	67.65	73760	119846
天 津	72.78	54614	53.03	20618	9696
河 北	78.25	54856	43.67	16573	11153
山 西	66.71	26899	47.00	13427	4255
内蒙古	68.02	13141	49.72	5388	2997
辽 宁	70.29	62035	53.25	23564	15034
吉 林	39.40	33597	66.11	22876	8091
黑龙江	45.13	34220	70.36	22629	6391
上 海	69.56	130431	55.38	46230	33949
江 苏	90.24	277105	36.66	48818	28544
浙 江	91.40	165221	28.72	31718	10866
安 徽	81.82	94302	40.08	26620	10105
福 建	88.07	78980	33.55	19052	6965
江 西	85.90	41440	33.21	10714	6599
山 东	84.94	164273	36.70	39147	14982
河 南	87.09	82126	36.92	16779	10558
湖 北	78.88	102831	44.58	30315	11729
湖 南	80.34	93781	44.80	25923	7601
广 东	86.21	303103	34.24	45108	27128
广 西	62.53	28250	50.61	15520	4674
海 南	54.72	6937	51.55	2927	2910
重 庆	78.34	53792	43.57	14919	9502
四 川	71.41	103746	52.62	32120	39935
贵 州	65.29	19965	46.34	7309	4644
云 南	63.42	30723	52.18	11824	9124
西 藏	36.26	1186	75.67	401	586
陕 西	64.90	78128	62.36	31489	29719
甘 肃	50.43	20615	61.99	8196	8046
青 海	60.51	2839	54.56	878	987
宁 夏	79.20	6651	41.75	2213	625
新 疆	46.21	10862	56.44	4712	3789

创新资源监测指标（8）

地 区	高校R&D人员占全社会R&D人员比重（%）	研究机构R&D人员占全社会R&D人员比重（%）	高技术产业R&D经费支出（亿元）	高技术产业R&D经费支出占全社会R&D经费比重（%）	高技术产业R&D经费支出占营业收入比重（%）
北　京	21.80	35.43	211.91	8.06	2.06
天　津	20.02	9.41	81.65	14.22	2.45
河　北	13.19	8.88	47.34	6.35	2.19
山　西	23.46	7.44	14.68	5.83	0.82
内蒙古	20.39	11.34	12.58	6.62	2.47
辽　宁	20.23	12.90	73.60	12.26	3.28
吉　林	45.02	15.92	17.80	9.69	2.18
黑龙江	46.53	13.14	18.60	9.56	3.05
上　海	19.63	14.41	280.64	15.42	3.34
江　苏	6.46	3.78	904.82	26.31	2.81
浙　江	5.51	1.89	416.73	19.31	3.11
安　徽	11.31	4.29	194.55	19.34	3.14
福　建	8.09	2.96	258.99	26.73	3.05
江　西	8.59	5.29	134.08	26.70	1.66
山　东	8.75	3.35	271.88	13.98	3.39
河　南	7.54	4.75	132.63	13.02	1.42
湖　北	13.14	5.08	236.37	20.37	3.84
湖　南	12.38	3.63	161.95	15.74	3.26
广　东	5.10	3.06	1638.06	40.93	3.04
广　西	27.80	8.37	12.85	6.44	0.80
海　南	21.75	21.62	6.50	13.83	2.50
重　庆	12.09	7.70	105.54	17.48	1.35
四　川	16.29	20.26	202.09	16.64	1.76
贵　州	16.97	10.78	36.32	20.14	3.73
云　南	20.08	15.50	31.08	11.02	2.10
西　藏	25.60	37.38	0.77	12.86	3.09
陕　西	25.13	23.72	145.60	20.78	3.55
甘　肃	24.65	24.20	14.40	11.12	3.18
青　海	16.87	18.97	3.08	11.50	1.19
宁　夏	13.89	3.92	15.80	22.44	3.95
新　疆	24.49	19.69	1.69	2.15	1.09

创新资源监测指标（9）

地　区	高技术产业引进技术经费支出（万元）	高技术产业消化吸收经费支出（万元）	高技术产业购买境内技术经费支出（万元）	高技术产业技术改造经费支出（万元）	高技术产业技术获取和技术改造经费支出占营业收入比重（%）
北　京	2442.50	57991.50	235123.10	5389.30	0.29
天　津	794.30	0	6338.00	26979.50	0.10
河　北	358.40	0	105014.80	29701.20	0.62
山　西	544.40	0	2711.00	5042.70	0.05
内蒙古	0	0	1244.00	2974.90	0.08
辽　宁	237.50	0	13516.90	187496.40	0.90
吉　林	0	0	3772.20	6793.10	0.13
黑龙江	1369.90	0	5210.80	72416.70	1.30
上　海	2547.30	11729.30	14756.70	67648.70	0.11
江　苏	113820.90	3144.70	85146.60	1112760.80	0.41
浙　江	23188.70	711.00	66732.90	561492.70	0.49
安　徽	3620.10	2254.10	69993.00	477228.50	0.89
福　建	17098.80	18111.30	152871.70	460781.40	0.76
江　西	174.00	35.60	8499.60	254491.30	0.33
山　东	113156.30	1462.90	65500.60	453303.90	0.79
河　南	2207.20	0	15126.90	66630.60	0.09
湖　北	3812.90	5546.90	14427.10	131127.00	0.25
湖　南	345.90	183.80	188482.50	300335.00	0.98
广　东	848577.00	373.00	1161683.70	2904859.80	0.91
广　西	41.80	0	1227.10	41733.80	0.27
海　南	0	0	4669.10	2865.50	0.29
重　庆	10872.60	0	12842.30	67073.00	0.12
四　川	17665.40	1127.10	27024.20	439231.00	0.42
贵　州	188.90	188.90	203.40	93570.20	0.97
云　南	0	0	1830.50	47021.10	0.33
西　藏	0	0	1624.00	0	0.65
陕　西	571.70	75.50	3443.50	141507.50	0.36
甘　肃	0	0	5579.20	94.50	0.13
青　海	0	0	209.10	4154.50	0.17
宁　夏	0	0	95.00	23349.50	0.59
新　疆	0	0	0.90	216.90	0.01

创新资源监测指标（10）

地　区	高技术产业新产品研发经费支出（亿元）	高技术产业新产品研发经费支出占新产品销售收入比重（%）	高技术产业R&D人员全时当量（人年）	高技术产业R&D人员占全社会R&D人员比重（%）
北　京	395.95	7.35	23104	6.83
天　津	85.54	6.60	15586	15.13
河　北	67.53	7.65	10295	8.20
山　西	26.56	7.34	6924	12.10
内蒙古	16.10	17.03	1122	4.25
辽　宁	79.19	13.96	15684	13.46
吉　林	29.57	18.14	4367	8.59
黑龙江	26.15	9.94	3722	7.65
上　海	365.61	20.19	28549	12.12
江　苏	1027.33	8.24	179969	23.81
浙　江	592.37	8.19	99593	17.31
安　徽	234.03	7.36	41634	17.69
福　建	277.04	8.81	50034	21.25
江　西	174.05	6.15	31292	25.08
山　东	298.19	7.87	62205	13.90
河　南	112.09	3.65	37910	17.04
湖　北	281.94	12.90	39133	16.97
湖　南	190.31	9.31	31048	14.83
广　东	2569.40	10.45	337199	38.09
广　西	20.78	8.69	3843	6.89
海　南	10.49	32.55	918	6.82
重　庆	117.93	6.13	21772	17.64
四　川	240.33	9.94	34579	17.54
贵　州	37.76	15.10	7251	16.83
云　南	24.23	15.17	4417	7.50
西　藏	0.82	0	95	6.06
陕　西	174.29	17.29	22842	18.23
甘　肃	14.82	11.73	2344	7.05
青　海	4.26	9.29	302	5.80
宁　夏	12.74	7.44	1558	9.78
新　疆	2.62	33.71	338	1.75

创新资源监测指标（11）

地 区	高新技术企业R&D人员全时当量（人年）	高新技术企业R&D人员占全社会R&D人员比重（%）	科学研究和技术服务业固定资产投资（亿元）	科学研究和技术服务业固定资产投资占比重（%）
北 京	213856	63.22	132.76	1.62
天 津	66905	64.97	339.96	2.62
河 北	64624	51.45	508.87	1.29
山 西	15242	26.63	42.35	0.53
内蒙古	16401	62.06	49.63	0.43
辽 宁	58460	50.18	34.98	0.50
吉 林	12399	24.40	221.59	1.65
黑龙江	22710	46.69	1039.24	8.40
上 海	96812	41.11	116.35	1.22
江 苏	406987	53.84	1224.33	1.96
浙 江	252950	43.97	495.81	1.16
安 徽	81595	34.68	511.09	1.26
福 建	85955	36.51	186.19	0.57
江 西	70615	56.59	294.15	0.93
山 东	160341	35.82	1209.78	2.13
河 南	62288	28.00	409.53	0.73
湖 北	138655	60.11	350.45	0.92
湖 南	84986	40.60	1299.39	2.95
广 东	544770	61.54	327.73	0.63
广 西	16686	29.89	162.70	0.60
海 南	3474	25.81	36.40	0.93
重 庆	42930	34.78	87.27	0.40
四 川	93530	47.44	243.22	0.60
贵 州	14916	34.62	47.44	0.27
云 南	23074	39.19	28.82	0.11
西 藏	456	29.09	8.08	0.42
陕 西	75133	59.97	214.39	0.80
甘 肃	6035	18.15	24.96	0.36
青 海	1523	29.26	30.26	0.82
宁 夏	2956	18.56	13.70	0.48
新 疆	11022	57.28	82.56	0.68

企业创新监测指标（1）

地　区	开展创新活动的企业数（个）	开展创新活动的企业占比重（%）	实现创新的企业数（个）	实现创新企业占比重（%）	企业创新费用支出（亿元）
北　京	2313	75.17	2037	66.20	627.20
天　津	3205	56.64	2940	51.95	374.30
河　北	8294	51.51	7902	49.08	924.20
山　西	2890	42.13	2724	39.71	375.80
内蒙古	1256	38.13	1142	34.67	258.40
辽　宁	4145	48.82	3762	44.31	629.40
吉　林	1366	42.41	1240	38.50	289.60
黑龙江	1826	42.01	1694	38.97	166.40
上　海	5622	60.48	5163	55.54	1366.40
江　苏	39050	69.40	36364	64.63	3907.80
浙　江	40840	75.92	37306	69.35	2475.40
安　徽	12926	65.05	12284	61.82	1268.00
福　建	11020	54.64	10338	51.26	1052.90
江　西	8943	56.52	8630	54.54	687.30
山　东	21848	66.08	19897	60.18	2321.00
河　南	11008	50.79	10352	47.76	971.40
湖　北	11313	67.33	9480	56.42	1210.50
湖　南	13274	68.49	10742	55.43	1159.80
广　东	43062	64.98	39752	59.99	5456.10
广　西	3366	41.79	2968	36.85	309.70
海　南	260	46.18	230	40.85	39.30
重　庆	4937	67.54	4539	62.09	609.90
四　川	9046	54.98	8548	51.95	833.10
贵　州	2760	54.09	2406	47.15	242.90
云　南	2435	53.31	2240	49.04	296.20
西　藏	89	48.63	78	42.62	4.70
陕　西	4007	53.04	3776	49.98	492.30
甘　肃	1167	51.59	1024	45.27	147.60
青　海	259	40.98	239	37.82	26.70
宁　夏	832	60.12	746	53.90	118.80
新　疆	1355	33.50	1220	30.16	146.90

企业创新监测指标（2）

地　区	企业R&D经费支出（亿元）	企业R&D经费支出占创新费用支出比重（%）	企业R&D经费支出占全社会R&D经费比重（%）	企业R&D 经费支出占营业收入比重（%）	企业引进技术经费支出（亿元）
北　京	313.51	49.99	11.92	1.09	9.41
天　津	251.26	67.13	43.75	1.09	4.22
河　北	570.39	61.72	76.51	1.06	0.44
山　西	186.24	49.56	73.94	0.55	0.18
内蒙古	154.77	59.90	81.43	0.62	0
辽　宁	367.28	58.35	61.17	1.00	5.22
吉　林	85.84	29.64	46.74	0.58	52.32
黑龙江	88.77	53.35	45.62	0.75	0.31
上　海	698.33	51.11	38.37	1.54	147.28
江　苏	2716.63	69.52	79.00	1.77	43.20
浙　江	1591.66	64.30	73.77	1.59	12.20
安　徽	739.12	58.29	73.46	1.62	2.25
福　建	771.65	73.29	79.66	1.17	2.62
江　西	397.85	57.89	79.23	0.89	1.33
山　东	1565.34	67.44	80.49	1.51	17.28
河　南	764.01	78.65	74.99	1.33	1.99
湖　北	723.59	59.78	62.37	1.41	2.34
湖　南	766.11	66.06	74.46	1.76	5.87
广　东	2902.18	53.19	72.52	1.67	167.28
广　西	137.02	44.24	68.70	0.62	0.30
海　南	14.15	36.02	30.13	0.53	0
重　庆	424.53	69.61	70.30	1.54	22.38
四　川	480.17	57.64	39.54	0.89	4.21
贵　州	121.06	49.84	67.12	1.15	0.40
云　南	176.50	59.59	62.60	1.00	3.58
西　藏	2.48	52.73	41.31	0.60	0
陕　西	319.69	64.94	45.63	1.02	0.60
甘　肃	64.29	43.56	49.66	0.64	0.00
青　海	13.85	51.87	51.72	0.43	0
宁　夏	51.76	43.57	73.48	0.78	0.03
新　疆	54.18	36.88	69.19	0.35	0.54

企业创新监测指标（3）

地　区	企业消化吸收经费支出（亿元）	企业购买境内技术经费支出（亿元）	企业技术改造经费支出（亿元）	企业技术获取和技术改造经费支出（亿元）	企业技术获取和技术改造经费支出占营业收入比重（％）
北　京	5.82	25.53	27.32	68.08	0.24
天　津	0.00	2.95	36.37	43.54	0.19
河　北	0.17	14.05	97.91	112.57	0.21
山　西	0.09	0.89	91.41	92.57	0.27
内蒙古	0	1.98	36.87	38.85	0.16
辽　宁	0.01	22.05	130.63	157.91	0.43
吉　林	0	19.46	38.62	110.39	0.75
黑龙江	0.03	2.36	27.23	29.93	0.25
上　海	63.28	35.66	150.17	396.40	0.87
江　苏	1.67	25.61	449.67	520.15	0.34
浙　江	0.44	18.05	242.35	273.03	0.27
安　徽	0.86	16.54	264.31	283.96	0.62
福　建	1.98	19.64	166.24	190.48	0.29
江　西	0.22	5.74	97.41	104.70	0.23
山　东	0.91	14.46	299.78	332.43	0.32
河　南	0.08	4.18	127.70	133.95	0.23
湖　北	0.63	3.18	180.53	186.69	0.36
湖　南	0.51	25.04	135.73	167.15	0.39
广　东	2.70	152.77	612.70	935.44	0.54
广　西	0.60	15.07	71.88	87.85	0.39
海　南	0	0.49	4.14	4.63	0.17
重　庆	0.61	2.26	63.53	88.78	0.32
四　川	0.21	7.90	156.72	169.04	0.31
贵　州	0.02	1.16	90.83	92.40	0.88
云　南	0.00	22.89	56.22	82.68	0.47
西　藏	0	0.16	0.13	0.29	0.07
陕　西	0.03	2.16	50.08	52.87	0.17
甘　肃	0.00	1.29	65.24	66.53	0.66
青　海	0	0.02	2.41	2.44	0.08
宁　夏	0.01	0.59	42.46	43.08	0.65
新　疆	0.04	0.15	27.65	28.37	0.18

企业创新监测指标（4）

地　区	企业科学研究经费支出占R&D经费支出比重（%）	研究机构来源于企业的R&D经费支出（亿元）	高校来源于企业的R&D经费支出（亿元）	研究机构和高校R&D经费支出中企业资金占比重（%）	企业平均吸纳技术成交额（万元）
北　京	2.99	68.29	84.94	10.65	11191.22
天　津	2.87	8.82	31.90	26.86	1058.97
河　北	3.78	0.02	12.46	12.31	715.61
山　西	9.37	2.93	4.08	17.44	713.30
内蒙古	3.71	0.01	0.73	3.27	1145.11
辽　宁	5.20	29.69	34.99	35.13	601.24
吉　林	13.50	3.78	9.28	14.68	676.43
黑龙江	4.70	1.29	18.11	20.64	557.85
上　海	1.55	18.05	58.05	12.81	1527.72
江　苏	1.21	8.46	76.69	22.12	499.64
浙　江	0.84	4.95	38.57	23.88	397.52
安　徽	3.31	3.33	24.17	18.09	946.48
福　建	0.92	2.51	21.16	23.63	313.37
江　西	1.88	0.37	9.95	15.09	376.98
山　东	2.88	4.34	33.52	21.79	775.70
河　南	3.34	2.24	21.66	21.10	361.07
湖　北	5.21	6.62	37.04	19.40	953.35
湖　南	5.58	2.63	34.46	27.77	477.70
广　东	6.16	8.45	55.86	15.42	828.05
广　西	2.06	0.15	2.42	6.99	1554.86
海　南	0.01	0.20	0.64	3.41	4635.77
重　庆	2.64	1.31	21.74	23.04	708.30
四　川	5.71	14.32	38.32	9.28	768.10
贵　州	8.13	0.63	4.18	13.84	1178.52
云　南	2.94	4.02	2.44	10.10	1532.80
西　藏	10.87	0	0.13	4.54	10693.19
陕　西	2.78	2.85	27.24	9.62	1793.23
甘　肃	3.62	3.23	3.75	13.21	1643.57
青　海	0.95	0.17	0.23	4.96	1313.99
宁　夏	0.95	0	0.96	9.66	753.18
新　疆	30.35	0.21	0.70	4.85	645.46

企业创新监测指标（5）

地　区	企业R&D人员全时当量（人年）	企业R&D 研究人员全时当量（人年）	企业R&D研究人员占全社会R&D研究人员比重（%）	万名企业就业人员中R&D人员数（人年）
北　京	41496	18430	8.05	512.49
天　津	49404	17343	31.76	510.21
河　北	83401	22737	41.45	303.64
山　西	35468	9618	35.76	178.63
内蒙古	15433	4991	37.98	168.54
辽　宁	63156	22539	36.33	331.25
吉　林	16124	7175	21.36	213.42
黑龙江	15444	6276	18.34	179.48
上　海	93966	36701	28.14	500.80
江　苏	612676	176003	63.51	675.88
浙　江	482140	102846	62.25	646.63
安　徽	170421	48536	51.47	609.30
福　建	186328	46937	59.43	429.20
江　西	97497	24260	58.54	419.32
山　东	349379	96740	58.89	621.03
河　南	162562	46005	56.02	368.01
湖　北	147504	46595	45.31	511.10
湖　南	143908	49115	52.37	453.94
广　东	709119	192902	63.64	523.66
广　西	28508	8564	30.32	215.81
海　南	2911	964	13.90	252.69
重　庆	83845	25222	46.89	531.81
四　川	95650	34386	33.14	308.40
贵　州	26717	8246	41.30	329.76
云　南	28234	7966	25.93	350.38
西　藏	266	118	9.95	98.88
陕　西	50997	20539	26.29	317.15
甘　肃	12547	4663	22.62	258.38
青　海	1626	658	23.17	104.57
宁　夏	10930	2970	44.66	337.66
新　疆	8995	2833	26.08	123.32

企业创新监测指标（6）

地　区	有R&D活动 的企业数 （个）	有R&D活动 的企业占比重 （％）	有研究机构 的企业数 （个）	有研究机构 的企业占比重 （％）
北　京	1243	40.45	454	14.77
天　津	1649	29.12	537	9.48
河　北	3906	24.22	2375	14.73
山　西	976	14.23	1385	20.19
内蒙古	482	14.65	135	4.10
辽　宁	2123	24.98	498	5.86
吉　林	429	13.29	142	4.40
黑龙江	645	14.81	205	4.71
上　海	2722	29.24	791	8.50
江　苏	27303	48.51	16244	28.86
浙　江	26189	48.74	20131	37.47
安　徽	7982	40.15	6014	30.25
福　建	6908	34.36	1933	9.61
江　西	5986	37.85	5056	31.97
山　东	15647	47.33	6370	19.27
河　南	6091	28.10	2781	12.83
湖　北	6733	40.10	4531	26.98
湖　南	9999	51.81	2773	14.37
广　东	26688	40.25	30261	45.64
广　西	1386	17.19	644	7.99
海　南	135	23.98	56	9.95
重　庆	3361	45.95	1739	23.78
四　川	4798	29.16	1696	10.31
贵　州	1591	31.26	445	8.74
云　南	1254	27.45	438	9.59
西　藏	15	8.06	3	1.61
陕　西	1557	20.57	544	7.19
甘　肃	470	20.78	141	6.23
青　海	92	14.53	23	3.63
宁　夏	556	40.20	205	14.82
新　疆	308	7.55	117	2.87

企业创新监测指标（7）

地　区	企业专利申请数（件）	企业发明专利申请数（件）	企业发明专利拥有量（件）	万名企业就业人员发明专利拥有量（件）
北　京	28221	15589	70538	871.16
天　津	18952	5928	26326	271.88
河　北	30171	8844	34240	124.66
山　西	10152	3664	12336	62.13
内蒙古	7722	2725	6847	74.77
辽　宁	20104	6614	31740	166.47
吉　林	7949	3187	7109	94.10
黑龙江	6691	2769	9611	111.69
上　海	41431	16786	66509	354.47
江　苏	207371	65806	242423	267.43
浙　江	159920	41292	120873	162.11
安　徽	75058	30230	78480	280.59
福　建	51551	15516	45695	105.26
江　西	32350	8312	21690	93.29
山　东	98190	31824	103410	183.81
河　南	45391	10345	42849	97.00
湖　北	54807	22180	61986	214.78
湖　南	40576	16503	46937	148.06
广　东	340935	139727	511717	377.88
广　西	11641	4878	14995	113.51
海　南	1613	729	2348	203.82
重　庆	22240	7362	24388	154.69
四　川	41236	14847	48898	157.66
贵　州	8372	3850	9357	115.49
云　南	9467	2996	11021	136.77
西　藏	100	31	227	84.39
陕　西	16285	6708	24226	150.66
甘　肃	4645	1526	4842	99.71
青　海	1354	467	1224	78.71
宁　夏	3935	1346	3397	104.94
新　疆	5181	2008	5670	77.74

创新产出监测指标（1）

地　区	发明专利申请数（件）	实用新型专利申请数（件）	外观设计专利申请数（件）	研究机构专利申请数（件）	研究机构发明专利申请数（件）
北　京	167608	89406	26120	21066	18451
天　津	21370	63512	5589	1957	1593
河　北	23923	86877	19905	1821	1343
山　西	10059	27280	3121	620	472
内蒙古	5998	21215	2249	396	145
辽　宁	23078	60052	5374	3586	2979
吉　林	12680	23023	3104	1397	1223
黑龙江	15018	28583	3976	1244	618
上　海	92527	113176	27215	6290	5001
江　苏	188241	450594	57858	4895	3880
浙　江	129821	254741	118635	2401	1803
安　徽	64106	116337	15984	1433	1075
福　建	31093	93513	36097	1189	833
江　西	19171	54593	27166	1000	691
山　东	82481	254956	32033	2978	2065
河　南	34950	114130	18470	2020	1281
湖　北	51690	108272	15350	3387	2712
湖　南	36746	57087	20334	848	584
广　东	242551	456220	281863	6850	5125
广　西	13693	33617	8677	1375	620
海　南	4497	12082	1100	375	253
重　庆	24068	50721	8766	947	645
四　川	45358	94330	23976	4849	3955
贵　州	9869	25819	6045	603	433
云　南	10293	33832	3872	1065	588
西　藏	515	1887	242	62	43
陕　西	38643	60163	6846	4784	4232
甘　肃	6423	21626	2116	1440	1025
青　海	1585	5544	319	133	111
宁　夏	3054	10805	720	220	67
新　疆	4395	16283	1543	648	286

创新产出监测指标（2）

地 区	高校专利 申请数 （件）	高校 发明专利 申请数 （件）	万人发明 专利申请数 （件）	亿元R&D经费 支出发明专利 申请数 （件）	发明专利 授权数 （件）
北　京	24390	20512	76.57	63.75	79210
天　津	5993	4713	15.56	37.21	7376
河　北	6596	3087	3.21	32.09	8621
山　西	4558	2268	2.89	39.93	3915
内蒙古	2730	761	2.50	31.56	1651
辽　宁	14373	6669	5.46	38.44	10480
吉　林	6418	3938	5.34	69.04	5730
黑龙江	7637	5682	4.81	77.18	6337
上　海	17398	13053	37.17	50.85	32860
江　苏	55433	30199	22.13	54.74	68813
浙　江	26651	18020	19.85	60.17	56796
安　徽	16180	9266	10.49	63.72	23624
福　建	8946	4995	7.43	32.10	12561
江　西	7126	2640	4.24	38.18	6741
山　东	22383	13051	8.11	42.41	36345
河　南	17805	8263	3.54	34.30	13536
湖　北	20286	12017	8.87	44.55	22376
湖　南	16742	8114	5.55	35.71	16564
广　东	26002	16600	19.12	60.60	102850
广　西	7156	2760	2.72	68.65	4573
海　南	1408	732	4.41	95.71	954
重　庆	8180	5235	7.49	39.86	9413
四　川	16022	8433	5.42	37.35	19337
贵　州	4300	1036	2.56	54.72	2824
云　南	6036	2046	2.19	36.51	3643
西　藏	79	28	1.41	85.85	184
陕　西	20240	12510	9.77	55.16	15516
甘　肃	3327	895	2.58	49.61	2253
青　海	404	138	2.67	59.20	454
宁　夏	1015	301	4.21	43.36	1103
新　疆	5751	2678	1.70	56.12	1153

创新产出监测指标（3）

地　区	实用新型专利授权数（件）	外观设计专利授权数（件）	万人发明专利授权数（件）	亿元R&D经费支出发明专利授权数（件）	发明专利拥有量（件）
北　京	96078	23490	36.19	30.13	405037
天　津	85076	5458	5.37	12.84	43409
河　北	92603	18810	1.16	11.56	41657
山　西	30608	2856	1.13	15.54	19474
内蒙古	20737	1974	0.69	8.69	8215
辽　宁	64406	5305	2.48	17.45	56146
吉　林	21220	2929	2.41	31.20	21699
黑龙江	28698	3849	2.03	32.57	32754
上　海	120857	25600	13.20	18.06	171972
江　苏	515935	56169	8.09	20.01	349035
浙　江	292944	115728	8.68	26.32	250383
安　徽	114415	15436	3.86	23.48	121732
福　建	105267	35986	3.00	12.97	62156
江　西	64221	26410	1.49	13.42	23086
山　东	264072	29421	3.57	18.69	150776
河　南	126477	18025	1.37	13.29	55749
湖　北	118303	14490	3.84	19.29	92920
湖　南	62871	19501	2.50	16.10	70114
广　东	484320	285039	8.11	25.70	439607
广　西	34133	8098	0.91	22.93	28240
海　南	11561	1117	0.94	20.30	5005
重　庆	58410	8383	2.93	15.59	42349
四　川	105327	22272	2.31	15.92	87186
贵　州	30666	5777	0.73	15.66	15147
云　南	33900	3624	0.78	12.92	18872
西　藏	1449	296	0.50	30.67	916
陕　西	65011	5745	3.92	22.15	67379
甘　肃	21975	1828	0.90	17.40	10164
青　海	5774	363	0.76	16.96	2225
宁　夏	11141	641	1.52	15.66	4310
新　疆	18691	1334	0.45	14.72	6388

创新产出监测指标（4）

地　区	实用新型专利拥有量（件）	外观设计专利拥有量（件）	研究机构发明专利拥有量（件）	高校发明专利拥有量（件）	万人发明专利拥有量（件）
北　京	403429	105150	72196	77715	185.03
天　津	244766	20088	4048	14965	31.62
河　北	255601	58651	3820	8018	5.59
山　西	81172	8445	1745	7296	5.60
内蒙古	53256	7117	297	1652	3.42
辽　宁	181946	18816	9514	21201	13.28
吉　林	60832	9382	4432	9951	9.14
黑龙江	74275	11243	1128	22501	10.48
上　海	411822	92903	17364	32790	69.09
江　苏	1459654	164427	11446	79679	41.04
浙　江	940937	401132	5771	48580	38.28
安　徽	328016	48454	4604	17329	19.91
福　建	338506	116906	3368	13819	14.84
江　西	169438	64704	1342	4768	5.11
山　东	663222	98729	8562	35433	14.83
河　南	337172	55321	4081	16308	5.64
湖　北	305872	43689	7155	31959	15.94
湖　南	190616	56357	2060	23420	10.59
广　东	1586524	869814	13800	37821	34.66
广　西	85906	22441	2774	7794	5.61
海　南	24704	3192	800	798	4.91
重　庆	165890	30765	2365	12573	13.18
四　川	306375	68563	10238	24914	10.41
贵　州	88363	14857	1017	2552	3.93
云　南	91619	11980	1835	6366	4.02
西　藏	3351	1356	68	25	2.50
陕　西	162316	18831	11092	35588	17.04
甘　肃	54285	5846	3253	2819	4.08
青　海	13733	1249	355	273	3.75
宁　夏	25704	1822	156	502	5.94
新　疆	44114	5750	1051	1244	2.47

创新产出监测指标（5）

地　区	PCT国际专利申请受理量（件）	国内科技论文数（篇）	万人国内科技论文数（篇）	SCI 收录科技论文数（篇）	EI 收录科技论文数（篇）
北　京	10358	78414	35.82	76505	51875
天　津	444	13871	10.10	15871	11650
河　北	461	16031	2.15	7816	3992
山　西	77	9601	2.76	5879	4270
内蒙古	37	4864	2.03	2331	1327
辽　宁	373	17266	4.08	19751	14373
吉　林	343	8023	3.38	11541	7535
黑龙江	95	10294	3.29	12936	11287
上　海	4830	33288	13.37	43404	24877
江　苏	7168	44032	5.18	56919	35191
浙　江	4675	19408	2.97	31132	16356
安　徽	2007	13685	2.24	15067	10692
福　建	1768	9423	2.25	11907	7692
江　西	140	7090	1.57	7409	4123
山　东	3244	22576	2.22	31427	17642
河　南	232	19818	2.01	14727	8549
湖　北	1691	25123	4.31	29798	17500
湖　南	849	14349	2.17	19881	13064
广　东	26079	28956	2.28	43521	20049
广　西	127	8729	1.73	6154	3210
海　南	396	3793	3.72	2103	625
重　庆	393	11674	3.63	12528	7749
四　川	708	24106	2.88	26770	16218
贵　州	70	6848	1.78	3900	827
云　南	119	9049	1.93	6005	2894
西　藏	3	471	1.29	101	73
陕　西	481	27545	6.97	29201	23247
甘　肃	32	9123	3.66	7561	4523
青　海	3	2053	3.46	726	495
宁　夏	17	2275	3.14	1103	547
新　疆	50	7419	2.87	3264	1633

创新产出监测指标（6）

地　区	CPCI-S 收录科技论文数（篇）	万人国际科技论文数（篇）	技术市场成交合同数（项）	技术市场输出技术成交额（亿元）	万人输出技术成交额（万元）
北　京	6237	61.50	93563	7005.65	32003.89
天　津	865	20.67	12048	1256.83	9153.87
河　北	183	1.61	11739	747.32	1003.38
山　西	109	2.95	1424	134.47	386.42
内蒙古	117	1.57	1524	41.15	171.45
辽　宁	717	8.24	18526	755.12	1785.59
吉　林	344	8.18	3777	108.15	455.35
黑龙江	512	7.92	6958	350.14	1120.46
上　海	2636	28.49	36450	2545.49	10226.96
江　苏	2217	11.09	81982	2606.17	3064.28
浙　江	1328	7.46	36970	1855.78	2837.58
安　徽	814	4.35	23729	1787.71	2924.44
福　建	416	4.78	16121	196.80	470.02
江　西	268	2.61	6536	409.38	906.32
山　东	959	4.92	48029	2477.79	2436.37
河　南	453	2.40	17630	607.33	614.52
湖　北	1278	8.33	54148	2090.78	3586.24
湖　南	643	5.07	17720	1261.26	1904.66
广　东	2447	5.20	48857	4099.61	3232.11
广　西	172	1.89	6335	940.58	1867.33
海　南	35	2.71	1042	28.42	278.59
重　庆	606	6.50	7194	184.52	574.46
四　川	1265	5.29	18443	1388.69	1658.74
贵　州	68	1.24	5592	289.27	750.95
云　南	186	1.94	4978	106.10	226.22
西　藏	11	0.51	101	1.73	47.18
陕　西	1669	13.69	68951	2343.44	5926.76
甘　肃	142	4.91	10176	280.39	1126.07
青　海	35	2.11	1275	14.10	237.45
宁　夏	39	2.33	3125	25.09	346.13
新　疆	32	1.90	1819	18.85	72.82

创新产出监测指标（7）

地　区	国外技术引进合同数（项）	国外技术引进合同成交额（亿美元）	万人国外技术引进合同成交额（万美元）	国外技术引进合同成交额中技术经费支出（亿美元）	国外技术引进合同成交额中技术经费支出占比重（%）
北　京	483	36.00	164.47	35.34	98.17
天　津	136	11.29	82.22	11.29	99.98
河　北	80	4.29	5.76	4.06	94.54
山　西	4	0.03	0.09	0.03	100.00
内蒙古	9	0.73	3.05	0.72	98.87
辽　宁	164	5.61	13.27	5.58	99.37
吉　林	67	1.00	4.22	1.00	99.99
黑龙江	10	2.93	9.39	2.93	99.99
上　海	1543	69.85	280.64	69.04	98.85
江　苏	839	45.58	53.60	45.58	99.99
浙　江	686	30.86	47.19	30.85	99.96
安　徽	259	14.77	24.16	14.64	99.11
福　建	69	6.44	15.37	6.16	95.69
江　西	98	0.77	1.70	0.77	100.00
山　东	338	18.85	18.53	18.78	99.66
河　南	46	0.68	0.69	0.68	99.97
湖　北	221	10.84	18.60	10.75	99.15
湖　南	45	6.35	9.59	6.35	99.95
广　东	481	66.67	52.56	66.20	99.29
广　西	13	0.16	0.32	0.16	100.00
海　南	11	1.26	12.34	1.26	100.00
重　庆	145	22.41	69.76	22.21	99.13
四　川	151	7.64	9.13	7.64	99.99
贵　州	1	0.00	0.00	0.00	100.00
云　南	55	0.19	0.41	0.19	100.00
西　藏	6	1.50	41.01	1.50	0
陕　西	13	0.12	0.30	0.12	100.00
甘　肃	1	0.02	0.09	0.02	0
青　海	0	0	0	0	0
宁　夏	2	0.01	0.18	0.01	100.00
新　疆	42	0.10	0.38	0.10	99.60

创新产出监测指标（8）

地　区	百万人技术国际收入（万美元）	高技术产业有效发明专利数（件）	万名高技术产业就业人员有效发明专利数（件）	高技术产业营业收入（亿元）	高技术产业营业收入占工业营业收入比重（%）
北　京	67561.08	43932	1618.04	10311.22	35.87
天　津	9151.58	7327	393.90	3339.49	14.49
河　北	147.76	5528	252.23	2163.21	4.01
山　西	42.29	1610	97.89	1794.86	5.33
内蒙古	59.22	718	191.53	508.94	2.05
辽　宁	3386.29	7473	447.95	2245.34	6.11
吉　林	489.67	1769	231.43	818.45	5.56
黑龙江	116.36	2102	355.21	609.51	5.15
上　海	111261.39	26491	590.26	8411.33	18.53
江　苏	6310.04	71453	307.81	32196.18	20.92
浙　江	7448.57	41274	403.92	13391.07	13.35
安　徽	674.61	15233	363.03	6190.83	13.60
福　建	2571.33	17417	325.76	8487.07	12.90
江　西	326.66	9296	163.45	8055.24	17.93
山　东	1297.72	22209	371.57	8019.75	7.73
河　南	146.56	7941	114.82	9347.22	16.32
湖　北	1437.28	24491	526.34	6150.92	12.01
湖　南	517.52	10717	217.10	4974.16	11.46
广　东	14735.81	323347	774.76	53914.93	31.05
广　西	110.54	2482	174.92	1601.53	7.19
海　南	1830.24	953	442.08	259.42	9.69
重　庆	2139.89	6314	157.32	7792.87	28.31
四　川	4305.92	19868	308.64	11470.71	21.16
贵　州	364.24	3094	308.26	973.49	9.26
云　南	187.66	1684	216.12	1481.19	8.41
西　藏	6.47	86	384.62	24.95	6.00
陕　西	1533.15	8935	325.38	4096.68	13.12
甘　肃	54.06	887	270.01	452.27	4.50
青　海	29.35	262	148.65	258.86	8.02
宁　夏	50.70	350	159.26	399.65	6.06
新　疆	591.02	185	127.89	154.15	0.99

创新产出监测指标（9）

地 区	高技术产业新产品销售收入（亿元）	高技术产业新产品销售收入占营业收入比重（%）	万元地区生产总值高技术产业营业收入（万元）	新产品销售收入（亿元）	新产品销售收入占营业收入比重（%）
北 京	5388.10	52.25	0.25	8252.96	28.71
天 津	1296.45	38.82	0.21	4814.09	20.89
河 北	882.32	40.79	0.05	9668.26	17.93
山 西	361.92	20.16	0.08	2940.60	8.73
内蒙古	94.50	18.57	0.02	1655.49	6.67
辽 宁	567.43	25.27	0.08	5010.87	13.63
吉 林	162.98	19.91	0.06	2955.14	20.09
黑龙江	263.20	43.18	0.04	1252.24	10.58
上 海	1810.84	21.53	0.19	10574.88	23.29
江 苏	12471.13	38.73	0.27	42622.37	27.70
浙 江	7229.49	53.99	0.18	36890.12	36.78
安 徽	3180.57	51.38	0.15	15101.73	33.18
福 建	3143.00	37.03	0.17	7822.14	11.89
江 西	2830.73	35.14	0.27	9575.04	21.31
山 东	3787.36	47.23	0.10	27540.30	26.53
河 南	3067.35	32.82	0.16	8825.81	15.41
湖 北	2185.92	35.54	0.12	13695.56	26.73
湖 南	2045.07	41.11	0.11	12169.23	28.03
广 东	24591.81	45.61	0.43	49684.90	28.61
广 西	239.17	14.93	0.06	3033.50	13.62
海 南	32.24	12.43	0.04	244.50	9.14
重 庆	1923.35	24.68	0.28	6995.18	25.41
四 川	2418.34	21.08	0.21	6138.75	11.32
贵 州	250.06	25.69	0.05	1020.77	9.71
云 南	159.74	10.78	0.05	1205.58	6.84
西 藏	0	0	0.01	5.43	1.31
陕 西	1008.21	24.61	0.14	3811.37	12.21
甘 肃	126.38	27.94	0.04	766.27	7.63
青 海	45.92	17.74	0.08	171.46	5.31
宁 夏	171.22	42.84	0.09	540.05	8.18
新 疆	7.77	5.04	0.01	582.09	3.75

创新绩效监测指标（1）

地　区	商品出口额 （亿美元）	商品出口额 与地区生产 总值比值 （万美元/亿元）	高技术产品 出口额 （亿美元）	高技术产品 出口额占 商品出口额 比重（％）	第三产业 增加值 （亿元）
北　京	513.70	125.15	403.71	78.59	33545.20
天　津	573.40	365.57	147.26	25.68	9746.50
河　北	668.90	165.58	35.90	5.37	20010.90
山　西	245.90	107.52	151.03	61.42	10005.40
内蒙古	97.10	45.88	12.19	12.55	8931.50
辽　宁	597.30	216.65	82.10	13.75	14224.20
吉　林	58.50	44.44	6.16	10.53	6841.70
黑龙江	76.90	51.76	11.79	15.33	7308.30
上　海	2024.30	463.72	937.20	46.30	32190.40
江　苏	5053.20	430.45	1747.50	34.58	59992.70
浙　江	4586.40	619.44	421.54	9.19	40655.10
安　徽	664.80	156.18	188.66	28.38	21961.10
福　建	1573.50	317.45	213.92	13.60	23346.30
江　西	477.50	160.09	148.10	31.02	14263.00
山　东	2850.80	343.99	202.42	7.10	44011.70
河　南	861.80	148.40	448.38	52.03	28878.20
湖　北	508.40	101.49	175.44	34.51	26123.90
湖　南	379.60	83.04	77.72	20.47	23537.90
广　东	9022.70	723.44	2655.31	29.43	69179.00
广　西	302.30	119.92	137.22	45.39	12643.90
海　南	44.60	68.57	7.00	15.68	4008.80
重　庆	722.30	257.25	581.81	80.55	14938.10
四　川	828.50	153.18	613.53	74.05	28476.20
贵　州	72.90	37.46	26.71	36.64	9877.20
云　南	194.10	71.46	38.69	19.93	13793.10
西　藏	4.00	19.23	0.15	3.85	1158.80
陕　西	384.30	127.58	308.85	80.37	13692.90
甘　肃	21.60	21.12	4.89	22.65	5409.50
青　海	3.10	9.16	0.03	0.97	1666.70
宁　夏	38.40	83.69	2.69	7.00	2124.40
新　疆	179.10	109.80	7.37	4.11	7656.60

创新绩效监测指标（2）

地 区	第三产业增加值占地区生产总值比重（％）	高新技术企业数（个）	高新技术企业年末从业人员数（万人）	高新技术企业营业收入（亿元）	高新技术企业技术收入（亿元）
北　京	81.73	25071	296.07	56667.74	22177.94
天　津	62.14	9118	76.75	13741.67	2091.27
河　北	49.54	10970	147.95	28328.87	1558.09
山　西	43.75	3607	48.73	8482.97	252.23
内蒙古	42.20	1218	34.68	8768.81	248.65
辽　宁	51.59	8721	92.28	11844.71	993.63
吉　林	51.97	2842	38.89	8604.08	415.45
黑龙江	49.19	2782	28.02	3619.54	287.26
上　海	73.74	19189	216.37	40334.79	10014.97
江　苏	51.10	37368	450.35	68822.93	3136.77
浙　江	54.91	28310	447.41	57744.74	7540.33
安　徽	51.59	11323	148.15	20119.57	1040.82
福　建	47.10	8886	112.49	12477.58	739.52
江　西	47.82	6513	102.37	16705.91	362.41
山　东	53.11	20378	266.68	41663.80	1708.79
河　南	49.73	8316	118.32	15645.83	878.41
湖　北	52.15	14311	168.02	28497.77	4995.86
湖　南	51.49	10933	153.45	21587.07	2819.64
广　东	55.47	59475	839.19	110416.96	13754.06
广　西	50.16	3270	50.19	10104.54	1303.60
海　南	61.63	1180	9.23	1126.34	136.27
重　庆	53.20	5061	85.90	13433.32	1141.76
四　川	52.65	10131	128.23	18871.28	3850.71
贵　州	50.76	1800	22.18	2883.38	288.27
云　南	50.78	2045	28.93	6152.26	474.50
西　藏	55.71	101	1.84	252.49	54.41
陕　西	45.46	8304	94.10	13924.42	2678.68
甘　肃	52.90	1373	18.84	2552.65	217.15
青　海	49.24	226	4.04	755.90	286.23
宁　夏	46.30	355	7.39	1310.67	18.59
新　疆	46.94	935	22.03	5016.62	633.83

创新绩效监测指标（3）

地　区	高新技术企业技术收入占营业收入比重（％）	高新技术企业净利润（亿元）	高新技术企业利润率（％）	高新技术企业出口总额（亿元）
北　京	39.14	5045.27	8.90	2554.15
天　津	15.22	612.40	4.46	908.84
河　北	5.50	1255.67	4.43	1295.00
山　西	2.97	457.92	5.40	331.75
内蒙古	2.84	875.92	9.99	271.42
辽　宁	8.39	497.84	4.20	940.91
吉　林	4.83	867.23	10.08	141.80
黑龙江	7.94	84.38	2.33	147.99
上　海	24.83	2602.99	6.45	3701.83
江　苏	4.56	4766.89	6.93	10498.88
浙　江	13.06	5380.93	9.32	9286.13
安　徽	5.17	1281.97	6.37	2144.49
福　建	5.93	1068.69	8.56	2300.12
江　西	2.17	777.40	4.65	1474.38
山　东	4.10	2573.32	6.18	4901.38
河　南	5.61	875.36	5.59	938.87
湖　北	17.53	1656.49	5.81	1605.98
湖　南	13.06	1059.34	4.91	1050.83
广　东	12.46	7886.57	7.14	20182.78
广　西	12.90	429.58	4.25	449.49
海　南	12.10	117.01	10.39	41.33
重　庆	8.50	658.95	4.91	1204.56
四　川	20.41	1414.86	7.50	1909.14
贵　州	10.00	153.38	5.32	72.73
云　南	7.71	368.96	6.00	76.72
西　藏	21.55	62.30	24.68	1.62
陕　西	19.24	1000.31	7.18	501.18
甘　肃	8.51	189.28	7.42	53.08
青　海	37.87	69.81	9.24	1.59
宁　夏	1.42	87.24	6.66	66.58
新　疆	12.63	627.36	12.51	95.31

创新绩效监测指标（4）

地　区	劳动生产率 （万元/人）	固定资本 形成总额 （亿元）	资本生产率 （万元／万 元）	综合能耗 产出率 （元/千克 标准煤）
北　京	34.78	15092.40	0.37	49.53
天　津	24.49	8148.82	0.27	29.41
河　北	11.09	21676.00	0.28	12.44
山　西	13.17	9411.75	0.26	9.08
内蒙古	16.84	13213.18	0.20	8.09
辽　宁	12.60	10819.03	0.26	11.50
吉　林	10.78	8538.28	0.22	20.23
黑龙江	10.48	8694.94	0.27	13.58
上　海	31.66	16375.84	0.38	33.79
江　苏	23.93	47573.11	0.41	26.46
浙　江	18.86	29258.53	0.44	25.12
安　徽	13.36	20491.20	0.31	23.98
福　建	22.22	26196.50	0.32	28.76
江　西	13.21	14122.51	0.33	27.14
山　东	15.18	37788.44	0.34	18.52
河　南	12.17	39491.94	0.22	23.37
湖　北	15.22	27599.87	0.28	16.76
湖　南	14.14	21528.32	0.29	25.06
广　东	17.59	52192.97	0.54	30.40
广　西	9.73	11311.63	0.22	17.94
海　南	11.90	3926.15	0.26	22.97
重　庆	16.72	13740.20	0.34	16.67
四　川	11.39	24966.17	0.43	21.67
贵　州	10.39	12631.97	0.21	14.75
云　南	9.79	23502.02	0.18	17.26
西　藏	10.72	2041.08	0.16	0
陕　西	14.25	18324.55	0.22	18.46
甘　肃	7.77	4778.16	0.28	11.32
青　海	12.08	2490.51	0.12	6.86
宁　夏	13.11	1903.98	0.13	5.20
新　疆	11.75	14692.47	0.16	7.27

创新绩效监测指标（5）

地　区	空气质量达到二级以上天数（天）	空气质量达到二级以上天数占比重（％）	废水中化学需氧量排放量（万吨）	废水中化学需氧量排放降低率（％）
北　京	288	78.68	4.87	9.11
天　津	264	72.10	15.52	0.71
河　北	262	71.58	153.53	-20.50
山　西	256	69.92	61.61	0.59
内蒙古	327	89.28	76.71	-8.24
辽　宁	318	87.00	119.86	3.92
吉　林	334	91.13	76.32	-35.68
黑龙江	334	91.22	85.14	42.93
上　海	335	91.55	7.51	-3.11
江　苏	302	82.60	119.49	1.07
浙　江	344	94.09	49.87	6.30
安　徽	304	83.03	120.04	-1.22
福　建	362	98.84	55.69	10.61
江　西	352	96.08	109.57	-7.97
山　东	263	71.95	156.28	-1.82
河　南	262	71.45	151.85	-5.03
湖　北	307	83.76	156.75	-2.44
湖　南	329	89.88	151.82	-2.83
广　东	340	92.80	158.08	2.00
广　西	350	95.63	95.82	7.00
海　南	361	98.76	17.17	0.61
重　庆	335	91.53	33.82	-5.50
四　川	314	85.80	135.82	-4.11
贵　州	364	99.44	118.35	-1.34
云　南	360	98.36	69.43	-1.22
西　藏	365	99.66	13.71	74.15
陕　西	283	77.28	50.74	-3.82
甘　肃	329	89.80	66.13	-11.08
青　海	331	90.47	7.94	7.36
宁　夏	307	83.88	24.50	-11.22
新　疆	292	79.91	66.98	3.40

创新绩效监测指标（6）

地　区	二氧化硫排放量（万吨）	二氧化硫排放降低率（%）	万元地区生产总值用水量（立方米）	万元地区生产总值用水量降低率（%）
北　京	0.14	19.40	10.13	9.91
天　津	0.85	16.54	20.58	-4.26
河　北	17.07	-5.51	45.03	10.80
山　西	14.70	8.47	32.14	22.07
内蒙古	22.48	17.95	93.45	16.55
辽　宁	16.33	20.86	46.77	9.16
吉　林	6.23	8.94	83.26	12.91
黑龙江	11.03	22.96	218.09	4.89
上　海	0.58	-5.97	24.48	2.82
江　苏	8.86	21.36	48.77	12.42
浙　江	4.33	15.83	22.63	10.77
安　徽	8.55	21.24	63.25	8.82
福　建	6.51	17.45	37.41	10.25
江　西	8.75	14.65	84.20	11.38
山　东	16.53	14.45	25.28	16.90
河　南	6.00	10.18	37.85	12.20
湖　北	9.21	5.26	67.20	-4.68
湖　南	8.49	17.13	69.99	4.15
广　东	9.79	16.23	32.73	10.52
广　西	7.43	15.40	108.52	7.91
海　南	0.43	27.58	69.50	12.62
重　庆	5.06	25.06	25.85	7.81
四　川	13.58	16.77	45.37	6.93
贵　州	14.31	19.34	53.15	-5.16
云　南	17.31	1.96	59.05	7.18
西　藏	0.22	60.47	155.76	7.96
陕　西	8.11	13.41	30.80	10.98
甘　肃	8.47	1.27	107.48	11.81
青　海	4.08	-1.75	73.21	9.44
宁　夏	6.03	15.77	150.59	15.90
新　疆	13.33	7.97	359.05	13.15

创新绩效监测指标（7）

地　区	废水中氨氮 排放量 （万吨）	废水中氨氮 排放降低率 （％）	固体废物 产生量 （万吨）	固体废物 综合利用量 （万吨）
北　京	0.22	22.79	194	114.12
天　津	0.25	3.05	1927	1920.76
河　北	3.71	-14.98	40899	22320.47
山　西	1.40	14.60	45901	18585.15
内蒙古	1.58	-13.70	41211	13813.56
辽　宁	1.60	13.59	24610	13138.64
吉　林	1.13	-17.95	5022	2639.12
黑龙江	1.47	39.26	8316	3609.32
上　海	0.29	1.21	2073	1947.49
江　苏	4.33	16.53	13051	12349.81
浙　江	3.50	8.90	5315	5335.75
安　徽	4.33	2.24	14508	13593.92
福　建	3.82	16.17	6665	5587.58
江　西	4.70	-2.48	11533	5586.09
山　东	4.64	12.58	25233	20027.50
河　南	4.33	6.55	16647	13060.66
湖　北	5.50	5.62	10217	6842.57
湖　南	5.75	19.48	4846	3748.30
广　东	7.72	19.92	7905	6652.21
广　西	5.32	26.60	9386	4296.25
海　南	0.66	18.44	658	441.44
重　庆	1.96	2.74	2267	1884.16
四　川	6.49	19.07	14435	6151.29
贵　州	2.56	11.34	10911	7828.37
云　南	2.62	6.08	17845	9195.96
西　藏	0.41	19.63	1930	171.84
陕　西	2.71	-7.38	13050	6463.46
甘　肃	0.60	7.91	6262	2989.70
青　海	0.56	-3.70	15753	8379.34
宁　夏	0.25	25.21	7857	3554.96
新　疆	2.32	9.87	10581	4429.67

创新绩效监测指标（8）

地 区	固体废物综合治理率（%）	生活垃圾无害化处理率（%）	污水处理率（%）	建成区绿化覆盖率（%）
北　京	100.00	100.00	97.19	49.29
天　津	99.92	100.00	96.82	38.28
河　北	70.14	100.00	99.07	42.91
山　西	87.69	100.00	98.40	43.72
内蒙古	72.63	99.89	97.87	41.95
辽　宁	84.02	99.82	98.46	41.75
吉　林	83.22	100.00	97.60	41.14
黑龙江	60.09	100.00	96.82	37.40
上　海	100.00	100.00	96.89	37.73
江　苏	99.98	100.00	96.97	43.70
浙　江	100.00	100.00	97.92	41.51
安　徽	99.31	100.00	97.14	44.07
福　建	100.00	100.00	98.28	44.25
江　西	54.13	100.00	98.10	46.89
山　东	85.81	100.00	98.39	43.04
河　南	86.72	100.00	99.21	41.57
湖　北	86.68	100.00	97.75	42.79
湖　南	88.20	100.00	98.63	42.20
广　东	96.03	100.00	98.39	42.92
广　西	60.34	100.00	99.14	40.23
海　南	100.12	100.00	99.64	40.80
重　庆	100.00	96.63	98.88	42.56
四　川	58.90	99.99	96.41	43.05
贵　州	86.63	98.99	98.47	41.79
云　南	78.77	100.00	98.13	42.50
西　藏	9.67	99.73	83.51	38.20
陕　西	87.92	100.00	97.10	41.76
甘　肃	79.46	100.00	97.27	36.29
青　海	54.29	99.35	95.72	34.81
宁　夏	99.25	100.00	98.24	42.01
新　疆	65.31	100.00	97.40	40.99

四、各地区创新能力监测指标
北京创新能力监测指标（1）

指标名称	2020	2021
大专以上学历人数（万人）	919.08	1021.46
万人大专以上学历人数（人）	4439.24	4914.28
高等学校数（个）	92	92
高校在校学生数（万人）	118.06	116.29
十万人高校在校学生数（人）	5393.48	5312.57
高校（机构）硕士毕业生数（人）	87020	89694
十万人硕士毕业生数（人）	397.53	409.75
高校（机构）博士毕业生数（人）	20064	21301
十万人博士毕业生数（人）	91.66	97.31
研究机构数（个）	390	383
科技企业孵化器管理机构从业人员数（人）	4765	5269
国家级孵化器管理机构从业人员数（人）	1455	1494
国家大学科技园管理机构从业人员数（人）	447	460
火炬计划特色产业基地企业从业人员数（人）	52132	47108
国家技术转移机构从业人员数（人）	4312	4267
众创空间服务人员数（人）	5187	4698
众创空间数（个）	232	250
科技企业孵化器数（个）	246	270
国家级科技企业孵化器数（个）	65	65
科技企业孵化器在孵企业数（个）	13008	12388
科技企业孵化器累计毕业企业数（个）	21414	28564
科技企业孵化器总收入（亿元）	60.73	66.83
企业研究开发费用加计扣除减免税额（亿元）	29.68	40.83
高新技术企业减免税额（亿元）	58.46	68.39
高新技术企业减免税额占全国比重（%）	3.57	2.73
信息传输、软件和信息技术服务业固定资产投资（亿元）	323.16	387.80
信息传输、软件和信息技术服务业固定资产投资占比重（%）	4.13	4.72
有电子商务交易活动企业占比重（%）	22.80	23.50
企业电子商务销售额（亿元）	25831.80	31239.82
企业电子商务销售额与地区生产总值比值（亿元/亿元）	0.72	0.76
固定电话和移动电话用户数（万户）	4386.96	4457.20

北京创新能力监测指标（2）

指标名称	2020	2021
百人固定电话和移动电话用户数（户）	200.41	203.62
移动互联网用户数（万户）	3272.85	3379.41
万人移动互联网用户数（万户）	1.50	1.54
有效注册商标数（万件）	222.31	257.86
百万人有效注册商标数（件）	101555.78	117798.72
地区生产总值（亿元）	35943.30	41045.60
第二产业增加值（亿元）	5739.10	7389.00
第二产业增加值占地区生产总值比重（%）	15.97	18.00
工业增加值（亿元）	4255.10	5855.10
工业增加值占地区生产总值比重（%）	11.84	14.26
装备制造业营业收入（亿元）	11836.11	12948.69
装备制造业营业收入占工业营业收入比重（%）	49.63	45.05
人均地区生产总值（元）	164158	187526
城镇登记失业人员数（万人）	29.02	37.19
城镇登记失业率（%）	2.56	3.23
客运量（亿人）	3.09	3.67
旅客周转量（亿人公里）	114.36	149.59
货运量（亿吨）	2.22	2.34
货物周转量（亿吨公里）	1032.78	1077.31
研究与试验发展（R&D）经费支出（亿元）	2326.58	2629.32
R&D经费支出与地区生产总值之比（%）	6.47	6.41
R&D经费中基础研究经费支出（亿元）	373.10	422.51
R&D经费中应用研究经费支出（亿元）	571.06	657.02
R&D经费中试验发展经费支出（亿元）	1382.42	1549.79
R&D经费中基础研究经费支出占比重（%）	16.04	16.07
R&D经费中应用研究经费支出占比重（%）	24.55	24.99
R&D经费中试验发展经费支出占比重（%）	59.42	58.94
R&D经费中政府资金经费支出（亿元）	1084.33	1186.50
R&D经费中企业资金经费支出（亿元）	1074.22	1247.72
R&D经费中政府资金经费支出占比重（%）	46.61	45.13
R&D经费中企业资金经费支出占比重（%）	46.17	47.45
高校R&D经费支出（亿元）	262.37	292.21

北京创新能力监测指标（3）

指标名称	2020	2021
研究机构R&D经费支出（亿元）	1006.27	1146.24
高校R&D经费支出占全社会R&D经费比重（%）	11.28	11.11
研究机构R&D经费支出占全社会R&D经费比重（%）	43.25	43.59
高新技术企业R&D经费支出（亿元）	1194.54	1481.81
高新技术企业R&D经费支出占全社会R&D经费比重（%）	51.34	56.36
财政性教育经费支出（亿元）	1138.29	1147.83
财政性教育经费支出与地区生产总值比值（万元/亿元）	316.69	279.65
地方财政科技支出（亿元）	410.96	449.45
地方财政科技支出占地方财政支出比重（%）	5.78	6.24
地方财政科技支出与地区生产总值比值（万元/亿元）	114.34	109.50
R&D人员全时当量（人年）	336280	338297
万人R&D人员全时当量（人年）	153.62	154.54
R&D人员中基础研究人员数（人年）	75082	75525
R&D人员中应用研究人员数（人年）	95186	97159
R&D人员中试验发展人员数（人年）	166014	165615
R&D人员中基础研究人员占比重（%）	22.33	22.33
R&D人员中应用研究人员占比重（%）	28.31	28.72
R&D人员中试验发展人员占比重（%）	49.37	48.96
R&D研究人员全时当量（人年）	226005	228860
R&D研究人员占全社会R&D人员比重（%）	67.21	67.65
高校R&D人员全时当量（人年）	68308	73760
研究机构R&D人员全时当量（人年）	118815	119846
高校R&D人员占全社会R&D人员比重（%）	20.31	21.80
研究机构R&D人员占全社会R&D人员比重（%）	35.33	35.43
高技术产业R&D经费支出（亿元）	157.97	211.91
高技术产业R&D经费支出占全社会R&D经费比重（%）	6.79	8.06
高技术产业R&D经费支出占营业收入比重（%）	2.40	2.06
高技术产业引进技术经费支出（万元）	41349.60	2442.50
高技术产业消化吸收经费支出（万元）	1000.00	57991.50
高技术产业购买境内技术经费支出（万元）	198938.70	235123.10
高技术产业技术改造经费支出（万元）	8989.30	5389.30

北京创新能力监测指标（4）

指标名称	2020	2021
高技术产业技术获取和技术改造经费支出占营业收入比重（%）	0.38	0.29
高技术产业新产品研发经费支出（亿元）	246.72	395.95
高技术产业新产品研发经费支出占新产品销售收入比重（%）	9.92	7.35
高技术产业R&D人员全时当量（人年）	23546	23104
高技术产业R&D人员占全社会R&D人员比重（%）	7.00	6.83
高新技术企业R&D人员全时当量（人年）	206137	213856
高新技术企业R&D人员占全社会R&D人员比重（%）	61.30	63.22
科学研究和技术服务业固定资产投资（亿元）	178.68	132.76
科学研究和技术服务业固定资产投资占比重（%）	2.28	1.62
开展创新活动的企业数（个）	2163	2313
开展创新活动的企业占比重（%）	71.43	75.17
实现创新的企业数（个）	1960	2037
实现创新企业占比重（%）	64.73	66.20
企业创新费用支出（亿元）	550.40	627.20
企业R&D经费支出（亿元）	297.42	313.51
企业R&D经费支出占创新费用支出比重（%）	54.04	49.99
企业R&D经费支出占全社会R&D经费比重（%）	12.78	11.92
企业R&D经费支出占营业收入比重（%）	1.25	1.09
企业引进技术经费支出（亿元）	16.71	9.41
企业消化吸收经费支出（亿元）	0.19	5.82
企业购买境内技术经费支出（亿元）	22.24	25.53
企业技术改造经费支出（亿元）	49.48	27.32
企业技术获取和技术改造经费支出（亿元）	88.63	68.08
企业技术获取和技术改造经费支出占营业收入比重（%）	0.37	0.24
企业科学研究经费支出占R&D经费支出比重（%）	7.29	2.99
研究机构来源于企业的R&D经费支出（亿元）	46.35	68.29
高校来源于企业的R&D经费支出（亿元）	81.96	84.94
研究机构和高校R&D经费支出中企业资金占比重（%）	10.11	10.65
企业平均吸纳技术成交额（万元）	10332.07	11191.22
企业R&D人员全时当量（人年）	46172	41496

北京创新能力监测指标（5）

指标名称	2020	2021
企业R&D研究人员全时当量（人年）	29979	18430
企业R&D研究人员占全社会R&D研究人员比重（%）	13.26	8.05
万名企业就业人员中R&D人员数（人年）	555.42	512.49
有R&D活动的企业数（个）	1202	1243
有R&D活动的企业占比重（%）	39.70	40.45
有研究机构的企业数（个）	453	454
有研究机构的企业占比重（%）	14.96	14.77
企业专利申请数（件）	25147	28221
企业发明专利申请数（件）	13078	15589
企业发明专利拥有量（件）	55261	70538
万名企业就业人员发明专利拥有量（件）	664.75	871.16
发明专利申请数（件）	145035	167608
实用新型专利申请数（件）	84579	89406
外观设计专利申请数（件）	24551	26120
研究机构专利申请数（件）	19457	21066
研究机构发明专利申请数（件）	16273	18451
高校专利申请数（件）	19575	24390
高校发明专利申请数（件）	16578	20512
万人发明专利申请数（件）	66.26	76.57
亿元R&D经费支出发明专利申请数（件）	62.34	63.75
发明专利授权数（件）	63266	79210
实用新型专利授权数（件）	75336	96078
外观设计专利授权数（件）	24222	23490
万人发明专利授权数（件）	28.90	36.19
亿元R&D经费支出发明专利授权数（件）	27.19	30.13
发明专利拥有量（件）	335575	405037
实用新型专利拥有量（件）	340086	403429
外观设计专利拥有量（件）	92429	105150
研究机构发明专利拥有量（件）	66538	72196
高校发明专利拥有量（件）	66823	77715

北京创新能力监测指标（6）

指标名称	2020	2021
万人发明专利拥有量（件）	153.30	185.03
PCT国际专利申请受理量（件）	8283	10358
国内科技论文数（篇）	73722	78414
万人国内科技论文数（篇）	33.68	35.82
SCI 收录科技论文数（篇）	67153	76505
EI 收录科技论文数（篇）	54936	51875
CPCI-S 收录科技论文数（篇）	7246	6237
万人国际科技论文数（篇）	59.08	61.50
技术市场成交合同数（项）	84451	93563
技术市场输出技术成交额（亿元）	6316.16	7005.65
万人输出技术成交额（万元）	28854.10	32003.89
国外技术引进合同数（项）	520	483
国外技术引进合同成交额（亿美元）	37.43	36.00
万人国外技术引进合同成交额（万美元）	171.00	164.47
国外技术引进合同成交额中技术经费支出（亿美元）	35.93	35.34
国外技术引进合同成交额中技术经费支出占比重（%）	95.99	98.17
百万人技术国际收入（万美元）	51850.01	67561.08
高技术产业有效发明专利数（件）	31243	43932
万名高技术产业就业人员有效发明专利数（件）	1218.17	1618.04
高技术产业营业收入（亿元）	6572.79	10311.22
高技术产业营业收入占工业营业收入比重（%）	27.56	35.87
高技术产业新产品销售收入（亿元）	2487.54	5388.10
高技术产业新产品销售收入占营业收入比重（%）	37.85	52.25
万元地区生产总值高技术产业营业收入（万元）	0.18	0.25
新产品销售收入（亿元）	5344.94	8252.96
新产品销售收入占营业收入比重（%）	22.41	28.71
商品出口额（亿美元）	295.02	513.70
商品出口额与地区生产总值比值（万美元/亿元）	82.08	125.15
高技术产品出口额（亿美元）	197.63	403.71
高技术产品出口额占商品出口额比重（%）	66.99	78.59

北京创新能力监测指标（7）

指标名称	2020	2021
第三产业增加值（亿元）	30095.90	33545.20
第三产业增加值占地区生产总值比重（%）	83.73	81.73
高新技术企业数（个）	23991	25071
高新技术企业年末从业人员数（万人）	273.26	296.07
高新技术企业营业收入（亿元）	45664.64	56667.74
高新技术企业技术收入（亿元）	18280.89	22177.94
高新技术企业技术收入占营业收入比重（%）	40.03	39.14
高新技术企业净利润（亿元）	3560.69	5045.27
高新技术企业利润率（%）	7.80	8.90
高新技术企业出口总额（亿元）	1534.54	2554.15
劳动生产率（万元/人）	31.02	34.78
固定资本形成总额（亿元）	13480.40	15092.40
资本生产率（万元/万元）	0.35	0.37
综合能耗产出率（元/千克标准煤）	35.45	49.53
空气质量达到二级以上天数（天）	276	288
空气质量达到二级以上天数占比重（%）	75.62	78.68
废水中化学需氧量排放量（万吨）	5.36	4.87
废水中化学需氧量排放降低率（%）	-26.01	9.11
二氧化硫排放量（万吨）	0.18	0.14
二氧化硫排放降低率（%）	8.25	19.40
万元地区生产总值用水量（立方米）	11.25	10.13
万元地区生产总值用水量降低率（%）	4.61	9.91
废水中氨氮排放量（万吨）	0.28	0.22
废水中氨氮排放降低率（%）	-1.34	22.79
固体废物产生量（万吨）	415	194
固体废物综合利用量（万吨）	193.09	114.12
固体废物综合治理率（%）	100.11	100.00
生活垃圾无害化处理率（%）	100.00	100.00
污水处理率（%）	96.56	97.19
建成区绿化覆盖率（%）	48.96	49.29

天津创新能力监测指标（1）

指标名称	2020	2021
大专以上学历人数（万人）	373.55	431.29
万人大专以上学历人数（人）	2841.24	3294.82
高等学校数（个）	56	56
高校在校学生数（万人）	61.44	70.75
十万人高校在校学生数（人）	4430.30	5152.98
高校（机构）硕士毕业生数（人）	19776	19408
十万人硕士毕业生数（人）	142.60	141.35
高校（机构）博士毕业生数（人）	1965	2057
十万人博士毕业生数（人）	14.17	14.98
研究机构数（个）	51	39
科技企业孵化器管理机构从业人员数（人）	1223	1227
国家级孵化器管理机构从业人员数（人）	508	526
国家大学科技园管理机构从业人员数（人）	6	7
火炬计划特色产业基地企业从业人员数（人）	138663	141930
国家技术转移机构从业人员数（人）	651	645
众创空间服务人员数（人）	2291	2157
众创空间数（个）	209	212
科技企业孵化器数（个）	104	109
国家级科技企业孵化器数（个）	35	36
科技企业孵化器在孵企业数（个）	5037	5120
科技企业孵化器累计毕业企业数（个）	2626	3214
科技企业孵化器总收入（亿元）	5.76	7.97
企业研究开发费用加计扣除减免税额（亿元）	17.79	28.15
高新技术企业减免税额（亿元）	25.31	30.52
高新技术企业减免税额占全国比重（%）	1.54	1.22
信息传输、软件和信息技术服务业固定资产投资（亿元）	187.72	327.00
信息传输、软件和信息技术服务业固定资产投资占比重（%）	1.51	2.52
有电子商务交易活动企业占比重（%）	6.80	7.30
企业电子商务销售额（亿元）	4342.03	5403.41
企业电子商务销售额与地区生产总值比值（亿元/亿元）	0.31	0.34
固定电话和移动电话用户数（万户）	2036.82	2076.17

天津创新能力监测指标（2）

指标名称	2020	2021
百人固定电话和移动电话用户数（户）	146.87	151.21
移动互联网用户数（万户）	1488.82	1536.83
万人移动互联网用户数（万户）	1.07	1.12
有效注册商标数（万件）	28.89	35.27
百万人有效注册商标数（件）	20835.05	25687.69
地区生产总值（亿元）	14008.00	15685.10
第二产业增加值（亿元）	4911.80	5672.70
第二产业增加值占地区生产总值比重（%）	35.06	36.17
工业增加值（亿元）	4296.40	5056.50
工业增加值占地区生产总值比重（%）	30.67	32.24
装备制造业营业收入（亿元）	7445.42	8119.71
装备制造业营业收入占工业营业收入比重（%）	39.17	35.24
人均地区生产总值（元）	101068	113660
城镇登记失业人员数（万人）	27.01	27.45
城镇登记失业率（%）	3.62	3.68
客运量（亿人）	1.06	1.24
旅客周转量（亿人公里）	143.52	171.01
货运量（亿吨）	5.25	5.64
货物周转量（亿吨公里）	2600.37	2677.56
研究与试验发展（R&D）经费支出（亿元）	485.01	574.33
R&D经费支出与地区生产总值之比（%）	3.46	3.66
R&D经费中基础研究经费支出（亿元）	34.36	58.81
R&D经费中应用研究经费支出（亿元）	52.51	76.87
R&D经费中试验发展经费支出（亿元）	398.14	438.65
R&D经费中基础研究经费支出占比重（%）	7.09	10.24
R&D经费中应用研究经费支出占比重（%）	10.83	13.38
R&D经费中试验发展经费支出占比重（%）	82.09	76.38
R&D经费中政府资金经费支出（亿元）	80.43	110.58
R&D经费中企业资金经费支出（亿元）	383.09	440.65
R&D经费中政府资金经费支出占比重（%）	16.58	19.25
R&D经费中企业资金经费支出占比重（%）	78.99	76.73
高校R&D经费支出（亿元）	57.09	86.42

天津创新能力监测指标（3）

指标名称	2020	2021
研究机构R&D经费支出（亿元）	54.10	65.14
高校R&D经费支出占全社会R&D经费比重（%）	11.77	15.05
研究机构R&D经费支出占全社会R&D经费比重（%）	11.15	11.34
高新技术企业R&D经费支出（亿元）	263.10	348.43
高新技术企业R&D经费支出占全社会R&D经费比重（%）	54.25	60.67
财政性教育经费支出（亿元）	442.91	479.25
财政性教育经费支出与地区生产总值比值（万元/亿元）	316.19	305.54
地方财政科技支出（亿元）	118.17	103.97
地方财政科技支出占地方财政支出比重（%）	3.75	3.30
地方财政科技支出与地区生产总值比值（万元/亿元）	84.36	66.29
R&D人员全时当量（人年）	90640	102986
万人R&D人员全时当量（人年）	65.36	75.01
R&D人员中基础研究人员数（人年）	9196	10203
R&D人员中应用研究人员数（人年）	13676	17827
R&D人员中试验发展人员数（人年）	67768	74956
R&D人员中基础研究人员占比重（%）	10.15	9.91
R&D人员中应用研究人员占比重（%）	15.09	17.31
R&D人员中试验发展人员占比重（%）	74.77	72.78
R&D研究人员全时当量（人年）	48371	54614
R&D研究人员占全社会R&D人员比重（%）	53.37	53.03
高校R&D人员全时当量（人年）	17167	20618
研究机构R&D人员全时当量（人年）	9468	9696
高校R&D人员占全社会R&D人员比重（%）	18.94	20.02
研究机构R&D人员占全社会R&D人员比重（%）	10.45	9.41
高技术产业R&D经费支出（亿元）	66.16	81.65
高技术产业R&D经费支出占全社会R&D经费比重（%）	13.64	14.22
高技术产业R&D经费支出占营业收入比重（%）	2.25	2.45
高技术产业引进技术经费支出（万元）	69.90	794.30
高技术产业消化吸收经费支出（万元）	0	0
高技术产业购买境内技术经费支出（万元）	1822.20	6338.00
高技术产业技术改造经费支出（万元）	26838.40	26979.50

天津创新能力监测指标（4）

指标名称	2020	2021
高技术产业技术获取和技术改造经费支出占营业收入比重（%）	0.10	0.10
高技术产业新产品研发经费支出（亿元）	78.35	85.54
高技术产业新产品研发经费支出占新产品销售收入比重（%）	8.30	6.60
高技术产业R&D人员全时当量（人年）	12365	15586
高技术产业R&D人员占全社会R&D人员比重（%）	13.64	15.13
高新技术企业R&D人员全时当量（人年）	68916	66905
高新技术企业R&D人员占全社会R&D人员比重（%）	76.03	64.97
科学研究和技术服务业固定资产投资（亿元）	221.47	339.96
科学研究和技术服务业固定资产投资占比重（%）	1.79	2.62
开展创新活动的企业数（个）	2881	3205
开展创新活动的企业占比重（%）	56.29	56.64
实现创新的企业数（个）	2716	2940
实现创新企业占比重（%）	53.07	51.95
企业创新费用支出（亿元）	327.60	374.30
企业R&D经费支出（亿元）	228.77	251.26
企业R&D经费支出占创新费用支出比重（%）	69.83	67.13
企业R&D经费支出占全社会R&D经费比重（%）	47.17	43.75
企业R&D经费支出占营业收入比重（%）	1.20	1.09
企业引进技术经费支出（亿元）	5.32	4.22
企业消化吸收经费支出（亿元）	0	0.00
企业购买境内技术经费支出（亿元）	3.56	2.95
企业技术改造经费支出（亿元）	36.41	36.37
企业技术获取和技术改造经费支出（亿元）	45.29	43.54
企业技术获取和技术改造经费支出占营业收入比重（%）	0.24	0.19
企业科学研究经费支出占R&D经费支出比重（%）	2.27	2.87
研究机构来源于企业的R&D经费支出（亿元）	2.40	8.82
高校来源于企业的R&D经费支出（亿元）	28.04	31.90
研究机构和高校R&D经费支出中企业资金占比重（%）	27.37	26.86
企业平均吸纳技术成交额（万元）	1205.02	1058.97
企业R&D人员全时当量（人年）	45227	49404

天津创新能力监测指标（5）

指标名称	2020	2021
企业R&D研究人员全时当量（人年）	24508	17343
企业R&D研究人员占全社会R&D研究人员比重（%）	50.67	31.76
万名企业就业人员中R&D人员数（人年）	420.25	510.21
有R&D活动的企业数（个）	1444	1649
有R&D活动的企业占比重（%）	28.20	29.12
有研究机构的企业数（个）	479	537
有研究机构的企业占比重（%）	9.36	9.48
企业专利申请数（件）	19033	18952
企业发明专利申请数（件）	6060	5928
企业发明专利拥有量（件）	24945	26326
万名企业就业人员发明专利拥有量（件）	231.79	271.88
发明专利申请数（件）	22057	21370
实用新型专利申请数（件）	83825	63512
外观设计专利申请数（件）	5632	5589
研究机构专利申请数（件）	1711	1957
研究机构发明专利申请数（件）	1321	1593
高校专利申请数（件）	6875	5993
高校发明专利申请数（件）	5293	4713
万人发明专利申请数（件）	15.90	15.56
亿元R&D经费支出发明专利申请数（件）	45.48	37.21
发明专利授权数（件）	5262	7376
实用新型专利授权数（件）	64221	85076
外观设计专利授权数（件）	5951	5458
万人发明专利授权数（件）	3.79	5.37
亿元R&D经费支出发明专利授权数（件）	10.85	12.84
发明专利拥有量（件）	38152	43409
实用新型专利拥有量（件）	189936	244766
外观设计专利拥有量（件）	17452	20088
研究机构发明专利拥有量（件）	3250	4048
高校发明专利拥有量（件）	12069	14965

天津创新能力监测指标（6）

指标名称	2020	2021
万人发明专利拥有量（件）	27.51	31.62
PCT国际专利申请受理量（件）	374	444
国内科技论文数（篇）	13556	13871
万人国内科技论文数（篇）	9.77	10.10
SCI 收录科技论文数（篇）	14016	15871
EI 收录科技论文数（篇）	11806	11650
CPCI-S 收录科技论文数（篇）	1120	865
万人国际科技论文数（篇）	19.43	20.67
技术市场成交合同数（项）	9685	12048
技术市场输出技术成交额（亿元）	1089.56	1256.83
万人输出技术成交额（万元）	7856.41	9153.87
国外技术引进合同数（项）	107	136
国外技术引进合同成交额（亿美元）	8.55	11.29
万人国外技术引进合同成交额（万美元）	61.67	82.22
国外技术引进合同成交额中技术经费支出（亿美元）	8.55	11.29
国外技术引进合同成交额中技术经费支出占比重（%）	100.00	99.98
百万人技术国际收入（万美元）	8296.81	9151.58
高技术产业有效发明专利数（件）	6731	7327
万名高技术产业就业人员有效发明专利数（件）	362.08	393.90
高技术产业营业收入（亿元）	2936.57	3339.49
高技术产业营业收入占工业营业收入比重（%）	15.45	14.49
高技术产业新产品销售收入（亿元）	944.12	1296.45
高技术产业新产品销售收入占营业收入比重（%）	32.15	38.82
万元地区生产总值高技术产业营业收入（万元）	0.21	0.21
新产品销售收入（亿元）	3891.99	4814.09
新产品销售收入占营业收入比重（%）	20.48	20.89
商品出口额（亿美元）	405.74	573.40
商品出口额与地区生产总值比值（万美元/亿元）	289.65	365.57
高技术产品出口额（亿美元）	125.90	147.26
高技术产品出口额占商品出口额比重（%）	31.03	25.68

天津创新能力监测指标（7）

指标名称	2020	2021
第三产业增加值（亿元）	8885.90	9746.50
第三产业增加值占地区生产总值比重（%）	63.43	62.14
高新技术企业数（个）	7350	9118
高新技术企业年末从业人员数（万人）	69.37	76.75
高新技术企业营业收入（亿元）	11483.62	13741.67
高新技术企业技术收入（亿元）	1800.63	2091.27
高新技术企业技术收入占营业收入比重（%）	15.68	15.22
高新技术企业净利润（亿元）	511.91	612.40
高新技术企业利润率（%）	4.46	4.46
高新技术企业出口总额（亿元）	828.66	908.84
劳动生产率（万元/人）	21.77	24.49
固定资本形成总额（亿元）	7566.85	8148.82
资本生产率（万元/万元）	0.25	0.27
综合能耗产出率（元/千克标准煤）	21.63	29.41
空气质量达到二级以上天数（天）	245	264
空气质量达到二级以上天数占比重（%）	67.12	72.10
废水中化学需氧量排放量（万吨）	15.63	15.52
废水中化学需氧量排放降低率（%）	-314.05	0.71
二氧化硫排放量（万吨）	1.02	0.85
二氧化硫排放降低率（%）	42.82	16.54
万元地区生产总值用水量（立方米）	19.74	20.58
万元地区生产总值用水量降低率（%）	1.97	-4.26
废水中氨氮排放量（万吨）	0.26	0.25
废水中氨氮排放降低率（%）	-53.61	3.05
固体废物产生量（万吨）	1739	1927
固体废物综合利用量（万吨）	1731.45	1920.76
固体废物综合治理率（%）	99.91	99.92
生活垃圾无害化处理率（%）	100.00	100.00
污水处理率（%）	96.42	96.82
建成区绿化覆盖率（%）	37.59	38.28

河北创新能力监测指标（1）

指标名称	2020	2021
大专以上学历人数（万人）	926.49	990.74
万人大专以上学历人数（人）	1331.67	1416.72
高等学校数（个）	125	123
高校在校学生数（万人）	201.49	217.91
十万人高校在校学生数（人）	2699.53	2925.70
高校（机构）硕士毕业生数（人）	15401	16949
十万人硕士毕业生数（人）	20.63	22.76
高校（机构）博士毕业生数（人）	515	569
十万人博士毕业生数（人）	0.69	0.76
研究机构数（个）	75	76
科技企业孵化器管理机构从业人员数（人）	3553	3469
国家级孵化器管理机构从业人员数（人）	737	717
国家大学科技园管理机构从业人员数（人）	67	67
火炬计划特色产业基地企业从业人员数（人）	294770	284806
国家技术转移机构从业人员数（人）	545	501
众创空间服务人员数（人）	6334	6554
众创空间数（个）	645	640
科技企业孵化器数（个）	274	289
国家级科技企业孵化器数（个）	40	41
科技企业孵化器在孵企业数（个）	8640	9371
科技企业孵化器累计毕业企业数（个）	5642	5952
科技企业孵化器总收入（亿元）	14.41	9.87
企业研究开发费用加计扣除减免税额（亿元）	37.54	47.72
高新技术企业减免税额（亿元）	64.88	83.45
高新技术企业减免税额占全国比重（%）	3.96	3.33
信息传输、软件和信息技术服务业固定资产投资（亿元）	561.26	689.22
信息传输、软件和信息技术服务业固定资产投资占比重（%）	1.46	1.74
有电子商务交易活动企业占比重（%）	7.70	7.50
企业电子商务销售额（亿元）	4402.31	3790.82
企业电子商务销售额与地区生产总值比值（亿元/亿元）	0.12	0.09
固定电话和移动电话用户数（万户）	8988.15	9314.59

河北创新能力监测指标（2）

指标名称	2020	2021
百人固定电话和移动电话用户数（户）	120.42	125.06
移动互联网用户数（万户）	7103.97	7512.48
万人移动互联网用户数（万户）	0.95	1.01
有效注册商标数（万件）	83.79	106.38
百万人有效注册商标数（件）	11226.09	14282.92
地区生产总值（亿元）	36013.80	40397.10
第二产业增加值（亿元）	13765.10	16355.80
第二产业增加值占地区生产总值比重（%）	38.22	40.49
工业增加值（亿元）	11664.10	14132.30
工业增加值占地区生产总值比重（%）	32.39	34.98
装备制造业营业收入（亿元）	7220.91	8660.12
装备制造业营业收入占工业营业收入比重（%）	16.71	16.06
人均地区生产总值（元）	48302	54181
城镇登记失业人员数（万人）	38.48	40.18
城镇登记失业率（%）	3.46	3.08
客运量（亿人）	1.77	1.50
旅客周转量（亿人公里）	603.57	682.13
货运量（亿吨）	24.73	26.12
货物周转量（亿吨公里）	13729.95	14769.50
研究与试验发展（R&D）经费支出（亿元）	634.37	745.49
R&D经费支出与地区生产总值之比（%）	1.76	1.85
R&D经费中基础研究经费支出（亿元）	15.55	16.89
R&D经费中应用研究经费支出（亿元）	56.19	60.06
R&D经费中试验发展经费支出（亿元）	562.63	668.54
R&D经费中基础研究经费支出占比重（%）	2.45	2.27
R&D经费中应用研究经费支出占比重（%）	8.86	8.06
R&D经费中试验发展经费支出占比重（%）	88.69	89.68
R&D经费中政府资金经费支出（亿元）	71.57	101.38
R&D经费中企业资金经费支出（亿元）	553.49	625.14
R&D经费中政府资金经费支出占比重（%）	11.28	13.60
R&D经费中企业资金经费支出占比重（%）	87.25	83.86
高校R&D经费支出（亿元）	29.81	33.67

河北创新能力监测指标（3）

指标名称	2020	2021
研究机构R&D经费支出（亿元）	54.02	67.65
高校R&D经费支出占全社会R&D经费比重（%）	4.70	4.52
研究机构R&D经费支出占全社会R&D经费比重（%）	8.52	9.07
高新技术企业R&D经费支出（亿元）	410.02	463.35
高新技术企业R&D经费支出占全社会R&D经费比重（%）	64.63	62.15
财政性教育经费支出（亿元）	1596.26	1628.81
财政性教育经费支出与地区生产总值比值（万元/亿元）	443.23	403.20
地方财政科技支出（亿元）	101.76	112.64
地方财政科技支出占地方财政支出比重（%）	1.13	1.27
地方财政科技支出与地区生产总值比值（万元/亿元）	28.26	27.88
R&D人员全时当量（人年）	125058	125609
万人R&D人员全时当量（人年）	16.76	16.86
R&D人员中基础研究人员数（人年）	8293	7965
R&D人员中应用研究人员数（人年）	19083	19360
R&D人员中试验发展人员数（人年）	97682	98285
R&D人员中基础研究人员占比重（%）	6.63	6.34
R&D人员中应用研究人员占比重（%）	15.26	15.41
R&D人员中试验发展人员占比重（%）	78.11	78.25
R&D研究人员全时当量（人年）	55320	54856
R&D研究人员占全社会R&D人员比重（%）	44.24	43.67
高校R&D人员全时当量（人年）	15654	16573
研究机构R&D人员全时当量（人年）	11508	11153
高校R&D人员占全社会R&D人员比重（%）	12.52	13.19
研究机构R&D人员占全社会R&D人员比重（%）	9.20	8.88
高技术产业R&D经费支出（亿元）	58.53	47.34
高技术产业R&D经费支出占全社会R&D经费比重（%）	9.23	6.35
高技术产业R&D经费支出占营业收入比重（%）	3.42	2.19
高技术产业引进技术经费支出（万元）	513.70	358.40
高技术产业消化吸收经费支出（万元）	0	0
高技术产业购买境内技术经费支出（万元）	46323.90	105014.80
高技术产业技术改造经费支出（万元）	21851.80	29701.20

河北创新能力监测指标（4）

指标名称	2020	2021
高技术产业技术获取和技术改造经费支出占营业收入比重（%）	0.40	0.62
高技术产业新产品研发经费支出（亿元）	67.42	67.53
高技术产业新产品研发经费支出占新产品销售收入比重（%）	9.42	7.65
高技术产业R&D人员全时当量（人年）	10919	10295
高技术产业R&D人员占全社会R&D人员比重（%）	8.73	8.20
高新技术企业R&D人员全时当量（人年）	81911	64624
高新技术企业R&D人员占全社会R&D人员比重（%）	65.50	51.45
科学研究和技术服务业固定资产投资（亿元）	511.94	508.87
科学研究和技术服务业固定资产投资占比重（%）	1.33	1.29
开展创新活动的企业数（个）	6886	8294
开展创新活动的企业占比重（%）	48.39	51.51
实现创新的企业数（个）	6616	7902
实现创新企业占比重（%）	46.49	49.08
企业创新费用支出（亿元）	740.70	924.20
企业R&D经费支出（亿元）	485.45	570.39
企业R&D经费支出占创新费用支出比重（%）	65.54	61.72
企业R&D经费支出占全社会R&D经费比重（%）	76.53	76.51
企业R&D经费支出占营业收入比重（%）	1.12	1.06
企业引进技术经费支出（亿元）	1.48	0.44
企业消化吸收经费支出（亿元）	0.36	0.17
企业购买境内技术经费支出（亿元）	7.10	14.05
企业技术改造经费支出（亿元）	80.22	97.91
企业技术获取和技术改造经费支出（亿元）	89.16	112.57
企业技术获取和技术改造经费支出占营业收入比重（%）	0.21	0.21
企业科学研究经费支出占R&D经费支出比重（%）	4.90	3.78
研究机构来源于企业的R&D经费支出（亿元）	0.04	0.02
高校来源于企业的R&D经费支出（亿元）	11.98	12.46
研究机构和高校R&D经费支出中企业资金占比重（%）	14.34	12.31
企业平均吸纳技术成交额（万元）	496.30	715.61
企业R&D人员全时当量（人年）	86337	83401

河北创新能力监测指标（5）

指标名称	2020	2021
企业R&D研究人员全时当量（人年）	35623	22737
企业R&D研究人员占全社会R&D研究人员比重（%）	64.40	41.45
万名企业就业人员中R&D人员数（人年）	317.19	303.64
有R&D活动的企业数（个）	3137	3906
有R&D活动的企业占比重（%）	22.03	24.22
有研究机构的企业数（个）	2197	2375
有研究机构的企业占比重（%）	15.43	14.73
企业专利申请数（件）	24815	30171
企业发明专利申请数（件）	7543	8844
企业发明专利拥有量（件）	28135	34240
万名企业就业人员发明专利拥有量（件）	103.37	124.66
发明专利申请数（件）	22131	23923
实用新型专利申请数（件）	85163	86877
外观设计专利申请数（件）	18314	19905
研究机构专利申请数（件）	1552	1821
研究机构发明专利申请数（件）	1139	1343
高校专利申请数（件）	7378	6596
高校发明专利申请数（件）	3114	3087
万人发明专利申请数（件）	2.97	3.21
亿元R&D经费支出发明专利申请数（件）	34.89	32.09
发明专利授权数（件）	6365	8621
实用新型专利授权数（件）	68466	92603
外观设计专利授权数（件）	17365	18810
万人发明专利授权数（件）	0.85	1.16
亿元R&D经费支出发明专利授权数（件）	10.03	11.56
发明专利拥有量（件）	34147	41657
实用新型专利拥有量（件）	183267	255601
外观设计专利拥有量（件）	48611	58651
研究机构发明专利拥有量（件）	3593	3820
高校发明专利拥有量（件）	7866	8018

河北创新能力监测指标（6）

指标名称	2020	2021
万人发明专利拥有量（件）	4.57	5.59
PCT国际专利申请受理量（件）	595	461
国内科技论文数（篇）	15952	16031
万人国内科技论文数（篇）	2.14	2.15
SCI 收录科技论文数（篇）	6504	7816
EI 收录科技论文数（篇）	4813	3992
CPCI-S 收录科技论文数（篇）	394	183
万人国际科技论文数（篇）	1.57	1.61
技术市场成交合同数（项）	7468	11739
技术市场输出技术成交额（亿元）	554.96	747.32
万人输出技术成交额（万元）	743.54	1003.38
国外技术引进合同数（项）	90	80
国外技术引进合同成交额（亿美元）	1.85	4.29
万人国外技术引进合同成交额（万美元）	2.49	5.76
国外技术引进合同成交额中技术经费支出（亿美元）	1.45	4.06
国外技术引进合同成交额中技术经费支出占比重（%）	78.44	94.54
百万人技术国际收入（万美元）	142.30	147.76
高技术产业有效发明专利数（件）	4464	5528
万名高技术产业就业人员有效发明专利数（件）	222.33	252.23
高技术产业营业收入（亿元）	1711.93	2163.21
高技术产业营业收入占工业营业收入比重（%）	3.96	4.01
高技术产业新产品销售收入（亿元）	715.85	882.32
高技术产业新产品销售收入占营业收入比重（%）	41.82	40.79
万元地区生产总值高技术产业营业收入（万元）	0.05	0.05
新产品销售收入（亿元）	7190.98	9668.26
新产品销售收入占营业收入比重（%）	16.64	17.93
商品出口额（亿美元）	500.31	668.90
商品出口额与地区生产总值比值（万美元/亿元）	138.92	165.58
高技术产品出口额（亿美元）	30.66	35.90
高技术产品出口额占商品出口额比重（%）	6.13	5.37

河北创新能力监测指标（7）

指标名称	2020	2021
第三产业增加值（亿元）	18368.40	20010.90
第三产业增加值占地区生产总值比重（%）	51.00	49.54
高新技术企业数（个）	9230	10970
高新技术企业年末从业人员数（万人）	141.78	147.95
高新技术企业营业收入（亿元）	22427.32	28328.87
高新技术企业技术收入（亿元）	1103.47	1558.09
高新技术企业技术收入占营业收入比重（%）	4.92	5.50
高新技术企业净利润（亿元）	1075.35	1255.67
高新技术企业利润率（%）	4.79	4.43
高新技术企业出口总额（亿元）	968.77	1295.00
劳动生产率（万元/人）	9.86	11.09
固定资本形成总额（亿元）	19672.48	21676.00
资本生产率（万元/万元）	0.27	0.28
综合能耗产出率（元/千克标准煤）	12.21	12.44
空气质量达到二级以上天数（天）	243	262
空气质量达到二级以上天数占比重（%）	66.66	71.58
废水中化学需氧量排放量（万吨）	127.42	153.53
废水中化学需氧量排放降低率（%）	-469.34	-20.50
二氧化硫排放量（万吨）	16.17	17.07
二氧化硫排放降低率（%）	43.63	-5.51
万元地区生产总值用水量（立方米）	50.49	45.03
万元地区生产总值用水量降低率（%）	2.78	10.80
废水中氨氮排放量（万吨）	3.22	3.71
废水中氨氮排放降低率（%）	-76.56	-14.98
固体废物产生量（万吨）	34081	40899
固体废物综合利用量（万吨）	18880.43	22320.47
固体废物综合治理率（%）	88.85	70.14
生活垃圾无害化处理率（%）	100.00	100.00
污水处理率（%）	98.46	99.07
建成区绿化覆盖率（%）	42.92	42.91

山西创新能力监测指标（1）

指标名称	2020	2021
大专以上学历人数（万人）	606.05	660.78
万人大专以上学历人数（人）	1846.83	2011.10
高等学校数（个）	85	82
高校在校学生数（万人）	93.84	108.31
十万人高校在校学生数（人）	2688.38	3112.26
高校（机构）硕士毕业生数（人）	11296	11727
十万人硕士毕业生数（人）	32.36	33.70
高校（机构）博士毕业生数（人）	554	558
十万人博士毕业生数（人）	1.59	1.60
研究机构数（个）	65	55
科技企业孵化器管理机构从业人员数（人）	1006	1027
国家级孵化器管理机构从业人员数（人）	274	277
国家大学科技园管理机构从业人员数（人）	12	24
火炬计划特色产业基地企业从业人员数（人）	68638	69086
国家技术转移机构从业人员数（人）	106	712
众创空间服务人员数（人）	4667	4119
众创空间数（个）	343	322
科技企业孵化器数（个）	68	72
国家级科技企业孵化器数（个）	16	16
科技企业孵化器在孵企业数（个）	2844	3005
科技企业孵化器累计毕业企业数（个）	2414	2722
科技企业孵化器总收入（亿元）	7.75	7.29
企业研究开发费用加计扣除减免税额（亿元）	16.58	26.21
高新技术企业减免税额（亿元）	10.53	28.42
高新技术企业减免税额占全国比重（%）	0.64	1.13
信息传输、软件和信息技术服务业固定资产投资（亿元）	71.78	100.06
信息传输、软件和信息技术服务业固定资产投资占比重（%）	0.98	1.26
有电子商务交易活动企业占比重（%）	6.50	6.60
企业电子商务销售额（亿元）	2322.58	3420.83
企业电子商务销售额与地区生产总值比值（亿元/亿元）	0.13	0.15
固定电话和移动电话用户数（万户）	4267.25	4388.69

山西创新能力监测指标（2）

指标名称	2020	2021
百人固定电话和移动电话用户数（户）	122.26	126.11
移动互联网用户数（万户）	3266.29	3325.81
万人移动互联网用户数（万户）	0.94	0.96
有效注册商标数（万件）	22.34	28.94
百万人有效注册商标数（件）	6400.71	8315.92
地区生产总值（亿元）	17835.60	22870.40
第二产业增加值（亿元）	7703.20	11578.10
第二产业增加值占地区生产总值比重（%）	43.19	50.62
工业增加值（亿元）	6768.50	10543.60
工业增加值占地区生产总值比重（%）	37.95	46.10
装备制造业营业收入（亿元）	2438.59	3017.56
装备制造业营业收入占工业营业收入比重（%）	11.07	8.96
人均地区生产总值（元）	51051	65625
城镇登记失业人员数（万人）	27.65	20.00
城镇登记失业率（%）	3.11	2.27
客运量（亿人）	1.25	1.18
旅客周转量（亿人公里）	226.27	221.32
货运量（亿吨）	19.02	21.76
货物周转量（亿吨公里）	5711.76	6444.67
研究与试验发展（R&D）经费支出（亿元）	211.05	251.89
R&D经费支出与地区生产总值之比（%）	1.18	1.10
R&D经费中基础研究经费支出（亿元）	11.42	12.04
R&D经费中应用研究经费支出（亿元）	24.30	33.82
R&D经费中试验发展经费支出（亿元）	175.34	206.03
R&D经费中基础研究经费支出占比重（%）	5.41	4.78
R&D经费中应用研究经费支出占比重（%）	11.51	13.43
R&D经费中试验发展经费支出占比重（%）	83.08	81.79
R&D经费中政府资金经费支出（亿元）	27.04	32.95
R&D经费中企业资金经费支出（亿元）	179.94	209.85
R&D经费中政府资金经费支出占比重（%）	12.81	13.08
R&D经费中企业资金经费支出占比重（%）	85.26	83.31
高校R&D经费支出（亿元）	17.68	17.55

山西创新能力监测指标（3）

指标名称	2020	2021
研究机构R&D经费支出（亿元）	13.77	22.64
高校R&D经费支出占全社会R&D经费比重（%）	8.38	6.97
研究机构R&D经费支出占全社会R&D经费比重（%）	6.53	8.99
高新技术企业R&D经费支出（亿元）	100.03	85.57
高新技术企业R&D经费支出占全社会R&D经费比重（%）	47.40	33.97
财政性教育经费支出（亿元）	733.36	778.00
财政性教育经费支出与地区生产总值比值（万元/亿元）	411.18	340.18
地方财政科技支出（亿元）	66.09	83.38
地方财政科技支出占地方财政支出比重（%）	1.29	1.65
地方财政科技支出与地区生产总值比值（万元/亿元）	37.05	36.46
R&D人员全时当量（人年）	52394	57228
万人R&D人员全时当量（人年）	15.01	16.44
R&D人员中基础研究人员数（人年）	7667	7755
R&D人员中应用研究人员数（人年）	10019	11298
R&D人员中试验发展人员数（人年）	34709	38176
R&D人员中基础研究人员占比重（%）	14.63	13.55
R&D人员中应用研究人员占比重（%）	19.12	19.74
R&D人员中试验发展人员占比重（%）	66.25	66.71
R&D研究人员全时当量（人年）	23880	26899
R&D研究人员占全社会R&D人员比重（%）	45.58	47.00
高校R&D人员全时当量（人年）	11973	13427
研究机构R&D人员全时当量（人年）	4642	4255
高校R&D人员占全社会R&D人员比重（%）	22.85	23.46
研究机构R&D人员占全社会R&D人员比重（%）	8.86	7.44
高技术产业R&D经费支出（亿元）	16.13	14.68
高技术产业R&D经费支出占全社会R&D经费比重（%）	7.64	5.83
高技术产业R&D经费支出占营业收入比重（%）	1.16	0.82
高技术产业引进技术经费支出（万元）	38.00	544.40
高技术产业消化吸收经费支出（万元）	0	0
高技术产业购买境内技术经费支出（万元）	1373.00	2711.00
高技术产业技术改造经费支出（万元）	7736.30	5042.70

山西创新能力监测指标（4）

指标名称	2020	2021
高技术产业技术获取和技术改造经费支出占营业收入比重（%）	0.07	0.05
高技术产业新产品研发经费支出（亿元）	19.78	26.56
高技术产业新产品研发经费支出占新产品销售收入比重（%）	6.15	7.34
高技术产业R&D人员全时当量（人年）	6502	6924
高技术产业R&D人员占全社会R&D人员比重（%）	12.41	12.10
高新技术企业R&D人员全时当量（人年）	27801	15242
高新技术企业R&D人员占全社会R&D人员比重（%）	53.06	26.63
科学研究和技术服务业固定资产投资（亿元）	50.66	42.35
科学研究和技术服务业固定资产投资占比重（%）	0.69	0.53
开展创新活动的企业数（个）	2343	2890
开展创新活动的企业占比重（%）	42.78	42.13
实现创新的企业数（个）	2204	2724
实现创新企业占比重（%）	40.24	39.71
企业创新费用支出（亿元）	317.00	375.80
企业R&D经费支出（亿元）	156.18	186.24
企业R&D经费支出占创新费用支出比重（%）	49.27	49.56
企业R&D经费支出占全社会R&D经费比重（%）	74.00	73.94
企业R&D经费支出占营业收入比重（%）	0.71	0.55
企业引进技术经费支出（亿元）	1.72	0.18
企业消化吸收经费支出（亿元）	0.32	0.09
企业购买境内技术经费支出（亿元）	0.96	0.89
企业技术改造经费支出（亿元）	85.79	91.41
企业技术获取和技术改造经费支出（亿元）	88.79	92.57
企业技术获取和技术改造经费支出占营业收入比重（%）	0.40	0.27
企业科学研究经费支出占R&D经费支出比重（%）	4.72	9.37
研究机构来源于企业的R&D经费支出（亿元）	3.24	2.93
高校来源于企业的R&D经费支出（亿元）	5.94	4.08
研究机构和高校R&D经费支出中企业资金占比重（%）	29.18	17.44
企业平均吸纳技术成交额（万元）	606.45	713.30
企业R&D人员全时当量（人年）	32547	35468

山西创新能力监测指标（5）

指标名称	2020	2021
企业R&D研究人员全时当量（人年）	14642	9618
企业R&D研究人员占全社会R&D研究人员比重（%）	61.31	35.76
万名企业就业人员中R&D人员数（人年）	169.46	178.63
有R&D活动的企业数（个）	855	976
有R&D活动的企业占比重（%）	15.60	14.23
有研究机构的企业数（个）	1070	1385
有研究机构的企业占比重（%）	19.53	20.19
企业专利申请数（件）	8444	10152
企业发明专利申请数（件）	3059	3664
企业发明专利拥有量（件）	10218	12336
万名企业就业人员发明专利拥有量（件）	53.20	62.13
发明专利申请数（件）	9472	10059
实用新型专利申请数（件）	28030	27280
外观设计专利申请数（件）	2800	3121
研究机构专利申请数（件）	607	620
研究机构发明专利申请数（件）	455	472
高校专利申请数（件）	3792	4558
高校发明专利申请数（件）	1939	2268
万人发明专利申请数（件）	2.71	2.89
亿元R&D经费支出发明专利申请数（件）	44.88	39.93
发明专利授权数（件）	2987	3915
实用新型专利授权数（件）	21933	30608
外观设计专利授权数（件）	2376	2856
万人发明专利授权数（件）	0.86	1.13
亿元R&D经费支出发明专利授权数（件）	14.15	15.54
发明专利拥有量（件）	16471	19474
实用新型专利拥有量（件）	57553	81172
外观设计专利拥有量（件）	6973	8445
研究机构发明专利拥有量（件）	1122	1745
高校发明专利拥有量（件）	5913	7296

山西创新能力监测指标（6）

指标名称	2020	2021
万人发明专利拥有量（件）	4.72	5.60
PCT国际专利申请受理量（件）	99	77
国内科技论文数（篇）	9306	9601
万人国内科技论文数（篇）	2.67	2.76
SCI 收录科技论文数（篇）	5498	5879
EI 收录科技论文数（篇）	3977	4270
CPCI-S 收录科技论文数（篇）	225	109
万人国际科技论文数（篇）	2.78	2.95
技术市场成交合同数（项）	1059	1424
技术市场输出技术成交额（亿元）	44.98	134.47
万人输出技术成交额（万元）	128.87	386.42
国外技术引进合同数（项）	4	4
国外技术引进合同成交额（亿美元）	0.18	0.03
万人国外技术引进合同成交额（万美元）	0.51	0.09
国外技术引进合同成交额中技术经费支出（亿美元）	0.18	0.03
国外技术引进合同成交额中技术经费支出占比重（%）	99.72	100.00
百万人技术国际收入（万美元）	48.73	42.29
高技术产业有效发明专利数（件）	1365	1610
万名高技术产业就业人员有效发明专利数（件）	78.93	97.89
高技术产业营业收入（亿元）	1388.59	1794.86
高技术产业营业收入占工业营业收入比重（%）	6.31	5.33
高技术产业新产品销售收入（亿元）	321.84	361.92
高技术产业新产品销售收入占营业收入比重（%）	23.18	20.16
万元地区生产总值高技术产业营业收入（万元）	0.08	0.08
新产品销售收入（亿元）	2311.12	2940.60
新产品销售收入占营业收入比重（%）	10.50	8.73
商品出口额（亿美元）	142.22	245.90
商品出口额与地区生产总值比值（万美元/亿元）	79.74	107.52
高技术产品出口额（亿美元）	87.91	151.03
高技术产品出口额占商品出口额比重（%）	61.82	61.42

山西创新能力监测指标（7）

指标名称	2020	2021
第三产业增加值（亿元）	8965.80	10005.40
第三产业增加值占地区生产总值比重（%）	50.27	43.75
高新技术企业数（个）	3162	3607
高新技术企业年末从业人员数（万人）	45.60	48.73
高新技术企业营业收入（亿元）	6289.04	8482.97
高新技术企业技术收入（亿元）	219.13	252.23
高新技术企业技术收入占营业收入比重（%）	3.48	2.97
高新技术企业净利润（亿元）	226.66	457.92
高新技术企业利润率（%）	3.60	5.40
高新技术企业出口总额（亿元）	257.83	331.75
劳动生产率（万元/人）	10.16	13.17
固定资本形成总额（亿元）	7517.09	9411.75
资本生产率（万元/万元）	0.25	0.26
综合能耗产出率（元/千克标准煤）	7.94	9.08
空气质量达到二级以上天数（天）	259	256
空气质量达到二级以上天数占比重（%）	70.98	69.92
废水中化学需氧量排放量（万吨）	61.98	61.61
废水中化学需氧量排放降低率（%）	-467.72	0.59
二氧化硫排放量（万吨）	16.05	14.70
二氧化硫排放降低率（%）	29.78	8.47
万元地区生产总值用水量（立方米）	41.24	32.14
万元地区生产总值用水量降低率（%）	7.60	22.07
废水中氨氮排放量（万吨）	1.64	1.40
废水中氨氮排放降低率（%）	-47.19	14.60
固体废物产生量（万吨）	42635	45901
固体废物综合利用量（万吨）	17149.62	18585.15
固体废物综合治理率（%）	86.07	87.69
生活垃圾无害化处理率（%）	100.00	100.00
污水处理率（%）	99.60	98.40
建成区绿化覆盖率（%）	43.88	43.72

内蒙古创新能力监测指标（1）

指标名称	2020	2021
大专以上学历人数（万人）	449.43	521.17
万人大专以上学历人数（人）	1971.65	2281.81
高等学校数（个）	54	54
高校在校学生数（万人）	51.10	56.42
十万人高校在校学生数（人）	2126.57	2351.04
高校（机构）硕士毕业生数（人）	6950	7735
十万人硕士毕业生数（人）	28.92	32.23
高校（机构）博士毕业生数（人）	263	257
十万人博士毕业生数（人）	1.09	1.07
研究机构数（个）	86	57
科技企业孵化器管理机构从业人员数（人）	1499	909
国家级孵化器管理机构从业人员数（人）	965	293
国家大学科技园管理机构从业人员数（人）	34	34
火炬计划特色产业基地企业从业人员数（人）	41785	42755
国家技术转移机构从业人员数（人）	72	71
众创空间服务人员数（人）	2300	2910
众创空间数（个）	144	167
科技企业孵化器数（个）	50	51
国家级科技企业孵化器数（个）	13	13
科技企业孵化器在孵企业数（个）	1954	1998
科技企业孵化器累计毕业企业数（个）	1707	1921
科技企业孵化器总收入（亿元）	3.48	4.11
企业研究开发费用加计扣除减免税额（亿元）	9.63	12.44
高新技术企业减免税额（亿元）	13.62	28.63
高新技术企业减免税额占全国比重（%）	0.83	1.14
信息传输、软件和信息技术服务业固定资产投资（亿元）	173.08	218.78
信息传输、软件和信息技术服务业固定资产投资占比重（%）	1.66	1.91
有电子商务交易活动企业占比重（%）	6.90	7.50
企业电子商务销售额（亿元）	2799.90	3145.51
企业电子商务销售额与地区生产总值比值（亿元/亿元）	0.16	0.15
固定电话和移动电话用户数（万户）	3160.97	3220.66

内蒙古创新能力监测指标（2）

指标名称	2020	2021
百人固定电话和移动电话用户数（户）	131.55	134.19
移动互联网用户数（万户）	2574.26	2665.19
万人移动互联网用户数（万户）	1.07	1.11
有效注册商标数（万件）	24.06	29.51
百万人有效注册商标数（件）	10011.86	12296.88
地区生产总值（亿元）	17258.00	21166.00
第二产业增加值（亿元）	6908.20	9880.60
第二产业增加值占地区生产总值比重（%）	40.03	46.68
工业增加值（亿元）	5597.60	8443.80
工业增加值占地区生产总值比重（%）	32.43	39.89
装备制造业营业收入（亿元）	624.87	691.89
装备制造业营业收入占工业营业收入比重（%）	3.57	2.79
人均地区生产总值（元）	71640	88137
城镇登记失业人员数（万人）	30.03	30.53
城镇登记失业率（%）	3.80	3.84
客运量（亿人）	0.65	0.63
旅客周转量（亿人公里）	164.90	164.82
货运量（亿吨）	17.81	21.60
货物周转量（亿吨公里）	4567.36	4933.82
研究与试验发展（R&D）经费支出（亿元）	161.07	190.06
R&D经费支出与地区生产总值之比（%）	0.93	0.90
R&D经费中基础研究经费支出（亿元）	3.43	5.44
R&D经费中应用研究经费支出（亿元）	17.13	18.47
R&D经费中试验发展经费支出（亿元）	140.51	166.15
R&D经费中基础研究经费支出占比重（%）	2.13	2.86
R&D经费中应用研究经费支出占比重（%）	10.64	9.72
R&D经费中试验发展经费支出占比重（%）	87.24	87.42
R&D经费中政府资金经费支出（亿元）	23.28	27.70
R&D经费中企业资金经费支出（亿元）	132.78	156.68
R&D经费中政府资金经费支出占比重（%）	14.45	14.58
R&D经费中企业资金经费支出占比重（%）	82.43	82.44
高校R&D经费支出（亿元）	7.04	9.10

内蒙古创新能力监测指标（3）

指标名称	2020	2021
研究机构R&D经费支出（亿元）	15.62	13.58
高校R&D经费支出占全社会R&D经费比重（%）	4.37	4.79
研究机构R&D经费支出占全社会R&D经费比重（%）	9.70	7.15
高新技术企业R&D经费支出（亿元）	103.45	83.77
高新技术企业R&D经费支出占全社会R&D经费比重（%）	64.23	44.08
财政性教育经费支出（亿元）	642.17	641.29
财政性教育经费支出与地区生产总值比值（万元/亿元）	372.10	302.98
地方财政科技支出（亿元）	32.38	35.28
地方财政科技支出占地方财政支出比重（%）	0.61	0.67
地方财政科技支出与地区生产总值比值（万元/亿元）	18.76	16.67
R&D人员全时当量（人年）	27914	26427
万人R&D人员全时当量（人年）	11.62	11.01
R&D人员中基础研究人员数（人年）	2062	3119
R&D人员中应用研究人员数（人年）	5143	5331
R&D人员中试验发展人员数（人年）	20708	17977
R&D人员中基础研究人员占比重（%）	7.39	11.80
R&D人员中应用研究人员占比重（%）	18.43	20.17
R&D人员中试验发展人员占比重（%）	74.19	68.02
R&D研究人员全时当量（人年）	13789	13141
R&D研究人员占全社会R&D人员比重（%）	49.40	49.72
高校R&D人员全时当量（人年）	4487	5388
研究机构R&D人员全时当量（人年）	3015	2997
高校R&D人员占全社会R&D人员比重（%）	16.07	20.39
研究机构R&D人员占全社会R&D人员比重（%）	10.80	11.34
高技术产业R&D经费支出（亿元）	7.50	12.58
高技术产业R&D经费支出占全社会R&D经费比重（%）	4.66	6.62
高技术产业R&D经费支出占营业收入比重（%）	1.79	2.47
高技术产业引进技术经费支出（万元）	0	0
高技术产业消化吸收经费支出（万元）	0	0
高技术产业购买境内技术经费支出（万元）	32.60	1244.00
高技术产业技术改造经费支出（万元）	2425.50	2974.90

内蒙古创新能力监测指标（4）

指标名称	2020	2021
高技术产业技术获取和技术改造经费支出占营业收入比重（%）	0.06	0.08
高技术产业新产品研发经费支出（亿元）	8.03	16.10
高技术产业新产品研发经费支出占新产品销售收入比重（%）	16.35	17.03
高技术产业R&D人员全时当量（人年）	1527	1122
高技术产业R&D人员占全社会R&D人员比重（%）	5.47	4.25
高新技术企业R&D人员全时当量（人年）	17023	16401
高新技术企业R&D人员占全社会R&D人员比重（%）	60.98	62.06
科学研究和技术服务业固定资产投资（亿元）	28.17	49.63
科学研究和技术服务业固定资产投资占比重（%）	0.27	0.43
开展创新活动的企业数（个）	1064	1256
开展创新活动的企业占比重（%）	35.63	38.13
实现创新的企业数（个）	1035	1142
实现创新企业占比重（%）	34.66	34.67
企业创新费用支出（亿元）	205.60	258.40
企业R&D经费支出（亿元）	129.37	154.77
企业R&D经费支出占创新费用支出比重（%）	62.92	59.90
企业R&D经费支出占全社会R&D经费比重（%）	80.32	81.43
企业R&D经费支出占营业收入比重（%）	0.74	0.62
企业引进技术经费支出（亿元）	3.50	0
企业消化吸收经费支出（亿元）	1.04	0
企业购买境内技术经费支出（亿元）	1.83	1.98
企业技术改造经费支出（亿元）	32.43	36.87
企业技术获取和技术改造经费支出（亿元）	38.80	38.85
企业技术获取和技术改造经费支出占营业收入比重（%）	0.22	0.16
企业科学研究经费支出占R&D经费支出比重（%）	3.85	3.71
研究机构来源于企业的R&D经费支出（亿元）	0.01	0.01
高校来源于企业的R&D经费支出（亿元）	1.17	0.73
研究机构和高校R&D经费支出中企业资金占比重（%）	5.21	3.27
企业平均吸纳技术成交额（万元）	841.32	1145.11
企业R&D人员全时当量（人年）	18393	15433

内蒙古创新能力监测指标（5）

指标名称	2020	2021
企业R&D研究人员全时当量（人年）	10994	4991
企业R&D研究人员占全社会R&D研究人员比重（%）	79.73	37.98
万名企业就业人员中R&D人员数（人年）	209.68	168.54
有R&D活动的企业数（个）	391	482
有R&D活动的企业占比重（%）	13.10	14.65
有研究机构的企业数（个）	112	135
有研究机构的企业占比重（%）	3.75	4.10
企业专利申请数（件）	5755	7722
企业发明专利申请数（件）	2331	2725
企业发明专利拥有量（件）	5799	6847
万名企业就业人员发明专利拥有量（件）	66.11	74.77
发明专利申请数（件）	5381	5998
实用新型专利申请数（件）	18747	21215
外观设计专利申请数（件）	2096	2249
研究机构专利申请数（件）	417	396
研究机构发明专利申请数（件）	235	145
高校专利申请数（件）	1638	2730
高校发明专利申请数（件）	549	761
万人发明专利申请数（件）	2.24	2.50
亿元R&D经费支出发明专利申请数（件）	33.41	31.56
发明专利授权数（件）	1162	1651
实用新型专利授权数（件）	14423	20737
外观设计专利授权数（件）	2373	1974
万人发明专利授权数（件）	0.48	0.69
亿元R&D经费支出发明专利授权数（件）	7.21	8.69
发明专利拥有量（件）	6943	8215
实用新型专利拥有量（件）	36714	53256
外观设计专利拥有量（件）	6245	7117
研究机构发明专利拥有量（件）	520	297
高校发明专利拥有量（件）	1369	1652

内蒙古创新能力监测指标（6）

指标名称	2020	2021
万人发明专利拥有量（件）	2.89	3.42
PCT国际专利申请受理量（件）	37	37
国内科技论文数（篇）	4838	4864
万人国内科技论文数（篇）	2.01	2.03
SCI 收录科技论文数（篇）	2079	2331
EI 收录科技论文数（篇）	1373	1327
CPCI-S 收录科技论文数（篇）	159	117
万人国际科技论文数（篇）	1.50	1.57
技术市场成交合同数（项）	1494	1524
技术市场输出技术成交额（亿元）	35.95	41.15
万人输出技术成交额（万元）	149.63	171.45
国外技术引进合同数（项）	7	9
国外技术引进合同成交额（亿美元）	1.81	0.73
万人国外技术引进合同成交额（万美元）	7.52	3.05
国外技术引进合同成交额中技术经费支出（亿美元）	1.81	0.72
国外技术引进合同成交额中技术经费支出占比重（%）	100.00	98.87
百万人技术国际收入（万美元）	70.63	59.22
高技术产业有效发明专利数（件）	671	718
万名高技术产业就业人员有效发明专利数（件）	193.16	191.53
高技术产业营业收入（亿元）	419.75	508.94
高技术产业营业收入占工业营业收入比重（%）	2.40	2.05
高技术产业新产品销售收入（亿元）	49.09	94.50
高技术产业新产品销售收入占营业收入比重（%）	11.70	18.57
万元地区生产总值高技术产业营业收入（万元）	0.02	0.02
新产品销售收入（亿元）	1242.46	1655.49
新产品销售收入占营业收入比重（%）	7.10	6.67
商品出口额（亿美元）	65.18	97.10
商品出口额与地区生产总值比值（万美元/亿元）	37.77	45.88
高技术产品出口额（亿美元）	6.98	12.19
高技术产品出口额占商品出口额比重（%）	10.72	12.55

内蒙古创新能力监测指标（7）

指标名称	2020	2021
第三产业增加值（亿元）	8321.10	8931.50
第三产业增加值占地区生产总值比重（%）	48.22	42.20
高新技术企业数（个）	1049	1218
高新技术企业年末从业人员数（万人）	32.02	34.68
高新技术企业营业收入（亿元）	6248.04	8768.81
高新技术企业技术收入（亿元）	152.07	248.65
高新技术企业技术收入占营业收入比重（%）	2.43	2.84
高新技术企业净利润（亿元）	303.56	875.92
高新技术企业利润率（%）	4.86	9.99
高新技术企业出口总额（亿元）	226.96	271.42
劳动生产率（万元/人）	13.98	16.84
固定资本形成总额（亿元）	11006.59	13213.18
资本生产率（万元/万元）	0.19	0.20
综合能耗产出率（元/千克标准煤）	7.30	8.09
空气质量达到二级以上天数（天）	326	327
空气质量达到二级以上天数占比重（%）	89.23	89.28
废水中化学需氧量排放量（万吨）	70.88	76.71
废水中化学需氧量排放降低率（%）	-1104.16	-8.24
二氧化硫排放量（万吨）	27.39	22.48
二氧化硫排放降低率（%）	22.26	17.95
万元地区生产总值用水量（立方米）	111.98	93.45
万元地区生产总值用水量降低率（%）	-0.97	16.55
废水中氨氮排放量（万吨）	1.39	1.58
废水中氨氮排放降低率（%）	-313.48	-13.70
固体废物产生量（万吨）	35117	41211
固体废物综合利用量（万吨）	12376.81	13813.56
固体废物综合治理率（%）	74.29	72.63
生活垃圾无害化处理率（%）	99.92	99.89
污水处理率（%）	97.80	97.87
建成区绿化覆盖率（%）	40.45	41.95

辽宁创新能力监测指标（1）

指标名称	2020	2021
大专以上学历人数（万人）	775.83	865.97
万人大专以上学历人数（人）	1897.89	2126.74
高等学校数（个）	114	114
高校在校学生数（万人）	148.37	158.25
十万人高校在校学生数（人）	3486.54	3741.97
高校（机构）硕士毕业生数（人）	34529	37214
十万人硕士毕业生数（人）	81.14	88.00
高校（机构）博士毕业生数（人）	2396	2420
十万人博士毕业生数（人）	5.63	5.72
研究机构数（个）	37	41
科技企业孵化器管理机构从业人员数（人）	1371	1332
国家级孵化器管理机构从业人员数（人）	696	673
国家大学科技园管理机构从业人员数（人）	126	143
火炬计划特色产业基地企业从业人员数（人）	170192	171569
国家技术转移机构从业人员数（人）	3286	4477
众创空间服务人员数（人）	2762	3317
众创空间数（个）	250	261
科技企业孵化器数（个）	93	94
国家级科技企业孵化器数（个）	31	31
科技企业孵化器在孵企业数（个）	4419	4432
科技企业孵化器累计毕业企业数（个）	4305	4842
科技企业孵化器总收入（亿元）	4.68	5.27
企业研究开发费用加计扣除减免税额（亿元）	30.72	31.40
高新技术企业减免税额（亿元）	39.20	42.98
高新技术企业减免税额占全国比重（%）	2.39	1.72
信息传输、软件和信息技术服务业固定资产投资（亿元）	97.21	85.84
信息传输、软件和信息技术服务业固定资产投资占比重（%）	1.41	1.22
有电子商务交易活动企业占比重（%）	5.80	5.90
企业电子商务销售额（亿元）	4326.02	4785.70
企业电子商务销售额与地区生产总值比值（亿元/亿元）	0.17	0.17
固定电话和移动电话用户数（万户）	5414.37	5543.17

辽宁创新能力监测指标（2）

指标名称	2020	2021
百人固定电话和移动电话用户数（户）	127.23	131.08
移动互联网用户数（万户）	3921.80	3994.08
万人移动互联网用户数（万户）	0.92	0.94
有效注册商标数（万件）	46.29	55.66
百万人有效注册商标数（件）	10876.60	13161.08
地区生产总值（亿元）	25011.40	27569.50
第二产业增加值（亿元）	9357.50	10883.30
第二产业增加值占地区生产总值比重（%）	37.41	39.48
工业增加值（亿元）	7906.00	9386.50
工业增加值占地区生产总值比重（%）	31.61	34.05
装备制造业营业收入（亿元）	7735.16	8644.92
装备制造业营业收入占工业营业收入比重（%）	25.22	23.51
人均地区生产总值（元）	58629	64992
城镇登记失业人员数（万人）	50.72	47.73
城镇登记失业率（%）	4.61	4.33
客运量（亿人）	3.35	2.74
旅客周转量（亿人公里）	431.82	431.43
货运量（亿吨）	16.73	17.92
货物周转量（亿吨公里）	5421.47	4524.65
研究与试验发展（R&D）经费支出（亿元）	549.01	600.42
R&D经费支出与地区生产总值之比（%）	2.20	2.18
R&D经费中基础研究经费支出（亿元）	35.25	41.11
R&D经费中应用研究经费支出（亿元）	105.12	87.24
R&D经费中试验发展经费支出（亿元）	408.63	472.07
R&D经费中基础研究经费支出占比重（%）	6.42	6.85
R&D经费中应用研究经费支出占比重（%）	19.15	14.53
R&D经费中试验发展经费支出占比重（%）	74.43	78.62
R&D经费中政府资金经费支出（亿元）	144.07	136.07
R&D经费中企业资金经费支出（亿元）	399.52	453.15
R&D经费中政府资金经费支出占比重（%）	26.24	22.66
R&D经费中企业资金经费支出占比重（%）	72.77	75.47
高校R&D经费支出（亿元）	69.78	72.05

辽宁创新能力监测指标（3）

指标名称	2020	2021
研究机构R&D经费支出（亿元）	103.36	112.08
高校R&D经费支出占全社会R&D经费比重（%）	12.71	12.00
研究机构R&D经费支出占全社会R&D经费比重（%）	18.83	18.67
高新技术企业R&D经费支出（亿元）	186.90	223.84
高新技术企业R&D经费支出占全社会R&D经费比重（%）	34.04	37.28
财政性教育经费支出（亿元）	741.15	703.64
财政性教育经费支出与地区生产总值比值（万元/亿元）	296.33	255.22
地方财政科技支出（亿元）	72.71	78.45
地方财政科技支出占地方财政支出比重（%）	1.21	1.33
地方财政科技支出与地区生产总值比值（万元/亿元）	29.07	28.45
R&D人员全时当量（人年）	111931	116505
万人R&D人员全时当量（人年）	26.30	27.55
R&D人员中基础研究人员数（人年）	14898	14958
R&D人员中应用研究人员数（人年）	21097	19660
R&D人员中试验发展人员数（人年）	75937	81889
R&D人员中基础研究人员占比重（%）	13.31	12.84
R&D人员中应用研究人员占比重（%）	18.85	16.87
R&D人员中试验发展人员占比重（%）	67.84	70.29
R&D研究人员全时当量（人年）	61459	62035
R&D研究人员占全社会R&D人员比重（%）	54.91	53.25
高校R&D人员全时当量（人年）	25234	23564
研究机构R&D人员全时当量（人年）	14015	15034
高校R&D人员占全社会R&D人员比重（%）	22.54	20.23
研究机构R&D人员占全社会R&D人员比重（%）	12.52	12.90
高技术产业R&D经费支出（亿元）	50.64	73.60
高技术产业R&D经费支出占全社会R&D经费比重（%）	9.22	12.26
高技术产业R&D经费支出占营业收入比重（%）	2.64	3.28
高技术产业引进技术经费支出（万元）	686.00	237.50
高技术产业消化吸收经费支出（万元）	0	0
高技术产业购买境内技术经费支出（万元）	16173.30	13516.90
高技术产业技术改造经费支出（万元）	90795.60	187496.40

辽宁创新能力监测指标（4）

指标名称	2020	2021
高技术产业技术获取和技术改造经费支出占营业收入比重（%）	0.56	0.90
高技术产业新产品研发经费支出（亿元）	58.27	79.19
高技术产业新产品研发经费支出占新产品销售收入比重（%）	15.09	13.96
高技术产业R&D人员全时当量（人年）	13636	15684
高技术产业R&D人员占全社会R&D人员比重（%）	12.18	13.46
高新技术企业R&D人员全时当量（人年）	57678	58460
高新技术企业R&D人员占全社会R&D人员比重（%）	51.53	50.18
科学研究和技术服务业固定资产投资（亿元）	29.37	34.98
科学研究和技术服务业固定资产投资占比重（%）	0.43	0.50
开展创新活动的企业数（个）	3765	4145
开展创新活动的企业占比重（%）	48.59	48.82
实现创新的企业数（个）	3498	3762
实现创新企业占比重（%）	45.14	44.31
企业创新费用支出（亿元）	542.40	629.40
企业R&D经费支出（亿元）	335.32	367.28
企业R&D经费支出占创新费用支出比重（%）	61.82	58.35
企业R&D经费支出占全社会R&D经费比重（%）	61.08	61.17
企业R&D经费支出占营业收入比重（%）	1.09	1.00
企业引进技术经费支出（亿元）	5.93	5.22
企业消化吸收经费支出（亿元）	0.00	0.01
企业购买境内技术经费支出（亿元）	21.60	22.05
企业技术改造经费支出（亿元）	97.13	130.63
企业技术获取和技术改造经费支出（亿元）	124.66	157.91
企业技术获取和技术改造经费支出占营业收入比重（%）	0.41	0.43
企业科学研究经费支出占R&D经费支出比重（%）	3.40	5.20
研究机构来源于企业的R&D经费支出（亿元）	11.07	29.69
高校来源于企业的R&D经费支出（亿元）	35.80	34.99
研究机构和高校R&D经费支出中企业资金占比重（%）	27.07	35.13
企业平均吸纳技术成交额（万元）	524.28	601.24
企业R&D人员全时当量（人年）	59978	63156

辽宁创新能力监测指标（5）

指标名称	2020	2021
企业R&D研究人员全时当量（人年）	32953	22539
企业R&D研究人员占全社会R&D研究人员比重（%）	53.62	36.33
万名企业就业人员中R&D人员数（人年）	307.11	331.25
有R&D活动的企业数（个）	1874	2123
有R&D活动的企业占比重（%）	24.17	24.98
有研究机构的企业数（个）	515	498
有研究机构的企业占比重（%）	6.64	5.86
企业专利申请数（件）	17790	20104
企业发明专利申请数（件）	6252	6614
企业发明专利拥有量（件）	28788	31740
万名企业就业人员发明专利拥有量（件）	147.40	166.47
发明专利申请数（件）	21830	23078
实用新型专利申请数（件）	58230	60052
外观设计专利申请数（件）	6467	5374
研究机构专利申请数（件）	3596	3586
研究机构发明专利申请数（件）	2927	2979
高校专利申请数（件）	12675	14373
高校发明专利申请数（件）	5830	6669
万人发明专利申请数（件）	5.13	5.46
亿元R&D经费支出发明专利申请数（件）	39.76	38.44
发明专利授权数（件）	7936	10480
实用新型专利授权数（件）	46681	64406
外观设计专利授权数（件）	5568	5305
万人发明专利授权数（件）	1.86	2.48
亿元R&D经费支出发明专利授权数（件）	14.46	17.45
发明专利拥有量（件）	47788	56146
实用新型专利拥有量（件）	131833	181946
外观设计专利拥有量（件）	16604	18816
研究机构发明专利拥有量（件）	7835	9514
高校发明专利拥有量（件）	17735	21201

辽宁创新能力监测指标（6）

指标名称	2020	2021
万人发明专利拥有量（件）	11.23	13.28
PCT国际专利申请受理量（件）	456	373
国内科技论文数（篇）	18007	17266
万人国内科技论文数（篇）	4.23	4.08
SCI 收录科技论文数（篇）	17193	19751
EI 收录科技论文数（篇）	14231	14373
CPCI-S 收录科技论文数（篇）	1350	717
万人国际科技论文数（篇）	7.70	8.24
技术市场成交合同数（项）	17301	18526
技术市场输出技术成交额（亿元）	632.81	755.12
万人输出技术成交额（万元）	1487.05	1785.59
国外技术引进合同数（项）	143	164
国外技术引进合同成交额（亿美元）	6.45	5.61
万人国外技术引进合同成交额（万美元）	15.15	13.27
国外技术引进合同成交额中技术经费支出（亿美元）	6.43	5.58
国外技术引进合同成交额中技术经费支出占比重（%）	99.67	99.37
百万人技术国际收入（万美元）	3134.78	3386.29
高技术产业有效发明专利数（件）	6432	7473
万名高技术产业就业人员有效发明专利数（件）	389.56	447.95
高技术产业营业收入（亿元）	1915.80	2245.34
高技术产业营业收入占工业营业收入比重（%）	6.25	6.11
高技术产业新产品销售收入（亿元）	386.23	567.43
高技术产业新产品销售收入占营业收入比重（%）	20.16	25.27
万元地区生产总值高技术产业营业收入（万元）	0.08	0.08
新产品销售收入（亿元）	4440.94	5010.87
新产品销售收入占营业收入比重（%）	14.48	13.63
商品出口额（亿美元）	459.88	597.30
商品出口额与地区生产总值比值（万美元/亿元）	183.87	216.65
高技术产品出口额（亿美元）	69.08	82.10
高技术产品出口额占商品出口额比重（%）	15.02	13.75

辽宁创新能力监测指标（7）

指标名称	2020	2021
第三产业增加值（亿元）	13369.10	14224.20
第三产业增加值占地区生产总值比重（%）	53.45	51.59
高新技术企业数（个）	6906	8721
高新技术企业年末从业人员数（万人）	81.83	92.28
高新技术企业营业收入（亿元）	10584.71	11844.71
高新技术企业技术收入（亿元）	697.11	993.63
高新技术企业技术收入占营业收入比重（%）	6.59	8.39
高新技术企业净利润（亿元）	523.68	497.84
高新技术企业利润率（%）	4.95	4.20
高新技术企业出口总额（亿元）	648.14	940.91
劳动生产率（万元/人）	11.26	12.60
固定资本形成总额（亿元）	10007.22	10819.03
资本生产率（万元/万元）	0.32	0.26
综合能耗产出率（元/千克标准煤）	10.64	11.50
空气质量达到二级以上天数（天）	306	318
空气质量达到二级以上天数占比重（%）	83.78	87.00
废水中化学需氧量排放量（万吨）	124.75	119.86
废水中化学需氧量排放降低率（%）	-851.74	3.92
二氧化硫排放量（万吨）	20.64	16.33
二氧化硫排放降低率（%）	21.55	20.86
万元地区生产总值用水量（立方米）	51.48	46.77
万元地区生产总值用水量降低率（%）	1.58	9.16
废水中氨氮排放量（万吨）	1.85	1.60
废水中氨氮排放降低率（%）	-93.63	13.59
固体废物产生量（万吨）	25526	24610
固体废物综合利用量（万吨）	11477.79	13138.64
固体废物综合治理率（%）	76.08	84.02
生活垃圾无害化处理率（%）	99.53	99.82
污水处理率（%）	98.23	98.46
建成区绿化覆盖率（%）	41.73	41.75

吉林创新能力监测指标（1）

指标名称	2020	2021
大专以上学历人数（万人）	402.95	477.41
万人大专以上学历人数（人）	1740.64	2083.66
高等学校数（个）	64	66
高校在校学生数（万人）	88.94	108.06
十万人高校在校学生数（人）	3706.87	4549.73
高校（机构）硕士毕业生数（人）	20596	21203
十万人硕士毕业生数（人）	85.84	89.28
高校（机构）博士毕业生数（人）	2051	2068
十万人博士毕业生数（人）	8.55	8.71
研究机构数（个）	99	98
科技企业孵化器管理机构从业人员数（人）	1685	1640
国家级孵化器管理机构从业人员数（人）	564	590
国家大学科技园管理机构从业人员数（人）	24	32
火炬计划特色产业基地企业从业人员数（人）	51723	49031
国家技术转移机构从业人员数（人）	279	406
众创空间服务人员数（人）	1537	1131
众创空间数（个）	121	101
科技企业孵化器数（个）	94	95
国家级科技企业孵化器数（个）	23	25
科技企业孵化器在孵企业数（个）	3406	3712
科技企业孵化器累计毕业企业数（个）	2255	2654
科技企业孵化器总收入（亿元）	5.87	7.04
企业研究开发费用加计扣除减免税额（亿元）	12.03	19.08
高新技术企业减免税额（亿元）	16.94	23.38
高新技术企业减免税额占全国比重（%）	1.03	0.93
信息传输、软件和信息技术服务业固定资产投资（亿元）	476.36	86.22
信息传输、软件和信息技术服务业固定资产投资占比重（%）	3.93	0.64
有电子商务交易活动企业占比重（%）	5.50	5.60
企业电子商务销售额（亿元）	525.85	587.12
企业电子商务销售额与地区生产总值比值（亿元/亿元）	0.04	0.04
固定电话和移动电话用户数（万户）	3287.85	3342.60

吉林创新能力监测指标（2）

指标名称	2020	2021
百人固定电话和移动电话用户数（户）	137.04	140.74
移动互联网用户数（万户）	2445.03	2454.55
万人移动互联网用户数（万户）	1.02	1.03
有效注册商标数（万件）	25.37	30.98
百万人有效注册商标数（件）	10573.85	13044.34
地区生产总值（亿元）	12256.00	13163.80
第二产业增加值（亿元）	4319.90	4768.30
第二产业增加值占地区生产总值比重（%）	35.25	36.22
工业增加值（亿元）	3501.20	3839.50
工业增加值占地区生产总值比重（%）	28.57	29.17
装备制造业营业收入（亿元）	7550.56	7934.03
装备制造业营业收入占工业营业收入比重（%）	57.09	53.94
人均地区生产总值（元）	50561	55148
城镇登记失业人员数（万人）	20.61	19.07
城镇登记失业率（%）	3.42	3.26
客运量（亿人）	1.53	1.35
旅客周转量（亿人公里）	198.86	208.72
货运量（亿吨）	4.48	5.36
货物周转量（亿吨公里）	1865.06	2068.58
研究与试验发展（R&D）经费支出（亿元）	159.51	183.65
R&D经费支出与地区生产总值之比（%）	1.30	1.40
R&D经费中基础研究经费支出（亿元）	26.87	27.68
R&D经费中应用研究经费支出（亿元）	28.16	38.87
R&D经费中试验发展经费支出（亿元）	104.47	117.10
R&D经费中基础研究经费支出占比重（%）	16.85	15.07
R&D经费中应用研究经费支出占比重（%）	17.66	21.17
R&D经费中试验发展经费支出占比重（%）	65.50	63.76
R&D经费中政府资金经费支出（亿元）	65.88	76.26
R&D经费中企业资金经费支出（亿元）	91.10	104.91
R&D经费中政府资金经费支出占比重（%）	41.30	41.52
R&D经费中企业资金经费支出占比重（%）	57.11	57.12
高校R&D经费支出（亿元）	29.00	31.07

吉林创新能力监测指标（3）

指标名称	2020	2021
研究机构R&D经费支出（亿元）	47.57	57.91
高校R&D经费支出占全社会R&D经费比重（%）	18.18	16.92
研究机构R&D经费支出占全社会R&D经费比重（%）	29.82	31.53
高新技术企业R&D经费支出（亿元）	56.00	66.54
高新技术企业R&D经费支出占全社会R&D经费比重（%）	35.11	36.23
财政性教育经费支出（亿元）	526.69	486.96
财政性教育经费支出与地区生产总值比值（万元/亿元）	429.74	369.92
地方财政科技支出（亿元）	39.94	38.43
地方财政科技支出占地方财政支出比重（%）	0.97	1.04
地方财政科技支出与地区生产总值比值（万元/亿元）	32.59	29.20
R&D人员全时当量（人年）	44472	50818
万人R&D人员全时当量（人年）	18.54	21.40
R&D人员中基础研究人员数（人年）	15879	14679
R&D人员中应用研究人员数（人年）	13945	16119
R&D人员中试验发展人员数（人年）	14649	20020
R&D人员中基础研究人员占比重（%）	35.71	28.89
R&D人员中应用研究人员占比重（%）	31.36	31.72
R&D人员中试验发展人员占比重（%）	32.94	39.40
R&D研究人员全时当量（人年）	30712	33597
R&D研究人员占全社会R&D人员比重（%）	69.06	66.11
高校R&D人员全时当量（人年）	22560	22876
研究机构R&D人员全时当量（人年）	8363	8091
高校R&D人员占全社会R&D人员比重（%）	50.73	45.02
研究机构R&D人员占全社会R&D人员比重（%）	18.81	15.92
高技术产业R&D经费支出（亿元）	12.41	17.80
高技术产业R&D经费支出占全社会R&D经费比重（%）	7.78	9.69
高技术产业R&D经费支出占营业收入比重（%）	2.08	2.18
高技术产业引进技术经费支出（万元）	74.00	0
高技术产业消化吸收经费支出（万元）	165.30	0
高技术产业购买境内技术经费支出（万元）	4767.20	3772.20
高技术产业技术改造经费支出（万元）	7545.60	6793.10

吉林创新能力监测指标（4）

指标名称	2020	2021
高技术产业技术获取和技术改造经费支出占营业收入比重（%）	0.21	0.13
高技术产业新产品研发经费支出（亿元）	19.82	29.57
高技术产业新产品研发经费支出占新产品销售收入比重（%）	12.74	18.14
高技术产业R&D人员全时当量（人年）	2928	4367
高技术产业R&D人员占全社会R&D人员比重（%）	6.58	8.59
高新技术企业R&D人员全时当量（人年）	15209	12399
高新技术企业R&D人员占全社会R&D人员比重（%）	34.20	24.40
科学研究和技术服务业固定资产投资（亿元）	211.24	221.59
科学研究和技术服务业固定资产投资占比重（%）	1.74	1.65
开展创新活动的企业数（个）	1247	1366
开展创新活动的企业占比重（%）	40.99	42.41
实现创新的企业数（个）	1185	1240
实现创新企业占比重（%）	38.96	38.50
企业创新费用支出（亿元）	227.10	289.60
企业R&D经费支出（亿元）	77.64	85.84
企业R&D经费支出占创新费用支出比重（%）	34.19	29.64
企业R&D经费支出占全社会R&D经费比重（%）	48.68	46.74
企业R&D经费支出占营业收入比重（%）	0.59	0.58
企业引进技术经费支出（亿元）	25.55	52.32
企业消化吸收经费支出（亿元）	0.02	0
企业购买境内技术经费支出（亿元）	15.62	19.46
企业技术改造经费支出（亿元）	15.53	38.62
企业技术获取和技术改造经费支出（亿元）	56.72	110.39
企业技术获取和技术改造经费支出占营业收入比重（%）	0.43	0.75
企业科学研究经费支出占R&D经费支出比重（%）	5.86	13.50
研究机构来源于企业的R&D经费支出（亿元）	2.10	3.78
高校来源于企业的R&D经费支出（亿元）	8.37	9.28
研究机构和高校R&D经费支出中企业资金占比重（%）	13.67	14.68
企业平均吸纳技术成交额（万元）	1740.36	676.43
企业R&D人员全时当量（人年）	11806	16124

吉林创新能力监测指标（5）

指标名称	2020	2021
企业R&D研究人员全时当量（人年）	8605	7175
企业R&D研究人员占全社会R&D研究人员比重（%）	28.02	21.36
万名企业就业人员中R&D人员数（人年）	154.85	213.42
有R&D活动的企业数（个）	354	429
有R&D活动的企业占比重（%）	11.63	13.29
有研究机构的企业数（个）	150	142
有研究机构的企业占比重（%）	4.93	4.40
企业专利申请数（件）	6476	7949
企业发明专利申请数（件）	2764	3187
企业发明专利拥有量（件）	6696	7109
万名企业就业人员发明专利拥有量（件）	87.83	94.10
发明专利申请数（件）	11113	12680
实用新型专利申请数（件）	20552	23023
外观设计专利申请数（件）	2773	3104
研究机构专利申请数（件）	1356	1397
研究机构发明专利申请数（件）	1184	1223
高校专利申请数（件）	6804	6418
高校发明专利申请数（件）	3504	3938
万人发明专利申请数（件）	4.63	5.34
亿元R&D经费支出发明专利申请数（件）	69.67	69.04
发明专利授权数（件）	3969	5730
实用新型专利授权数（件）	17363	21220
外观设计专利授权数（件）	2619	2929
万人发明专利授权数（件）	1.65	2.41
亿元R&D经费支出发明专利授权数（件）	24.88	31.20
发明专利拥有量（件）	17260	21699
实用新型专利拥有量（件）	45570	60832
外观设计专利拥有量（件）	7552	9382
研究机构发明专利拥有量（件）	4435	4432
高校发明专利拥有量（件）	7850	9951

吉林创新能力监测指标（6）

指标名称	2020	2021
万人发明专利拥有量（件）	7.19	9.14
PCT国际专利申请受理量（件）	147	343
国内科技论文数（篇）	8579	8023
万人国内科技论文数（篇）	3.58	3.38
SCI 收录科技论文数（篇）	11040	11541
EI 收录科技论文数（篇）	8377	7535
CPCI-S 收录科技论文数（篇）	417	344
万人国际科技论文数（篇）	8.27	8.18
技术市场成交合同数（项）	5361	3777
技术市场输出技术成交额（亿元）	462.15	108.15
万人输出技术成交额（万元）	1926.26	455.35
国外技术引进合同数（项）	81	67
国外技术引进合同成交额（亿美元）	2.92	1.00
万人国外技术引进合同成交额（万美元）	12.15	4.22
国外技术引进合同成交额中技术经费支出（亿美元）	2.91	1.00
国外技术引进合同成交额中技术经费支出占比重（%）	99.95	99.99
百万人技术国际收入（万美元）	413.19	489.67
高技术产业有效发明专利数（件）	1489	1769
万名高技术产业就业人员有效发明专利数（件）	210.29	231.43
高技术产业营业收入（亿元）	596.60	818.45
高技术产业营业收入占工业营业收入比重（%）	4.51	5.56
高技术产业新产品销售收入（亿元）	155.53	162.98
高技术产业新产品销售收入占营业收入比重（%）	26.07	19.91
万元地区生产总值高技术产业营业收入（万元）	0.05	0.06
新产品销售收入（亿元）	2240.03	2955.14
新产品销售收入占营业收入比重（%）	16.94	20.09
商品出口额（亿美元）	46.61	58.50
商品出口额与地区生产总值比值（万美元/亿元）	38.03	44.44
高技术产品出口额（亿美元）	3.43	6.16
高技术产品出口额占商品出口额比重（%）	7.37	10.53

吉林创新能力监测指标（7）

指标名称	2020	2021
第三产业增加值（亿元）	6383.10	6841.70
第三产业增加值占地区生产总值比重（%）	52.08	51.97
高新技术企业数（个）	2491	2842
高新技术企业年末从业人员数（万人）	29.20	38.89
高新技术企业营业收入（亿元）	4033.20	8604.08
高新技术企业技术收入（亿元）	276.23	415.45
高新技术企业技术收入占营业收入比重（%）	6.85	4.83
高新技术企业净利润（亿元）	254.32	867.23
高新技术企业利润率（%）	6.31	10.08
高新技术企业出口总额（亿元）	99.66	141.80
劳动生产率（万元/人）	9.76	10.78
固定资本形成总额（亿元）	7997.39	8538.28
资本生产率（万元/万元）	0.21	0.22
综合能耗产出率（元/千克标准煤）	18.17	20.23
空气质量达到二级以上天数（天）	314	334
空气质量达到二级以上天数占比重（%）	86.14	91.13
废水中化学需氧量排放量（万吨）	56.25	76.32
废水中化学需氧量排放降低率（%）	-634.85	-35.68
二氧化硫排放量（万吨）	6.84	6.23
二氧化硫排放降低率（%）	30.47	8.94
万元地区生产总值用水量（立方米）	95.60	83.26
万元地区生产总值用水量降低率（%）	2.85	12.91
废水中氨氮排放量（万吨）	0.96	1.13
废水中氨氮排放降低率（%）	-79.77	-17.95
固体废物产生量（万吨）	4676	5022
固体废物综合利用量（万吨）	2406.98	2639.12
固体废物综合治理率（%）	83.81	83.22
生活垃圾无害化处理率（%）	100.00	100.00
污水处理率（%）	97.69	97.60
建成区绿化覆盖率（%）	40.40	41.14

黑龙江创新能力监测指标（1）

指标名称	2020	2021
大专以上学历人数（万人）	471.14	558.32
万人大专以上学历人数（人）	1526.86	1838.18
高等学校数（个）	80	80
高校在校学生数（万人）	85.46	107.77
十万人高校在校学生数（人）	2695.24	3448.50
高校（机构）硕士毕业生数（人）	21215	20929
十万人硕士毕业生数（人）	66.91	66.97
高校（机构）博士毕业生数（人）	1884	2082
十万人博士毕业生数（人）	5.94	6.66
研究机构数（个）	104	88
科技企业孵化器管理机构从业人员数（人）	2233	2207
国家级孵化器管理机构从业人员数（人）	457	468
国家大学科技园管理机构从业人员数（人）	158	178
火炬计划特色产业基地企业从业人员数（人）	132907	132223
国家技术转移机构从业人员数（人）	379	449
众创空间服务人员数（人）	442	430
众创空间数（个）	47	49
科技企业孵化器数（个）	198	200
国家级科技企业孵化器数（个）	21	21
科技企业孵化器在孵企业数（个）	6886	6697
科技企业孵化器累计毕业企业数（个）	3452	3851
科技企业孵化器总收入（亿元）	5.15	5.61
企业研究开发费用加计扣除减免税额（亿元）	10.58	11.32
高新技术企业减免税额（亿元）	7.24	7.74
高新技术企业减免税额占全国比重（%）	0.44	0.31
信息传输、软件和信息技术服务业固定资产投资（亿元）	212.44	250.89
信息传输、软件和信息技术服务业固定资产投资占比重（%）	1.83	2.03
有电子商务交易活动企业占比重（%）	5.50	6.00
企业电子商务销售额（亿元）	687.19	801.73
企业电子商务销售额与地区生产总值比值（亿元/亿元）	0.05	0.05
固定电话和移动电话用户数（万户）	4143.21	4076.41

黑龙江创新能力监测指标（2）

指标名称	2020	2021
百人固定电话和移动电话用户数（户）	130.66	130.45
移动互联网用户数（万户）	2980.34	3093.93
万人移动互联网用户数（万户）	0.94	0.99
有效注册商标数（万件）	32.12	39.28
百万人有效注册商标数（件）	10129.27	12570.46
地区生产总值（亿元）	13633.40	14858.20
第二产业增加值（亿元）	3449.90	4086.50
第二产业增加值占地区生产总值比重（%）	25.30	27.50
工业增加值（亿元）	3121.80	3751.00
工业增加值占地区生产总值比重（%）	22.90	25.25
装备制造业营业收入（亿元）	1470.10	1581.41
装备制造业营业收入占工业营业收入比重（%）	14.85	13.36
人均地区生产总值（元）	42432	47199
城镇登记失业人员数（万人）	31.02	28.54
城镇登记失业率（%）	3.37	3.18
客运量（亿人）	1.23	1.35
旅客周转量（亿人公里）	177.54	190.24
货运量（亿吨）	4.87	5.51
货物周转量（亿吨公里）	1584.76	1744.82
研究与试验发展（R&D）经费支出（亿元）	173.16	194.58
R&D经费支出与地区生产总值之比（%）	1.27	1.31
R&D经费中基础研究经费支出（亿元）	23.03	21.75
R&D经费中应用研究经费支出（亿元）	55.06	59.53
R&D经费中试验发展经费支出（亿元）	95.07	113.30
R&D经费中基础研究经费支出占比重（%）	13.30	11.18
R&D经费中应用研究经费支出占比重（%）	31.80	30.60
R&D经费中试验发展经费支出占比重（%）	54.90	58.23
R&D经费中政府资金经费支出（亿元）	72.49	68.37
R&D经费中企业资金经费支出（亿元）	96.45	108.71
R&D经费中政府资金经费支出占比重（%）	41.86	35.14
R&D经费中企业资金经费支出占比重（%）	55.70	55.87
高校R&D经费支出（亿元）	55.95	65.23

黑龙江创新能力监测指标（3）

指标名称	2020	2021
研究机构R&D经费支出（亿元）	32.31	28.81
高校R&D经费支出占全社会R&D经费比重（%）	32.31	33.53
研究机构R&D经费支出占全社会R&D经费比重（%）	18.66	14.80
高新技术企业R&D经费支出（亿元）	71.03	82.68
高新技术企业R&D经费支出占全社会R&D经费比重（%）	41.02	42.49
财政性教育经费支出（亿元）	562.42	570.95
财政性教育经费支出与地区生产总值比值（万元/亿元）	412.53	384.27
地方财政科技支出（亿元）	42.98	43.52
地方财政科技支出占地方财政支出比重（%）	0.79	0.85
地方财政科技支出与地区生产总值比值（万元/亿元）	31.53	29.29
R&D人员全时当量（人年）	44205	48639
万人R&D人员全时当量（人年）	13.94	15.56
R&D人员中基础研究人员数（人年）	12279	12562
R&D人员中应用研究人员数（人年）	13843	14129
R&D人员中试验发展人员数（人年）	18082	21948
R&D人员中基础研究人员占比重（%）	27.78	25.83
R&D人员中应用研究人员占比重（%）	31.32	29.05
R&D人员中试验发展人员占比重（%）	40.91	45.13
R&D研究人员全时当量（人年）	31834	34220
R&D研究人员占全社会R&D人员比重（%）	72.01	70.36
高校R&D人员全时当量（人年）	21290	22629
研究机构R&D人员全时当量（人年）	6351	6391
高校R&D人员占全社会R&D人员比重（%）	48.16	46.53
研究机构R&D人员占全社会R&D人员比重（%）	14.37	13.14
高技术产业R&D经费支出（亿元）	10.45	18.60
高技术产业R&D经费支出占全社会R&D经费比重（%）	6.04	9.56
高技术产业R&D经费支出占营业收入比重（%）	3.68	3.05
高技术产业引进技术经费支出（万元）	88.00	1369.90
高技术产业消化吸收经费支出（万元）	88.00	0
高技术产业购买境内技术经费支出（万元）	1266.20	5210.80
高技术产业技术改造经费支出（万元）	91358.80	72416.70

黑龙江创新能力监测指标（4）

指标名称	2020	2021
高技术产业技术获取和技术改造经费支出占营业收入比重（%）	3.27	1.30
高技术产业新产品研发经费支出（亿元）	22.22	26.15
高技术产业新产品研发经费支出占新产品销售收入比重（%）	13.07	9.94
高技术产业R&D人员全时当量（人年）	3411	3722
高技术产业R&D人员占全社会R&D人员比重（%）	7.72	7.65
高新技术企业R&D人员全时当量（人年）	20708	22710
高新技术企业R&D人员占全社会R&D人员比重（%）	46.85	46.69
科学研究和技术服务业固定资产投资（亿元）	708.41	1039.24
科学研究和技术服务业固定资产投资占比重（%）	6.09	8.40
开展创新活动的企业数（个）	1545	1826
开展创新活动的企业占比重（%）	40.27	42.01
实现创新的企业数（个）	1471	1694
实现创新企业占比重（%）	38.34	38.97
企业创新费用支出（亿元）	149.40	166.40
企业R&D经费支出（亿元）	77.46	88.77
企业R&D经费支出占创新费用支出比重（%）	51.85	53.35
企业R&D经费支出占全社会R&D经费比重（%）	44.74	45.62
企业R&D经费支出占营业收入比重（%）	0.78	0.75
企业引进技术经费支出（亿元）	0.10	0.31
企业消化吸收经费支出（亿元）	0.06	0.03
企业购买境内技术经费支出（亿元）	1.85	2.36
企业技术改造经费支出（亿元）	31.60	27.23
企业技术获取和技术改造经费支出（亿元）	33.60	29.93
企业技术获取和技术改造经费支出占营业收入比重（%）	0.34	0.25
企业科学研究经费支出占R&D经费支出比重（%）	5.54	4.70
研究机构来源于企业的R&D经费支出（亿元）	0.58	1.29
高校来源于企业的R&D经费支出（亿元）	19.45	18.11
研究机构和高校R&D经费支出中企业资金占比重（%）	22.69	20.64
企业平均吸纳技术成交额（万元）	495.61	557.85
企业R&D人员全时当量（人年）	14272	15444

黑龙江创新能力监测指标（5）

指标名称	2020	2021
企业R&D研究人员全时当量（人年）	9184	6276
企业R&D研究人员占全社会R&D研究人员比重（%）	28.85	18.34
万名企业就业人员中R&D人员数（人年）	170.66	179.48
有R&D活动的企业数（个）	486	645
有R&D活动的企业占比重（%）	12.68	14.81
有研究机构的企业数（个）	171	205
有研究机构的企业占比重（%）	4.46	4.71
企业专利申请数（件）	5963	6691
企业发明专利申请数（件）	2650	2769
企业发明专利拥有量（件）	8260	9611
万名企业就业人员发明专利拥有量（件）	98.77	111.69
发明专利申请数（件）	13163	15018
实用新型专利申请数（件）	26058	28583
外观设计专利申请数（件）	4031	3976
研究机构专利申请数（件）	1052	1244
研究机构发明专利申请数（件）	468	618
高校专利申请数（件）	6619	7637
高校发明专利申请数（件）	5096	5682
万人发明专利申请数（件）	4.15	4.81
亿元R&D经费支出发明专利申请数（件）	76.02	77.18
发明专利授权数（件）	4598	6337
实用新型专利授权数（件）	20211	28698
外观设计专利授权数（件）	3666	3849
万人发明专利授权数（件）	1.45	2.03
亿元R&D经费支出发明专利授权数（件）	26.55	32.57
发明专利拥有量（件）	27336	32754
实用新型专利拥有量（件）	53491	74275
外观设计专利拥有量（件）	9483	11243
研究机构发明专利拥有量（件）	1078	1128
高校发明专利拥有量（件）	19278	22501

黑龙江创新能力监测指标（6）

指标名称	2020	2021
万人发明专利拥有量（件）	8.62	10.48
PCT国际专利申请受理量（件）	78	95
国内科技论文数（篇）	10021	10294
万人国内科技论文数（篇）	3.16	3.29
SCI 收录科技论文数（篇）	11927	12936
EI 收录科技论文数（篇）	10803	11287
CPCI-S 收录科技论文数（篇）	903	512
万人国际科技论文数（篇）	7.45	7.92
技术市场成交合同数（项）	5126	6958
技术市场输出技术成交额（亿元）	265.20	350.14
万人输出技术成交额（万元）	836.36	1120.46
国外技术引进合同数（项）	11	10
国外技术引进合同成交额（亿美元）	3.42	2.93
万人国外技术引进合同成交额（万美元）	10.78	9.39
国外技术引进合同成交额中技术经费支出（亿美元）	3.42	2.93
国外技术引进合同成交额中技术经费支出占比重（%）	100.00	99.99
百万人技术国际收入（万美元）	412.19	116.36
高技术产业有效发明专利数（件）	1629	2102
万名高技术产业就业人员有效发明专利数（件）	378.63	355.21
高技术产业营业收入（亿元）	284.17	609.51
高技术产业营业收入占工业营业收入比重（%）	2.87	5.15
高技术产业新产品销售收入（亿元）	169.94	263.20
高技术产业新产品销售收入占营业收入比重（%）	59.80	43.18
万元地区生产总值高技术产业营业收入（万元）	0.02	0.04
新产品销售收入（亿元）	820.75	1252.24
新产品销售收入占营业收入比重（%）	8.29	10.58
商品出口额（亿美元）	54.10	76.90
商品出口额与地区生产总值比值（万美元/亿元）	39.68	51.76
高技术产品出口额（亿美元）	7.59	11.79
高技术产品出口额占商品出口额比重（%）	14.03	15.33

黑龙江创新能力监测指标（7）

指标名称	2020	2021
第三产业增加值（亿元）	6738.50	7308.30
第三产业增加值占地区生产总值比重（%）	49.43	49.19
高新技术企业数（个）	1898	2782
高新技术企业年末从业人员数（万人）	25.95	28.02
高新技术企业营业收入（亿元）	3040.53	3619.54
高新技术企业技术收入（亿元）	229.59	287.26
高新技术企业技术收入占营业收入比重（%）	7.55	7.94
高新技术企业净利润（亿元）	99.51	84.38
高新技术企业利润率（%）	3.27	2.33
高新技术企业出口总额（亿元）	142.41	147.99
劳动生产率（万元/人）	9.30	10.48
固定资本形成总额（亿元）	8102.69	8694.94
资本生产率（万元/万元）	0.27	0.27
综合能耗产出率（元/千克标准煤）	13.26	13.58
空气质量达到二级以上天数（天）	326	334
空气质量达到二级以上天数占比重（%）	89.27	91.22
废水中化学需氧量排放量（万吨）	149.17	85.14
废水中化学需氧量排放降低率（%）	-839.65	42.93
二氧化硫排放量（万吨）	14.32	11.03
二氧化硫排放降低率（%）	-6.14	22.96
万元地区生产总值用水量（立方米）	229.30	218.09
万元地区生产总值用水量降低率（%）	-0.56	4.89
废水中氨氮排放量（万吨）	2.42	1.47
废水中氨氮排放降低率（%）	-76.26	39.26
固体废物产生量（万吨）	6769	8316
固体废物综合利用量（万吨）	3166.23	3609.32
固体废物综合治理率（%）	66.39	60.09
生活垃圾无害化处理率（%）	99.87	100.00
污水处理率（%）	95.98	96.82
建成区绿化覆盖率（%）	36.88	37.40

上海创新能力监测指标（1）

指标名称	2020	2021
大专以上学历人数（万人）	842.42	926.65
万人大专以上学历人数（人）	3534.89	3864.56
高等学校数（个）	63	64
高校在校学生数（万人）	92.60	91.87
十万人高校在校学生数（人）	3721.66	3691.01
高校（机构）硕士毕业生数（人）	46141	49549
十万人硕士毕业生数（人）	185.44	199.07
高校（机构）博士毕业生数（人）	6061	6539
十万人博士毕业生数（人）	24.36	26.27
研究机构数（个）	135	130
科技企业孵化器管理机构从业人员数（人）	2218	2455
国家级孵化器管理机构从业人员数（人）	1106	1110
国家大学科技园管理机构从业人员数（人）	320	336
火炬计划特色产业基地企业从业人员数（人）	211085	220798
国家技术转移机构从业人员数（人）	8670	9009
众创空间服务人员数（人）	1335	1602
众创空间数（个）	144	162
科技企业孵化器数（个）	165	185
国家级科技企业孵化器数（个）	61	62
科技企业孵化器在孵企业数（个）	7427	7953
科技企业孵化器累计毕业企业数（个）	4064	4362
科技企业孵化器总收入（亿元）	20.12	25.61
企业研究开发费用加计扣除减免税额（亿元）	114.57	96.20
高新技术企业减免税额（亿元）	78.10	76.89
高新技术企业减免税额占全国比重（％）	4.76	3.07
信息传输、软件和信息技术服务业固定资产投资（亿元）	158.51	207.65
信息传输、软件和信息技术服务业固定资产投资占比重（％）	1.80	2.18
有电子商务交易活动企业占比重（％）	11.20	11.30
企业电子商务销售额（亿元）	23624.76	29122.50
企业电子商务销售额与地区生产总值比值（亿元/亿元）	0.61	0.67
固定电话和移动电话用户数（万户）	4914.10	5040.80

上海创新能力监测指标（2）

指标名称	2020	2021
百人固定电话和移动电话用户数（户）	197.49	202.52
移动互联网用户数（万户）	3365.70	3616.60
万人移动互联网用户数（万户）	1.35	1.45
有效注册商标数（万件）	173.74	211.71
百万人有效注册商标数（件）	69823.02	85059.70
地区生产总值（亿元）	38963.30	43653.20
第二产业增加值（亿元）	10258.60	11366.70
第二产业增加值占地区生产总值比重（%）	26.33	26.04
工业增加值（亿元）	9625.50	10676.70
工业增加值占地区生产总值比重（%）	24.70	24.46
装备制造业营业收入（亿元）	22572.65	24923.84
装备制造业营业收入占工业营业收入比重（%）	57.11	54.90
人均地区生产总值（元）	156803	175420
城镇登记失业人员数（万人）	19.67	66.88
城镇登记失业率（%）	3.67	2.73
客运量（亿人）	0.92	1.11
旅客周转量（亿人公里）	114.56	134.65
货运量（亿吨）	13.88	15.48
货物周转量（亿吨公里）	32795.00	34074.60
研究与试验发展（R&D）经费支出（亿元）	1615.69	1819.77
R&D经费支出与地区生产总值之比（%）	4.15	4.17
R&D经费中基础研究经费支出（亿元）	128.28	177.73
R&D经费中应用研究经费支出（亿元）	190.90	190.09
R&D经费中试验发展经费支出（亿元）	1296.51	1453.92
R&D经费中基础研究经费支出占比重（%）	7.94	9.77
R&D经费中应用研究经费支出占比重（%）	11.82	10.45
R&D经费中试验发展经费支出占比重（%）	80.24	79.90
R&D经费中政府资金经费支出（亿元）	526.54	570.63
R&D经费中企业资金经费支出（亿元）	1026.75	1181.23
R&D经费中政府资金经费支出占比重（%）	32.59	31.36
R&D经费中企业资金经费支出占比重（%）	63.55	64.91
高校R&D经费支出（亿元）	144.34	177.44

上海创新能力监测指标（3）

指标名称	2020	2021
研究机构R&D经费支出（亿元）	385.81	416.42
高校R&D经费支出占全社会R&D经费比重（%）	8.93	9.75
研究机构R&D经费支出占全社会R&D经费比重（%）	23.88	22.88
高新技术企业R&D经费支出（亿元）	722.23	674.84
高新技术企业R&D经费支出占全社会R&D经费比重（%）	44.70	37.08
财政性教育经费支出（亿元）	1000.59	1039.47
财政性教育经费支出与地区生产总值比值（万元/亿元）	256.80	238.12
地方财政科技支出（亿元）	406.20	422.70
地方财政科技支出占地方财政支出比重（%）	5.01	5.01
地方财政科技支出与地区生产总值比值（万元/亿元）	104.25	96.83
R&D人员全时当量（人年）	228621	235518
万人R&D人员全时当量（人年）	91.88	94.62
R&D人员中基础研究人员数（人年）	32966	35347
R&D人员中应用研究人员数（人年）	34943	36346
R&D人员中试验发展人员数（人年）	160715	163827
R&D人员中基础研究人员占比重（%）	14.42	15.01
R&D人员中应用研究人员占比重（%）	15.28	15.43
R&D人员中试验发展人员占比重（%）	70.30	69.56
R&D研究人员全时当量（人年）	128355	130431
R&D研究人员占全社会R&D人员比重（%）	56.14	55.38
高校R&D人员全时当量（人年）	45288	46230
研究机构R&D人员全时当量（人年）	33267	33949
高校R&D人员占全社会R&D人员比重（%）	19.81	19.63
研究机构R&D人员占全社会R&D人员比重（%）	14.55	14.41
高技术产业R&D经费支出（亿元）	213.53	280.64
高技术产业R&D经费支出占全社会R&D经费比重（%）	13.22	15.42
高技术产业R&D经费支出占营业收入比重（%）	2.70	3.34
高技术产业引进技术经费支出（万元）	3891.60	2547.30
高技术产业消化吸收经费支出（万元）	21296.30	11729.30
高技术产业购买境内技术经费支出（万元）	16190.90	14756.70
高技术产业技术改造经费支出（万元）	86004.10	67648.70

上海创新能力监测指标（4）

指标名称	2020	2021
高技术产业技术获取和技术改造经费支出占营业收入比重（%）	0.16	0.11
高技术产业新产品研发经费支出（亿元）	262.83	365.61
高技术产业新产品研发经费支出占新产品销售收入比重（%）	16.37	20.19
高技术产业R&D人员全时当量（人年）	26917	28549
高技术产业R&D人员占全社会R&D人员比重（%）	11.77	12.12
高新技术企业R&D人员全时当量（人年）	136413	96812
高新技术企业R&D人员占全社会R&D人员比重（%）	59.67	41.11
科学研究和技术服务业固定资产投资（亿元）	69.01	116.35
科学研究和技术服务业固定资产投资占比重（%）	0.78	1.22
开展创新活动的企业数（个）	5164	5622
开展创新活动的企业占比重（%）	58.66	60.48
实现创新的企业数（个）	4897	5163
实现创新企业占比重（%）	55.63	55.54
企业创新费用支出（亿元）	1217.00	1366.40
企业R&D经费支出（亿元）	635.01	698.33
企业R&D经费支出占创新费用支出比重（%）	52.18	51.11
企业R&D经费支出占全社会R&D经费比重（%）	39.30	38.37
企业R&D经费支出占营业收入比重（%）	1.61	1.54
企业引进技术经费支出（亿元）	97.15	147.28
企业消化吸收经费支出（亿元）	56.03	63.28
企业购买境内技术经费支出（亿元）	30.42	35.66
企业技术改造经费支出（亿元）	194.25	150.17
企业技术获取和技术改造经费支出（亿元）	377.85	396.40
企业技术获取和技术改造经费支出占营业收入比重（%）	0.96	0.87
企业科学研究经费支出占R&D经费支出比重（%）	1.27	1.55
研究机构来源于企业的R&D经费支出（亿元）	8.53	18.05
高校来源于企业的R&D经费支出（亿元）	47.08	58.05
研究机构和高校R&D经费支出中企业资金占比重（%）	10.49	12.81
企业平均吸纳技术成交额（万元）	1320.81	1527.72
企业R&D人员全时当量（人年）	87957	93966

上海创新能力监测指标（5）

指标名称	2020	2021
企业R&D研究人员全时当量（人年）	49232	36701
企业R&D研究人员占全社会R&D研究人员比重（%）	38.36	28.14
万名企业就业人员中R&D人员数（人年）	478.78	500.80
有R&D活动的企业数（个）	2498	2722
有R&D活动的企业占比重（%）	28.37	29.24
有研究机构的企业数（个）	743	791
有研究机构的企业占比重（%）	8.44	8.50
企业专利申请数（件）	40630	41431
企业发明专利申请数（件）	17544	16786
企业发明专利拥有量（件）	62147	66509
万名企业就业人员发明专利拥有量（件）	338.29	354.47
发明专利申请数（件）	81042	92527
实用新型专利申请数（件）	104791	113176
外观设计专利申请数（件）	24460	27215
研究机构专利申请数（件）	6154	6290
研究机构发明专利申请数（件）	4947	5001
高校专利申请数（件）	15671	17398
高校发明专利申请数（件）	12099	13053
万人发明专利申请数（件）	32.57	37.17
亿元R&D经费支出发明专利申请数（件）	50.16	50.85
发明专利授权数（件）	24208	32860
实用新型专利授权数（件）	92249	120857
外观设计专利授权数（件）	23323	25600
万人发明专利授权数（件）	9.73	13.20
亿元R&D经费支出发明专利授权数（件）	14.98	18.06
发明专利拥有量（件）	145604	171972
实用新型专利拥有量（件）	320272	411822
外观设计专利拥有量（件）	76650	92903
研究机构发明专利拥有量（件）	15448	17364
高校发明专利拥有量（件）	31493	32790

上海创新能力监测指标（6）

指标名称	2020	2021
万人发明专利拥有量（件）	58.52	69.09
PCT国际专利申请受理量（件）	3558	4830
国内科技论文数（篇）	32333	33288
万人国内科技论文数（篇）	12.99	13.37
SCI 收录科技论文数（篇）	36370	43404
EI 收录科技论文数（篇）	23585	24877
CPCI-S 收录科技论文数（篇）	2982	2636
万人国际科技论文数（篇）	25.29	28.49
技术市场成交合同数（项）	26356	36450
技术市场输出技术成交额（亿元）	1583.22	2545.49
万人输出技术成交额（万元）	6362.87	10226.96
国外技术引进合同数（项）	1553	1543
国外技术引进合同成交额（亿美元）	48.64	69.85
万人国外技术引进合同成交额（万美元）	195.49	280.64
国外技术引进合同成交额中技术经费支出（亿美元）	48.05	69.04
国外技术引进合同成交额中技术经费支出占比重（%）	98.77	98.85
百万人技术国际收入（万美元）	82145.82	11261.39
高技术产业有效发明专利数（件）	23884	26491
万名高技术产业就业人员有效发明专利数（件）	533.01	590.26
高技术产业营业收入（亿元）	7912.61	8411.33
高技术产业营业收入占工业营业收入比重（%）	20.02	18.53
高技术产业新产品销售收入（亿元）	1605.80	1810.84
高技术产业新产品销售收入占营业收入比重（%）	20.29	21.53
万元地区生产总值高技术产业营业收入（万元）	0.20	0.19
新产品销售收入（亿元）	10159.22	10574.88
新产品销售收入占营业收入比重（%）	25.70	23.29
商品出口额（亿美元）	1672.62	2024.30
商品出口额与地区生产总值比值（万美元/亿元）	429.28	463.72
高技术产品出口额（亿美元）	835.38	937.20
高技术产品出口额占商品出口额比重（%）	49.94	46.30

上海创新能力监测指标（7）

指标名称	2020	2021
第三产业增加值（亿元）	28597.10	32190.40
第三产业增加值占地区生产总值比重（%）	73.39	73.74
高新技术企业数（个）	16614	19189
高新技术企业年末从业人员数（万人）	195.26	216.37
高新技术企业营业收入（亿元）	34286.36	40334.79
高新技术企业技术收入（亿元）	8837.45	10014.97
高新技术企业技术收入占营业收入比重（%）	25.78	24.83
高新技术企业净利润（亿元）	2190.14	2602.99
高新技术企业利润率（%）	6.39	6.45
高新技术企业出口总额（亿元）	2882.22	3701.83
劳动生产率（万元/人）	28.17	31.66
固定资本形成总额（亿元）	13995.44	16375.84
资本生产率（万元/万元）	0.36	0.38
综合能耗产出率（元/千克标准煤）	26.93	33.79
空气质量达到二级以上天数（天）	319	335
空气质量达到二级以上天数占比重（%）	87.40	91.55
废水中化学需氧量排放量（万吨）	7.29	7.51
废水中化学需氧量排放降低率（%）	-31.00	-3.11
二氧化硫排放量（万吨）	0.54	0.58
二氧化硫排放降低率（%）	27.62	-5.97
万元地区生产总值用水量（立方米）	25.19	24.48
万元地区生产总值用水量降低率（%）	4.73	2.82
废水中氨氮排放量（万吨）	0.30	0.29
废水中氨氮排放降低率（%）	58.90	1.21
固体废物产生量（万吨）	1809	2073
固体废物综合利用量（万吨）	1701.82	1947.49
固体废物综合治理率（%）	100.25	100.00
生活垃圾无害化处理率（%）	100.00	100.00
污水处理率（%）	96.68	96.89
建成区绿化覆盖率（%）	37.32	37.73

江苏创新能力监测指标（1）

指标名称	2020	2021
大专以上学历人数（万人）	1581.68	1834.88
万人大专以上学历人数（人）	1975.95	2265.81
高等学校数（个）	167	167
高校在校学生数（万人）	309.66	300.31
十万人高校在校学生数（人）	3652.85	3531.03
高校（机构）硕士毕业生数（人）	51948	57118
十万人硕士毕业生数（人）	61.28	67.16
高校（机构）博士毕业生数（人）	5028	5502
十万人博士毕业生数（人）	5.93	6.47
研究机构数（个）	123	117
科技企业孵化器管理机构从业人员数（人）	11365	11856
国家级孵化器管理机构从业人员数（人）	3583	3902
国家大学科技园管理机构从业人员数（人）	291	369
火炬计划特色产业基地企业从业人员数（人）	3178534	3204588
国家技术转移机构从业人员数（人）	6606	6030
众创空间服务人员数（人）	8132	8935
众创空间数（个）	898	1081
科技企业孵化器数（个）	928	1008
国家级科技企业孵化器数（个）	219	243
科技企业孵化器在孵企业数（个）	36955	40020
科技企业孵化器累计毕业企业数（个）	30626	35007
科技企业孵化器总收入（亿元）	78.13	88.58
企业研究开发费用加计扣除减免税额（亿元）	212.45	269.30
高新技术企业减免税额（亿元）	263.00	319.07
高新技术企业减免税额占全国比重（%）	16.04	12.74
信息传输、软件和信息技术服务业固定资产投资（亿元）	736.99	941.87
信息传输、软件和信息技术服务业固定资产投资占比重（%）	1.25	1.51
有电子商务交易活动企业占比重（%）	10.40	10.40
企业电子商务销售额（亿元）	13189.06	13386.12
企业电子商务销售额与地区生产总值比值（亿元/亿元）	0.13	0.11
固定电话和移动电话用户数（万户）	11162.39	11384.94

江苏创新能力监测指标（2）

指标名称	2020	2021
百人固定电话和移动电话用户数（户）	131.67	133.86
移动互联网用户数（万户）	8428.67	8753.62
万人移动互联网用户数（万户）	0.99	1.03
有效注册商标数（万件）	186.25	233.59
百万人有效注册商标数（件）	21969.99	27465.56
地区生产总值（亿元）	102807.70	117392.40
第二产业增加值（亿元）	44631.30	52678.70
第二产业增加值占地区生产总值比重（%）	43.41	44.87
工业增加值（亿元）	38198.10	45730.70
工业增加值占地区生产总值比重（%）	37.15	38.96
装备制造业营业收入（亿元）	58066.64	71367.68
装备制造业营业收入占工业营业收入比重（%）	46.33	46.38
人均地区生产总值（元）	121333	138255
城镇登记失业人员数（万人）	36.67	49.13
城镇登记失业率（%）	3.20	2.54
客运量（亿人）	8.53	6.73
旅客周转量（亿人公里）	943.15	991.53
货运量（亿吨）	27.66	29.47
货物周转量（亿吨公里）	10895.72	11788.60
研究与试验发展（R&D）经费支出（亿元）	3005.93	3438.56
R&D经费支出与地区生产总值之比（%）	2.92	2.93
R&D经费中基础研究经费支出（亿元）	84.02	135.67
R&D经费中应用研究经费支出（亿元）	190.17	179.36
R&D经费中试验发展经费支出（亿元）	2731.75	3123.53
R&D经费中基础研究经费支出占比重（%）	2.79	3.95
R&D经费中应用研究经费支出占比重（%）	6.33	5.22
R&D经费中试验发展经费支出占比重（%）	90.88	90.84
R&D经费中政府资金经费支出（亿元）	280.87	263.18
R&D经费中企业资金经费支出（亿元）	2668.67	3065.28
R&D经费中政府资金经费支出占比重（%）	9.34	7.65
R&D经费中企业资金经费支出占比重（%）	88.78	89.14
高校R&D经费支出（亿元）	153.96	179.16

江苏创新能力监测指标（3）

指标名称	2020	2021
研究机构R&D经费支出（亿元）	194.11	205.78
高校R&D经费支出占全社会R&D经费比重（%）	5.12	5.21
研究机构R&D经费支出占全社会R&D经费比重（%）	6.46	5.98
高新技术企业R&D经费支出（亿元）	1651.52	1892.88
高新技术企业R&D经费支出占全社会R&D经费比重（%）	54.94	55.05
财政性教育经费支出（亿元）	2406.53	2563.41
财政性教育经费支出与地区生产总值比值（万元/亿元）	234.08	218.36
地方财政科技支出（亿元）	584.39	671.59
地方财政科技支出占地方财政支出比重（%）	4.27	4.60
地方财政科技支出与地区生产总值比值（万元/亿元）	56.84	57.21
R&D人员全时当量（人年）	669084	755899
万人R&D人员全时当量（人年）	78.93	88.88
R&D人员中基础研究人员数（人年）	25979	33958
R&D人员中应用研究人员数（人年）	42112	39795
R&D人员中试验发展人员数（人年）	600994	682147
R&D人员中基础研究人员占比重（%）	3.88	4.49
R&D人员中应用研究人员占比重（%）	6.29	5.26
R&D人员中试验发展人员占比重（%）	89.82	90.24
R&D研究人员全时当量（人年）	262406	277105
R&D研究人员占全社会R&D人员比重（%）	39.22	36.66
高校R&D人员全时当量（人年）	44771	48818
研究机构R&D人员全时当量（人年）	28048	28544
高校R&D人员占全社会R&D人员比重（%）	6.69	6.46
研究机构R&D人员占全社会R&D人员比重（%）	4.19	3.78
高技术产业R&D经费支出（亿元）	742.93	904.82
高技术产业R&D经费支出占全社会R&D经费比重（%）	24.72	26.31
高技术产业R&D经费支出占营业收入比重（%）	2.73	2.81
高技术产业引进技术经费支出（万元）	60143.20	113820.90
高技术产业消化吸收经费支出（万元）	79781.30	3144.70
高技术产业购买境内技术经费支出（万元）	61069.30	85146.60
高技术产业技术改造经费支出（万元）	789566.10	1112760.80

江苏创新能力监测指标（4）

指标名称	2020	2021
高技术产业技术获取和技术改造经费支出占营业收入比重（%）	0.36	0.41
高技术产业新产品研发经费支出（亿元）	828.30	1027.33
高技术产业新产品研发经费支出占新产品销售收入比重（%）	7.08	8.24
高技术产业R&D人员全时当量（人年）	147662	179969
高技术产业R&D人员占全社会R&D人员比重（%）	22.07	23.81
高新技术企业R&D人员全时当量（人年）	462609	406987
高新技术企业R&D人员占全社会R&D人员比重（%）	69.14	53.84
科学研究和技术服务业固定资产投资（亿元）	980.25	1224.33
科学研究和技术服务业固定资产投资占比重（%）	1.66	1.96
开展创新活动的企业数（个）	35071	39050
开展创新活动的企业占比重（%）	69.94	69.40
实现创新的企业数（个）	33385	36364
实现创新企业占比重（%）	66.58	64.63
企业创新费用支出（亿元）	3308.00	3907.80
企业R&D经费支出（亿元）	2381.69	2716.63
企业R&D经费支出占创新费用支出比重（%）	72.00	69.52
企业R&D经费支出占全社会R&D经费比重（%）	79.23	79.00
企业R&D经费支出占营业收入比重（%）	1.90	1.77
企业引进技术经费支出（亿元）	20.82	43.20
企业消化吸收经费支出（亿元）	8.90	1.67
企业购买境内技术经费支出（亿元）	16.38	25.61
企业技术改造经费支出（亿元）	358.47	449.67
企业技术获取和技术改造经费支出（亿元）	404.57	520.15
企业技术获取和技术改造经费支出占营业收入比重（%）	0.32	0.34
企业科学研究经费支出占R&D经费支出比重（%）	1.26	1.21
研究机构来源于企业的R&D经费支出（亿元）	4.18	8.46
高校来源于企业的R&D经费支出（亿元）	70.32	76.69
研究机构和高校R&D经费支出中企业资金占比重（%）	21.40	22.12
企业平均吸纳技术成交额（万元）	441.92	499.64
企业R&D人员全时当量（人年）	538781	612676

江苏创新能力监测指标（5）

指标名称	2020	2021
企业R&D研究人员全时当量（人年）	223820	176003
企业R&D研究人员占全社会R&D研究人员比重（%）	85.30	63.51
万名企业就业人员中R&D人员数（人年）	629.18	675.88
有R&D活动的企业数（个）	26161	27303
有R&D活动的企业占比重（%）	52.15	48.51
有研究机构的企业数（个）	17624	16244
有研究机构的企业占比重（%）	35.13	28.86
企业专利申请数（件）	196799	207371
企业发明专利申请数（件）	62892	65806
企业发明专利拥有量（件）	224512	242423
万名企业就业人员发明专利拥有量（件）	262.18	267.43
发明专利申请数（件）	177995	188241
实用新型专利申请数（件）	489165	450594
外观设计专利申请数（件）	52292	57858
研究机构专利申请数（件）	4798	4895
研究机构发明专利申请数（件）	3811	3880
高校专利申请数（件）	49749	55433
高校发明专利申请数（件）	30303	30199
万人发明专利申请数（件）	21.00	22.13
亿元R&D经费支出发明专利申请数（件）	59.21	54.74
发明专利授权数（件）	45975	68813
实用新型专利授权数（件）	405885	515935
外观设计专利授权数（件）	47307	56169
万人发明专利授权数（件）	5.42	8.09
亿元R&D经费支出发明专利授权数（件）	15.29	20.01
发明专利拥有量（件）	291648	349035
实用新型专利拥有量（件）	1053773	1459654
外观设计专利拥有量（件）	138360	164427
研究机构发明专利拥有量（件）	11825	11446
高校发明专利拥有量（件）	64877	79679

江苏创新能力监测指标（6）

指标名称	2020	2021
万人发明专利拥有量（件）	34.40	41.04
PCT国际专利申请受理量（件）	9606	7168
国内科技论文数（篇）	43015	44032
万人国内科技论文数（篇）	5.07	5.18
SCI 收录科技论文数（篇）	49432	56919
EI 收录科技论文数（篇）	35168	35191
CPCI-S 收录科技论文数（篇）	3107	2217
万人国际科技论文数（篇）	10.35	11.09
技术市场成交合同数（项）	56916	81982
技术市场输出技术成交额（亿元）	2087.85	2606.17
万人输出技术成交额（万元）	2462.88	3064.28
国外技术引进合同数（项）	774	839
国外技术引进合同成交额（亿美元）	34.01	45.58
万人国外技术引进合同成交额（万美元）	40.12	53.60
国外技术引进合同成交额中技术经费支出（亿美元）	33.98	45.58
国外技术引进合同成交额中技术经费支出占比重（%）	99.92	99.99
百万人技术国际收入（万美元）	5121.24	6310.04
高技术产业有效发明专利数（件）	62111	71453
万名高技术产业就业人员有效发明专利数（件）	287.06	307.81
高技术产业营业收入（亿元）	27192.85	32196.18
高技术产业营业收入占工业营业收入比重（%）	21.69	20.92
高技术产业新产品销售收入（亿元）	11702.84	12471.13
高技术产业新产品销售收入占营业收入比重（%）	43.04	38.73
万元地区生产总值高技术产业营业收入（万元）	0.26	0.27
新产品销售收入（亿元）	39442.84	42622.37
新产品销售收入占营业收入比重（%）	31.47	27.70
商品出口额（亿美元）	3973.90	5053.20
商品出口额与地区生产总值比值（万美元/亿元）	386.54	430.45
高技术产品出口额（亿美元）	1477.00	1747.50
高技术产品出口额占商品出口额比重（%）	37.17	34.58

江苏创新能力监测指标（7）

指标名称	2020	2021
第三产业增加值（亿元）	53638.90	59992.70
第三产业增加值占地区生产总值比重（%）	52.17	51.10
高新技术企业数（个）	32734	37368
高新技术企业年末从业人员数（万人）	423.95	450.35
高新技术企业营业收入（亿元）	54509.20	68822.93
高新技术企业技术收入（亿元）	2439.66	3136.77
高新技术企业技术收入占营业收入比重（%）	4.48	4.56
高新技术企业净利润（亿元）	3776.58	4766.89
高新技术企业利润率（%）	6.93	6.93
高新技术企业出口总额（亿元）	8636.42	10498.88
劳动生产率（万元/人）	20.99	23.93
固定资本形成总额（亿元）	42500.33	47573.11
资本生产率（万元/万元）	0.37	0.41
综合能耗产出率（元/千克标准煤）	25.79	26.46
空气质量达到二级以上天数（天）	295	302
空气质量达到二级以上天数占比重（%）	80.86	82.60
废水中化学需氧量排放量（万吨）	120.78	119.49
废水中化学需氧量排放降低率（%）	-154.75	1.07
二氧化硫排放量（万吨）	11.26	8.86
二氧化硫排放降低率（%）	60.42	21.36
万元地区生产总值用水量（立方米）	55.69	48.77
万元地区生产总值用水量降低率（%）	10.38	12.42
废水中氨氮排放量（万吨）	5.19	4.33
废水中氨氮排放降低率（%）	-55.08	16.53
固体废物产生量（万吨）	11870	13051
固体废物综合利用量（万吨）	10866.05	12349.81
固体废物综合治理率（%）	99.71	99.98
生活垃圾无害化处理率（%）	100.00	100.00
污水处理率（%）	96.82	96.97
建成区绿化覆盖率（%）	43.47	43.70

浙江创新能力监测指标（1）

指标名称	2020	2021
大专以上学历人数（万人）	1097.03	1254.44
万人大专以上学历人数（人）	1797.54	2020.03
高等学校数（个）	109	109
高校在校学生数（万人）	174.90	172.12
十万人高校在校学生数（人）	2704.01	2631.84
高校（机构）硕士毕业生数（人）	21792	23137
十万人硕士毕业生数（人）	33.69	35.38
高校（机构）博士毕业生数（人）	1951	2375
十万人博士毕业生数（人）	3.02	3.63
研究机构数（个）	80	84
科技企业孵化器管理机构从业人员数（人）	4843	5567
国家级孵化器管理机构从业人员数（人）	1495	1604
国家大学科技园管理机构从业人员数（人）	97	115
火炬计划特色产业基地企业从业人员数（人）	1293196	1366454
国家技术转移机构从业人员数（人）	3792	3936
众创空间服务人员数（人）	7569	9890
众创空间数（个）	735	796
科技企业孵化器数（个）	437	517
国家级科技企业孵化器数（个）	94	106
科技企业孵化器在孵企业数（个）	18523	19501
科技企业孵化器累计毕业企业数（个）	16393	18694
科技企业孵化器总收入（亿元）	34.20	44.40
企业研究开发费用加计扣除减免税额（亿元）	215.55	252.69
高新技术企业减免税额（亿元）	202.50	244.95
高新技术企业减免税额占全国比重（%）	12.35	9.78
信息传输、软件和信息技术服务业固定资产投资（亿元）	426.01	452.85
信息传输、软件和信息技术服务业固定资产投资占比重（%）	1.10	1.06
有电子商务交易活动企业占比重（%）	12.20	11.90
企业电子商务销售额（亿元）	12124.54	14913.50
企业电子商务销售额与地区生产总值比值（亿元/亿元）	0.19	0.20
固定电话和移动电话用户数（万户）	9849.90	10011.89

浙江创新能力监测指标（2）

指标名称	2020	2021
百人固定电话和移动电话用户数（户）	152.28	153.09
移动互联网用户数（万户）	7041.06	7483.37
万人移动互联网用户数（万户）	1.09	1.14
有效注册商标数（万件）	297.50	367.51
百万人有效注册商标数（件）	45993.56	56193.46
地区生产总值（亿元）	64689.10	74040.80
第二产业增加值（亿元）	26361.50	31174.00
第二产业增加值占地区生产总值比重（%）	40.75	42.10
工业增加值（亿元）	22627.80	26996.00
工业增加值占地区生产总值比重（%）	34.98	36.46
装备制造业营业收入（亿元）	30407.96	39633.26
装备制造业营业收入占工业营业收入比重（%）	38.67	39.51
人均地区生产总值（元）	100738	113839
城镇登记失业人员数（万人）	42.14	45.26
城镇登记失业率（%）	2.79	2.61
客运量（亿人）	5.81	4.64
旅客周转量（亿人公里）	674.09	713.62
货运量（亿吨）	30.03	32.80
货物周转量（亿吨公里）	12324.24	12937.51
研究与试验发展（R&D）经费支出（亿元）	1859.90	2157.69
R&D经费支出与地区生产总值之比（%）	2.88	2.91
R&D经费中基础研究经费支出（亿元）	60.31	64.35
R&D经费中应用研究经费支出（亿元）	107.10	138.41
R&D经费中试验发展经费支出（亿元）	1692.49	1954.93
R&D经费中基础研究经费支出占比重（%）	3.24	2.98
R&D经费中应用研究经费支出占比重（%）	5.76	6.41
R&D经费中试验发展经费支出占比重（%）	91.00	90.60
R&D经费中政府资金经费支出（亿元）	164.95	201.35
R&D经费中企业资金经费支出（亿元）	1676.28	1920.96
R&D经费中政府资金经费支出占比重（%）	8.87	9.33
R&D经费中企业资金经费支出占比重（%）	90.13	89.03
高校R&D经费支出（亿元）	103.60	114.54

浙江创新能力监测指标（3）

指标名称	2020	2021
研究机构R&D经费支出（亿元）	56.02	67.67
高校R&D经费支出占全社会R&D经费比重（%）	5.57	5.31
研究机构R&D经费支出占全社会R&D经费比重（%）	3.01	3.14
高新技术企业R&D经费支出（亿元）	1206.39	1256.16
高新技术企业R&D经费支出占全社会R&D经费比重（%）	64.86	58.22
财政性教育经费支出（亿元）	1881.09	2039.52
财政性教育经费支出与地区生产总值比值（万元/亿元）	290.79	275.46
地方财政科技支出（亿元）	472.13	578.60
地方财政科技支出占地方财政支出比重（%）	4.68	5.25
地方财政科技支出与地区生产总值比值（万元/亿元）	72.98	78.15
R&D人员全时当量（人年）	582981	575284
万人R&D人员全时当量（人年）	90.13	87.96
R&D人员中基础研究人员数（人年）	15839	16622
R&D人员中应用研究人员数（人年）	29465	32858
R&D人员中试验发展人员数（人年）	537679	525804
R&D人员中基础研究人员占比重（%）	2.72	2.89
R&D人员中应用研究人员占比重（%）	5.05	5.71
R&D人员中试验发展人员占比重（%）	92.23	91.40
R&D研究人员全时当量（人年）	172119	165221
R&D研究人员占全社会R&D人员比重（%）	29.52	28.72
高校R&D人员全时当量（人年）	28851	31718
研究机构R&D人员全时当量（人年）	9811	10866
高校R&D人员占全社会R&D人员比重（%）	4.95	5.51
研究机构R&D人员占全社会R&D人员比重（%）	1.68	1.89
高技术产业R&D经费支出（亿元）	368.34	416.73
高技术产业R&D经费支出占全社会R&D经费比重（%）	19.80	19.31
高技术产业R&D经费支出占营业收入比重（%）	3.63	3.11
高技术产业引进技术经费支出（万元）	45532.10	23188.70
高技术产业消化吸收经费支出（万元）	928.50	711.00
高技术产业购买境内技术经费支出（万元）	41858.70	66732.90
高技术产业技术改造经费支出（万元）	430621.70	561492.70

浙江创新能力监测指标（4）

指标名称	2020	2021
高技术产业技术获取和技术改造经费支出占营业收入比重（%）	0.51	0.49
高技术产业新产品研发经费支出（亿元）	442.88	592.37
高技术产业新产品研发经费支出占新产品销售收入比重（%）	7.79	8.19
高技术产业R&D人员全时当量（人年）	97364	99593
高技术产业R&D人员占全社会R&D人员比重（%）	16.70	17.31
高新技术企业R&D人员全时当量（人年）	307715	252950
高新技术企业R&D人员占全社会R&D人员比重（%）	52.78	43.97
科学研究和技术服务业固定资产投资（亿元）	415.95	495.81
科学研究和技术服务业固定资产投资占比重（%）	1.08	1.16
开展创新活动的企业数（个）	34627	40840
开展创新活动的企业占比重（%）	72.21	75.92
实现创新的企业数（个）	32479	37306
实现创新企业占比重（%）	67.73	69.35
企业创新费用支出（亿元）	2042.80	2475.40
企业R&D经费支出（亿元）	1395.90	1591.66
企业R&D经费支出占创新费用支出比重（%）	68.33	64.30
企业R&D经费支出占全社会R&D经费比重（%）	75.05	73.77
企业R&D经费支出占营业收入比重（%）	1.78	1.59
企业引进技术经费支出（亿元）	14.69	12.20
企业消化吸收经费支出（亿元）	0.51	0.44
企业购买境内技术经费支出（亿元）	16.88	18.05
企业技术改造经费支出（亿元）	236.03	242.35
企业技术获取和技术改造经费支出（亿元）	268.11	273.03
企业技术获取和技术改造经费支出占营业收入比重（%）	0.34	0.27
企业科学研究经费支出占R&D经费支出比重（%）	0.80	0.84
研究机构来源于企业的R&D经费支出（亿元）	3.19	4.95
高校来源于企业的R&D经费支出（亿元）	39.46	38.57
研究机构和高校R&D经费支出中企业资金占比重（%）	26.72	23.88
企业平均吸纳技术成交额（万元）	327.09	397.52
企业R&D人员全时当量（人年）	480493	482140

浙江创新能力监测指标（5）

指标名称	2020	2021
企业R&D研究人员全时当量（人年）	135770	102846
企业R&D研究人员占全社会R&D研究人员比重（%）	78.88	62.25
万名企业就业人员中R&D人员数（人年）	702.73	646.63
有R&D活动的企业数（个）	23846	26189
有R&D活动的企业占比重（%）	49.72	48.74
有研究机构的企业数（个）	17344	20131
有研究机构的企业占比重（%）	36.17	37.47
企业专利申请数（件）	138589	159920
企业发明专利申请数（件）	35319	41292
企业发明专利拥有量（件）	93159	120873
万名企业就业人员发明专利拥有量（件）	136.25	162.11
发明专利申请数（件）	129708	129821
实用新型专利申请数（件）	267768	254741
外观设计专利申请数（件）	109574	118635
研究机构专利申请数（件）	1985	2401
研究机构发明专利申请数（件）	1461	1803
高校专利申请数（件）	22591	26651
高校发明专利申请数（件）	14456	18020
万人发明专利申请数（件）	20.05	19.85
亿元R&D经费支出发明专利申请数（件）	69.74	60.17
发明专利授权数（件）	49888	56796
实用新型专利授权数（件）	231693	292944
外观设计专利授权数（件）	110119	115728
万人发明专利授权数（件）	7.71	8.68
亿元R&D经费支出发明专利授权数（件）	26.82	26.32
发明专利拥有量（件）	199572	250383
实用新型专利拥有量（件）	735073	940937
外观设计专利拥有量（件）	341778	401132
研究机构发明专利拥有量（件）	5942	5771
高校发明专利拥有量（件）	39636	48580

浙江创新能力监测指标（6）

指标名称	2020	2021
万人发明专利拥有量（件）	30.85	38.28
PCT国际专利申请受理量（件）	4307	4675
国内科技论文数（篇）	19484	19408
万人国内科技论文数（篇）	3.01	2.97
SCI 收录科技论文数（篇）	25071	31132
EI 收录科技论文数（篇）	16275	16356
CPCI-S 收录科技论文数（篇）	1506	1328
万人国际科技论文数（篇）	6.62	7.46
技术市场成交合同数（项）	25725	36970
技术市场输出技术成交额（亿元）	1403.32	1855.78
万人输出技术成交额（万元）	2169.54	2837.58
国外技术引进合同数（项）	688	686
国外技术引进合同成交额（亿美元）	19.96	30.86
万人国外技术引进合同成交额（万美元）	30.86	47.19
国外技术引进合同成交额中技术经费支出（亿美元）	19.93	30.85
国外技术引进合同成交额中技术经费支出占比重（%）	99.83	99.96
百万人技术国际收入（万美元）	5021.17	7448.57
高技术产业有效发明专利数（件）	30818	41274
万名高技术产业就业人员有效发明专利数（件）	345.90	403.92
高技术产业营业收入（亿元）	10137.63	13391.07
高技术产业营业收入占工业营业收入比重（%）	12.89	13.35
高技术产业新产品销售收入（亿元）	5687.94	7229.49
高技术产业新产品销售收入占营业收入比重（%）	56.11	53.99
万元地区生产总值高技术产业营业收入（万元）	0.16	0.18
新产品销售收入（亿元）	28302.50	36890.12
新产品销售收入占营业收入比重（%）	36.00	36.78
商品出口额（亿美元）	3517.76	4586.40
商品出口额与地区生产总值比值（万美元/亿元）	543.80	619.44
高技术产品出口额（亿美元）	292.86	421.54
高技术产品出口额占商品出口额比重（%）	8.33	9.19

浙江创新能力监测指标（7）

指标名称	2020	2021
第三产业增加值（亿元）	36161.30	40655.10
第三产业增加值占地区生产总值比重（%）	55.90	54.91
高新技术企业数（个）	21943	28310
高新技术企业年末从业人员数（万人）	391.67	447.41
高新技术企业营业收入（亿元）	43482.51	57744.74
高新技术企业技术收入（亿元）	6438.94	7540.33
高新技术企业技术收入占营业收入比重（%）	14.81	13.06
高新技术企业净利润（亿元）	5265.59	5380.93
高新技术企业利润率（%）	12.11	9.32
高新技术企业出口总额（亿元）	6815.72	9286.13
劳动生产率（万元/人）	16.75	18.86
固定资本形成总额（亿元）	26326.98	29258.53
资本生产率（万元/万元）	0.40	0.44
综合能耗产出率（元/千克标准煤）	21.95	25.12
空气质量达到二级以上天数（天）	339	344
空气质量达到二级以上天数占比重（%）	92.84	94.09
废水中化学需氧量排放量（万吨）	53.22	49.87
废水中化学需氧量排放降低率（%）	-158.09	6.30
二氧化硫排放量（万吨）	5.15	4.33
二氧化硫排放降低率（%）	33.85	15.83
万元地区生产总值用水量（立方米）	25.37	22.63
万元地区生产总值用水量降低率（%）	4.61	10.77
废水中氨氮排放量（万吨）	3.84	3.50
废水中氨氮排放降低率（%）	-185.85	8.90
固体废物产生量（万吨）	4591	5315
固体废物综合利用量（万吨）	4546.06	5335.75
固体废物综合治理率（%）	100.24	100.00
生活垃圾无害化处理率（%）	100.00	100.00
污水处理率（%）	97.69	97.92
建成区绿化覆盖率（%）	42.22	41.51

安徽创新能力监测指标（1）

指标名称	2020	2021
大专以上学历人数（万人）	810.46	985.63
万人大专以上学历人数（人）	1431.44	1724.52
高等学校数（个）	120	121
高校在校学生数（万人）	164.96	188.82
十万人高校在校学生数（人）	2702.15	3088.76
高校（机构）硕士毕业生数（人）	16875	18521
十万人硕士毕业生数（人）	27.64	30.30
高校（机构）博士毕业生数（人）	1473	2009
十万人博士毕业生数（人）	2.41	3.29
研究机构数（个）	87	89
科技企业孵化器管理机构从业人员数（人）	2097	2180
国家级孵化器管理机构从业人员数（人）	542	677
国家大学科技园管理机构从业人员数（人）	56	48
火炬计划特色产业基地企业从业人员数（人）	492884	495766
国家技术转移机构从业人员数（人）	2385	2572
众创空间服务人员数（人）	2635	2987
众创空间数（个）	252	255
科技企业孵化器数（个）	208	216
国家级科技企业孵化器数（个）	38	48
科技企业孵化器在孵企业数（个）	6948	7289
科技企业孵化器累计毕业企业数（个）	4196	4590
科技企业孵化器总收入（亿元）	6.68	8.91
企业研究开发费用加计扣除减免税额（亿元）	83.08	90.57
高新技术企业减免税额（亿元）	66.94	91.64
高新技术企业减免税额占全国比重（%）	4.08	3.66
信息传输、软件和信息技术服务业固定资产投资（亿元）	404.54	592.66
信息传输、软件和信息技术服务业固定资产投资占比重（%）	1.09	1.46
有电子商务交易活动企业占比重（%）	13.30	12.50
企业电子商务销售额（亿元）	6281.06	7461.89
企业电子商务销售额与地区生产总值比值（亿元/亿元）	0.17	0.18
固定电话和移动电话用户数（万户）	6585.10	6733.64

安徽创新能力监测指标（2）

指标名称	2020	2021
百人固定电话和移动电话用户数（户）	107.87	110.15
移动互联网用户数（万户）	5010.47	5276.70
万人移动互联网用户数（万户）	0.82	0.86
有效注册商标数（万件）	76.87	101.15
百万人有效注册商标数（件）	12592.29	16546.07
地区生产总值（亿元）	38061.50	42565.20
第二产业增加值（亿元）	15216.50	17240.10
第二产业增加值占地区生产总值比重（%）	39.98	40.50
工业增加值（亿元）	11235.50	12790.80
工业增加值占地区生产总值比重（%）	29.52	30.05
装备制造业营业收入（亿元）	13129.72	15538.37
装备制造业营业收入占工业营业收入比重（%）	34.06	34.14
人均地区生产总值（元）	62411	69676
城镇登记失业人员数（万人）	30.00	25.45
城镇登记失业率（%）	2.83	2.46
客运量（亿人）	3.24	2.76
旅客周转量（亿人公里）	697.29	753.60
货运量（亿吨）	37.45	40.14
货物周转量（亿吨公里）	10241.67	11068.04
研究与试验发展（R&D）经费支出（亿元）	883.18	1006.12
R&D经费支出与地区生产总值之比（%）	2.32	2.36
R&D经费中基础研究经费支出（亿元）	60.89	74.11
R&D经费中应用研究经费支出（亿元）	78.46	84.22
R&D经费中试验发展经费支出（亿元）	743.83	847.80
R&D经费中基础研究经费支出占比重（%）	6.89	7.37
R&D经费中应用研究经费支出占比重（%）	8.88	8.37
R&D经费中试验发展经费支出占比重（%）	84.22	84.26
R&D经费中政府资金经费支出（亿元）	134.83	146.48
R&D经费中企业资金经费支出（亿元）	720.22	834.25
R&D经费中政府资金经费支出占比重（%）	15.27	14.56
R&D经费中企业资金经费支出占比重（%）	81.55	82.92
高校R&D经费支出（亿元）	80.09	95.12

安徽创新能力监测指标（3）

指标名称	2020	2021
研究机构R&D经费支出（亿元）	65.33	56.87
高校R&D经费支出占全社会R&D经费比重（%）	9.07	9.45
研究机构R&D经费支出占全社会R&D经费比重（%）	7.40	5.65
高新技术企业R&D经费支出（亿元）	385.72	367.75
高新技术企业R&D经费支出占全社会R&D经费比重（%）	43.67	36.55
财政性教育经费支出（亿元）	1261.86	1315.66
财政性教育经费支出与地区生产总值比值（万元/亿元）	331.53	309.09
地方财政科技支出（亿元）	369.98	416.09
地方财政科技支出占地方财政支出比重（%）	4.95	5.48
地方财政科技支出与地区生产总值比值（万元/亿元）	97.21	97.75
R&D人员全时当量（人年）	194688	235292
万人R&D人员全时当量（人年）	31.89	38.49
R&D人员中基础研究人员数（人年）	16411	17459
R&D人员中应用研究人员数（人年）	23578	25311
R&D人员中试验发展人员数（人年）	154698	192522
R&D人员中基础研究人员占比重（%）	8.43	7.42
R&D人员中应用研究人员占比重（%）	12.11	10.76
R&D人员中试验发展人员占比重（%）	79.46	81.82
R&D研究人员全时当量（人年）	84818	94302
R&D研究人员占全社会R&D人员比重（%）	43.57	40.08
高校R&D人员全时当量（人年）	23928	26620
研究机构R&D人员全时当量（人年）	10858	10105
高校R&D人员占全社会R&D人员比重（%）	12.29	11.31
研究机构R&D人员占全社会R&D人员比重（%）	5.58	4.29
高技术产业R&D经费支出（亿元）	153.24	194.55
高技术产业R&D经费支出占全社会R&D经费比重（%）	17.35	19.34
高技术产业R&D经费支出占营业收入比重（%）	3.09	3.14
高技术产业引进技术经费支出（万元）	8659.30	3620.10
高技术产业消化吸收经费支出（万元）	0	2254.10
高技术产业购买境内技术经费支出（万元）	17195.90	69993.00
高技术产业技术改造经费支出（万元）	330408.20	477228.50

安徽创新能力监测指标（4）

指标名称	2020	2021
高技术产业技术获取和技术改造经费支出占营业收入比重（%）	0.72	0.89
高技术产业新产品研发经费支出（亿元）	176.89	234.03
高技术产业新产品研发经费支出占新产品销售收入比重（%）	7.29	7.36
高技术产业R&D人员全时当量（人年）	32266	41634
高技术产业R&D人员占全社会R&D人员比重（%）	16.57	17.69
高新技术企业R&D人员全时当量（人年）	100969	81595
高新技术企业R&D人员占全社会R&D人员比重（%）	51.86	34.68
科学研究和技术服务业固定资产投资（亿元）	388.37	511.09
科学研究和技术服务业固定资产投资占比重（%）	1.05	1.26
开展创新活动的企业数（个）	11741	12926
开展创新活动的企业占比重（%）	63.67	65.05
实现创新的企业数（个）	10782	12284
实现创新企业占比重（%）	58.47	61.82
企业创新费用支出（亿元）	1080.80	1268.00
企业R&D经费支出（亿元）	639.42	739.12
企业R&D经费支出占创新费用支出比重（%）	59.16	58.29
企业R&D经费支出占全社会R&D经费比重（%）	72.40	73.46
企业R&D经费支出占营业收入比重（%）	1.66	1.62
企业引进技术经费支出（亿元）	2.91	2.25
企业消化吸收经费支出（亿元）	0.58	0.86
企业购买境内技术经费支出（亿元）	10.97	16.54
企业技术改造经费支出（亿元）	229.87	264.31
企业技术获取和技术改造经费支出（亿元）	244.33	283.96
企业技术获取和技术改造经费支出占营业收入比重（%）	0.63	0.62
企业科学研究经费支出占R&D经费支出比重（%）	2.83	3.31
研究机构来源于企业的R&D经费支出（亿元）	1.43	3.33
高校来源于企业的R&D经费支出（亿元）	24.40	24.17
研究机构和高校R&D经费支出中企业资金占比重（%）	17.76	18.09
企业平均吸纳技术成交额（万元）	400.02	946.48
企业R&D人员全时当量（人年）	139988	170421

安徽创新能力监测指标（5）

指标名称	2020	2021
企业R&D研究人员全时当量（人年）	60642	48536
企业R&D研究人员占全社会R&D研究人员比重（%）	71.50	51.47
万名企业就业人员中R&D人员数（人年）	494.99	609.30
有R&D活动的企业数（个）	6918	7982
有R&D活动的企业占比重（%）	37.50	40.15
有研究机构的企业数（个）	5601	6014
有研究机构的企业占比重（%）	30.36	30.25
企业专利申请数（件）	66677	75058
企业发明专利申请数（件）	27083	30230
企业发明专利拥有量（件）	70467	78480
万名企业就业人员发明专利拥有量（件）	249.17	280.59
发明专利申请数（件）	69663	64106
实用新型专利申请数（件）	117727	116337
外观设计专利申请数（件）	14908	15984
研究机构专利申请数（件）	1435	1433
研究机构发明专利申请数（件）	972	1075
高校专利申请数（件）	14536	16180
高校发明专利申请数（件）	7538	9266
万人发明专利申请数（件）	11.41	10.49
亿元R&D经费支出发明专利申请数（件）	78.88	63.72
发明专利授权数（件）	21432	23624
实用新型专利授权数（件）	84609	114415
外观设计专利授权数（件）	13655	15436
万人发明专利授权数（件）	3.51	3.86
亿元R&D经费支出发明专利授权数（件）	24.27	23.48
发明专利拥有量（件）	98186	121732
实用新型专利拥有量（件）	246346	328016
外观设计专利拥有量（件）	40679	48454
研究机构发明专利拥有量（件）	3993	4604
高校发明专利拥有量（件）	12296	17329

安徽创新能力监测指标（6）

指标名称	2020	2021
万人发明专利拥有量（件）	16.08	19.91
PCT国际专利申请受理量（件）	615	2007
国内科技论文数（篇）	13428	13685
万人国内科技论文数（篇）	2.20	2.24
SCI 收录科技论文数（篇）	12716	15067
EI 收录科技论文数（篇）	9387	10692
CPCI-S 收录科技论文数（篇）	946	814
万人国际科技论文数（篇）	3.78	4.35
技术市场成交合同数（项）	16667	23729
技术市场输出技术成交额（亿元）	659.57	1787.71
万人输出技术成交额（万元）	1080.42	2924.44
国外技术引进合同数（项）	277	259
国外技术引进合同成交额（亿美元）	5.59	14.77
万人国外技术引进合同成交额（万美元）	9.16	24.16
国外技术引进合同成交额中技术经费支出（亿美元）	5.56	14.64
国外技术引进合同成交额中技术经费支出占比重（%）	99.45	99.11
百万人技术国际收入（万美元）	486.46	674.61
高技术产业有效发明专利数（件）	13735	15233
万名高技术产业就业人员有效发明专利数（件）	359.15	363.03
高技术产业营业收入（亿元）	4958.20	6190.83
高技术产业营业收入占工业营业收入比重（%）	12.86	13.60
高技术产业新产品销售收入（亿元）	2425.01	3180.57
高技术产业新产品销售收入占营业收入比重（%）	48.91	51.38
万元地区生产总值高技术产业营业收入（万元）	0.13	0.15
新产品销售收入（亿元）	12054.38	15101.73
新产品销售收入占营业收入比重（%）	31.27	33.18
商品出口额（亿美元）	477.80	664.80
商品出口额与地区生产总值比值（万美元/亿元）	125.53	156.18
高技术产品出口额（亿美元）	128.08	188.66
高技术产品出口额占商品出口额比重（%）	26.81	28.38

安徽创新能力监测指标（7）

指标名称	2020	2021
第三产业增加值（亿元）	19660.10	21961.10
第三产业增加值占地区生产总值比重（%）	51.65	51.59
高新技术企业数（个）	8444	11323
高新技术企业年末从业人员数（万人）	127.61	148.15
高新技术企业营业收入（亿元）	15303.33	20119.57
高新技术企业技术收入（亿元）	977.24	1040.82
高新技术企业技术收入占营业收入比重（%）	6.39	5.17
高新技术企业净利润（亿元）	961.28	1281.97
高新技术企业利润率（%）	6.28	6.37
高新技术企业出口总额（亿元）	1601.42	2144.49
劳动生产率（万元/人）	11.93	13.36
固定资本形成总额（亿元）	19147.78	20491.20
资本生产率（万元/万元）	0.30	0.31
综合能耗产出率（元/千克标准煤）	19.11	23.98
空气质量达到二级以上天数（天）	295	304
空气质量达到二级以上天数占比重（%）	80.92	83.03
废水中化学需氧量排放量（万吨）	118.60	120.04
废水中化学需氧量排放降低率（%）	-246.89	-1.22
二氧化硫排放量（万吨）	10.86	8.55
二氧化硫排放降低率（%）	28.11	21.24
万元地区生产总值用水量（立方米）	69.36	63.25
万元地区生产总值用水量降低率（%）	7.30	8.82
废水中氨氮排放量（万吨）	4.43	4.33
废水中氨氮排放降低率（%）	-124.97	2.24
固体废物产生量（万吨）	14012	14508
固体废物综合利用量（万吨）	12025.62	13593.92
固体废物综合治理率（%）	98.76	99.31
生活垃圾无害化处理率（%）	100.00	100.00
污水处理率（%）	97.43	97.14
建成区绿化覆盖率（%）	42.01	44.07

福建创新能力监测指标（1）

指标名称	2020	2021
大专以上学历人数（万人）	587.71	687.90
万人大专以上学历人数（人）	1531.26	1760.35
高等学校数（个）	89	89
高校在校学生数（万人）	119.28	126.59
十万人高校在校学生数（人）	2866.26	3023.31
高校（机构）硕士毕业生数（人）	14379	15272
十万人硕士毕业生数（人）	34.55	36.47
高校（机构）博士毕业生数（人）	1076	1271
十万人博士毕业生数（人）	2.59	3.04
研究机构数（个）	100	101
科技企业孵化器管理机构从业人员数（人）	1762	1814
国家级孵化器管理机构从业人员数（人）	366	422
国家大学科技园管理机构从业人员数（人）	26	27
火炬计划特色产业基地企业从业人员数（人）	297832	875842
国家技术转移机构从业人员数（人）	166	167
众创空间服务人员数（人）	2908	3736
众创空间数（个）	336	371
科技企业孵化器数（个）	134	137
国家级科技企业孵化器数（个）	18	21
科技企业孵化器在孵企业数（个）	3745	4159
科技企业孵化器累计毕业企业数（个）	3929	4479
科技企业孵化器总收入（亿元）	9.08	9.66
企业研究开发费用加计扣除减免税额（亿元）	36.85	54.97
高新技术企业减免税额（亿元）	46.74	59.80
高新技术企业减免税额占全国比重（%）	2.85	2.39
信息传输、软件和信息技术服务业固定资产投资（亿元）	461.57	443.11
信息传输、软件和信息技术服务业固定资产投资占比重（%）	1.50	1.36
有电子商务交易活动企业占比重（%）	11.90	11.80
企业电子商务销售额（亿元）	5082.18	6397.19
企业电子商务销售额与地区生产总值比值（亿元/亿元）	0.12	0.13
固定电话和移动电话用户数（万户）	5472.35	5531.41

福建创新能力监测指标（2）

指标名称	2020	2021
百人固定电话和移动电话用户数（户）	131.50	132.11
移动互联网用户数（万户）	3979.60	4146.55
万人移动互联网用户数（万户）	0.96	0.99
有效注册商标数（万件）	157.19	198.92
百万人有效注册商标数（件）	37772.89	47507.98
地区生产总值（亿元）	43608.60	49566.10
第二产业增加值（亿元）	20168.40	23319.80
第二产业增加值占地区生产总值比重（%）	46.25	47.05
工业增加值（亿元）	15615.50	18292.80
工业增加值占地区生产总值比重（%）	35.81	36.91
装备制造业营业收入（亿元）	10957.59	13769.81
装备制造业营业收入占工业营业收入比重（%）	19.82	20.94
人均地区生产总值（元）	105106	118750
城镇登记失业人员数（万人）	35.74	37.97
城镇登记失业率（%）	3.82	3.33
客运量（亿人）	2.32	1.96
旅客周转量（亿人公里）	314.56	313.97
货运量（亿吨）	14.07	16.61
货物周转量（亿吨公里）	9014.32	10159.13
研究与试验发展（R&D）经费支出（亿元）	842.41	968.73
R&D经费支出与地区生产总值之比（%）	1.93	1.95
R&D经费中基础研究经费支出（亿元）	23.78	27.92
R&D经费中应用研究经费支出（亿元）	59.01	70.06
R&D经费中试验发展经费支出（亿元）	759.61	870.75
R&D经费中基础研究经费支出占比重（%）	2.82	2.88
R&D经费中应用研究经费支出占比重（%）	7.01	7.23
R&D经费中试验发展经费支出占比重（%）	90.17	89.89
R&D经费中政府资金经费支出（亿元）	81.49	95.78
R&D经费中企业资金经费支出（亿元）	750.85	861.38
R&D经费中政府资金经费支出占比重（%）	9.67	9.89
R&D经费中企业资金经费支出占比重（%）	89.13	88.92
高校R&D经费支出（亿元）	60.62	70.31

福建创新能力监测指标（3）

指标名称	2020	2021
研究机构R&D经费支出（亿元）	25.99	29.88
高校R&D经费支出占全社会R&D经费比重（%）	7.20	7.26
研究机构R&D经费支出占全社会R&D经费比重（%）	3.09	3.08
高新技术企业R&D经费支出（亿元）	297.50	335.57
高新技术企业R&D经费支出占全社会R&D经费比重（%）	35.32	34.64
财政性教育经费支出（亿元）	1031.57	1079.81
财政性教育经费支出与地区生产总值比值（万元/亿元）	236.55	217.85
地方财政科技支出（亿元）	149.44	155.11
地方财政科技支出占地方财政支出比重（%）	2.86	2.98
地方财政科技支出与地区生产总值比值（万元/亿元）	34.27	31.29
R&D人员全时当量（人年）	185622	235412
万人R&D人员全时当量（人年）	44.61	56.22
R&D人员中基础研究人员数（人年）	6613	7090
R&D人员中应用研究人员数（人年）	19183	20997
R&D人员中试验发展人员数（人年）	159826	207326
R&D人员中基础研究人员占比重（%）	3.56	3.01
R&D人员中应用研究人员占比重（%）	10.33	8.92
R&D人员中试验发展人员占比重（%）	86.10	88.07
R&D研究人员全时当量（人年）	72535	78980
R&D研究人员占全社会R&D人员比重（%）	39.08	33.55
高校R&D人员全时当量（人年）	18997	19052
研究机构R&D人员全时当量（人年）	6062	6965
高校R&D人员占全社会R&D人员比重（%）	10.23	8.09
研究机构R&D人员占全社会R&D人员比重（%）	3.27	2.96
高技术产业R&D经费支出（亿元）	200.63	258.99
高技术产业R&D经费支出占全社会R&D经费比重（%）	23.82	26.73
高技术产业R&D经费支出占营业收入比重（%）	3.21	3.05
高技术产业引进技术经费支出（万元）	19435.30	17098.80
高技术产业消化吸收经费支出（万元）	14093.10	18111.30
高技术产业购买境内技术经费支出（万元）	95520.60	152871.70
高技术产业技术改造经费支出（万元）	308334.50	460781.40

福建创新能力监测指标（4）

指标名称	2020	2021
高技术产业技术获取和技术改造经费支出占营业收入比重（%）	0.70	0.76
高技术产业新产品研发经费支出（亿元）	208.67	277.04
高技术产业新产品研发经费支出占新产品销售收入比重（%）	9.24	8.81
高技术产业R&D人员全时当量（人年）	35219	50034
高技术产业R&D人员占全社会R&D人员比重（%）	18.97	21.25
高新技术企业R&D人员全时当量（人年）	92626	85955
高新技术企业R&D人员占全社会R&D人员比重（%）	49.90	36.51
科学研究和技术服务业固定资产投资（亿元）	83.53	186.19
科学研究和技术服务业固定资产投资占比重（%）	0.27	0.57
开展创新活动的企业数（个）	10139	11020
开展创新活动的企业占比重（%）	53.80	54.64
实现创新的企业数（个）	9735	10338
实现创新企业占比重（%）	51.66	51.26
企业创新费用支出（亿元）	863.90	1052.90
企业R&D经费支出（亿元）	666.91	771.65
企业R&D经费支出占创新费用支出比重（%）	77.20	73.29
企业R&D经费支出占全社会R&D经费比重（%）	79.17	79.66
企业R&D经费支出占营业收入比重（%）	1.21	1.17
企业引进技术经费支出（亿元）	3.97	2.62
企业消化吸收经费支出（亿元）	1.69	1.98
企业购买境内技术经费支出（亿元）	12.39	19.64
企业技术改造经费支出（亿元）	114.96	166.24
企业技术获取和技术改造经费支出（亿元）	133.01	190.48
企业技术获取和技术改造经费支出占营业收入比重（%）	0.24	0.29
企业科学研究经费支出占R&D经费支出比重（%）	0.37	0.92
研究机构来源于企业的R&D经费支出（亿元）	2.19	2.51
高校来源于企业的R&D经费支出（亿元）	20.16	21.16
研究机构和高校R&D经费支出中企业资金占比重（%）	25.80	23.63
企业平均吸纳技术成交额（万元）	272.60	313.37
企业R&D人员全时当量（人年）	140850	186328

福建创新能力监测指标（5）

指标名称	2020	2021
企业R&D研究人员全时当量（人年）	58810	46937
企业R&D研究人员占全社会R&D研究人员比重（%）	81.08	59.43
万名企业就业人员中R&D人员数（人年）	339.95	429.20
有R&D活动的企业数（个）	5979	6908
有R&D活动的企业占比重（%）	31.73	34.36
有研究机构的企业数（个）	1972	1933
有研究机构的企业占比重（%）	10.46	9.61
企业专利申请数（件）	45774	51551
企业发明专利申请数（件）	12934	15516
企业发明专利拥有量（件）	44702	45695
万名企业就业人员发明专利拥有量（件）	107.89	105.26
发明专利申请数（件）	32929	31093
实用新型专利申请数（件）	105867	93513
外观设计专利申请数（件）	36071	36097
研究机构专利申请数（件）	885	1189
研究机构发明专利申请数（件）	631	833
高校专利申请数（件）	7782	8946
高校发明专利申请数（件）	4162	4995
万人发明专利申请数（件）	7.91	7.43
亿元R&D经费支出发明专利申请数（件）	39.09	32.10
发明专利授权数（件）	10250	12561
实用新型专利授权数（件）	99956	105267
外观设计专利授权数（件）	35722	35986
万人发明专利授权数（件）	2.46	3.00
亿元R&D经费支出发明专利授权数（件）	12.17	12.97
发明专利拥有量（件）	50756	62156
实用新型专利拥有量（件）	265172	338506
外观设计专利拥有量（件）	101817	116906
研究机构发明专利拥有量（件）	2692	3368
高校发明专利拥有量（件）	11584	13819

福建创新能力监测指标（6）

指标名称	2020	2021
万人发明专利拥有量（件）	12.20	14.84
PCT国际专利申请受理量（件）	1587	1768
国内科技论文数（篇）	9236	9423
万人国内科技论文数（篇）	2.22	2.25
SCI 收录科技论文数（篇）	10509	11907
EI 收录科技论文数（篇）	7251	7692
CPCI-S 收录科技论文数（篇）	572	416
万人国际科技论文数（篇）	4.41	4.78
技术市场成交合同数（项）	10753	16121
技术市场输出技术成交额（亿元）	163.54	196.80
万人输出技术成交额（万元）	392.98	470.02
国外技术引进合同数（项）	118	69
国外技术引进合同成交额（亿美元）	4.59	6.44
万人国外技术引进合同成交额（万美元）	11.03	15.37
国外技术引进合同成交额中技术经费支出（亿美元）	4.56	6.16
国外技术引进合同成交额中技术经费支出占比重（%）	99.34	95.69
百万人技术国际收入（万美元）	1873.94	2571.33
高技术产业有效发明专利数（件）	15120	17417
万名高技术产业就业人员有效发明专利数（件）	318.33	325.76
高技术产业营业收入（亿元）	6243.15	8487.07
高技术产业营业收入占工业营业收入比重（%）	11.29	12.90
高技术产业新产品销售收入（亿元）	2257.55	3143.00
高技术产业新产品销售收入占营业收入比重（%）	36.16	37.03
万元地区生产总值高技术产业营业收入（万元）	0.14	0.17
新产品销售收入（亿元）	6097.55	7822.14
新产品销售收入占营业收入比重（%）	11.03	11.89
商品出口额（亿美元）	1109.09	1573.50
商品出口额与地区生产总值比值（万美元/亿元）	254.33	317.45
高技术产品出口额（亿美元）	147.05	213.92
高技术产品出口额占商品出口额比重（%）	13.26	13.60

福建创新能力监测指标（7）

指标名称	2020	2021
第三产业增加值（亿元）	20709.30	23346.30
第三产业增加值占地区生产总值比重（%）	47.49	47.10
高新技术企业数（个）	6433	8886
高新技术企业年末从业人员数（万人）	94.71	112.49
高新技术企业营业收入（亿元）	8676.71	12477.58
高新技术企业技术收入（亿元）	606.67	739.52
高新技术企业技术收入占营业收入比重（%）	6.99	5.93
高新技术企业净利润（亿元）	797.77	1068.69
高新技术企业利润率（%）	9.19	8.56
高新技术企业出口总额（亿元）	1522.79	2300.12
劳动生产率（万元/人）	19.90	22.22
固定资本形成总额（亿元）	23225.13	26196.50
资本生产率（万元/万元）	0.30	0.32
综合能耗产出率（元/千克标准煤）	22.51	28.76
空气质量达到二级以上天数（天）	361	362
空气质量达到二级以上天数占比重（%）	98.94	98.84
废水中化学需氧量排放量（万吨）	62.30	55.69
废水中化学需氧量排放降低率（%）	-147.65	10.61
二氧化硫排放量（万吨）	7.88	6.51
二氧化硫排放降低率（%）	37.13	17.45
万元地区生产总值用水量（立方米）	41.68	37.41
万元地区生产总值用水量降低率（%）	0.44	10.25
废水中氨氮排放量（万吨）	4.55	3.82
废水中氨氮排放降低率（%）	-191.12	16.17
固体废物产生量（万吨）	6043	6665
固体废物综合利用量（万吨）	4016.18	5587.58
固体废物综合治理率（%）	100.28	100.00
生活垃圾无害化处理率（%）	100.00	100.00
污水处理率（%）	97.15	98.28
建成区绿化覆盖率（%）	44.63	44.25

江西创新能力监测指标（1）

指标名称	2020	2021
大专以上学历人数（万人）	537.59	629.87
万人大专以上学历人数（人）	1284.21	1491.80
高等学校数（个）	105	106
高校在校学生数（万人）	154.75	180.74
十万人高校在校学生数（人）	3424.19	4001.28
高校（机构）硕士毕业生数（人）	12893	13719
十万人硕士毕业生数（人）	28.53	30.37
高校（机构）博士毕业生数（人）	368	342
十万人博士毕业生数（人）	0.81	0.76
研究机构数（个）	119	103
科技企业孵化器管理机构从业人员数（人）	1653	1999
国家级孵化器管理机构从业人员数（人）	593	469
国家大学科技园管理机构从业人员数（人）	43	68
火炬计划特色产业基地企业从业人员数（人）	205054	208910
国家技术转移机构从业人员数（人）	202	232
众创空间服务人员数（人）	3507	3210
众创空间数（个）	183	184
科技企业孵化器数（个）	79	107
国家级科技企业孵化器数（个）	22	20
科技企业孵化器在孵企业数（个）	3798	4317
科技企业孵化器累计毕业企业数（个）	3174	3466
科技企业孵化器总收入（亿元）	6.16	9.16
企业研究开发费用加计扣除减免税额（亿元）	47.18	62.52
高新技术企业减免税额（亿元）	45.60	46.56
高新技术企业减免税额占全国比重（%）	2.78	1.86
信息传输、软件和信息技术服务业固定资产投资（亿元）	452.80	738.07
信息传输、软件和信息技术服务业固定资产投资占比重（%）	1.58	2.33
有电子商务交易活动企业占比重（%）	10.20	10.60
企业电子商务销售额（亿元）	3294.16	3807.72
企业电子商务销售额与地区生产总值比值（亿元/亿元）	0.13	0.13
固定电话和移动电话用户数（万户）	4731.76	4970.79

江西创新能力监测指标（2）

指标名称	2020	2021
百人固定电话和移动电话用户数（户）	104.70	110.05
移动互联网用户数（万户）	3599.26	3855.94
万人移动互联网用户数（万户）	0.80	0.85
有效注册商标数（万件）	51.26	67.16
百万人有效注册商标数（件）	11342.47	14869.21
地区生产总值（亿元）	25782.00	29827.80
第二产业增加值（亿元）	11107.90	13230.70
第二产业增加值占地区生产总值比重（%）	43.08	44.36
工业增加值（亿元）	8991.60	10862.90
工业增加值占地区生产总值比重（%）	34.88	36.42
装备制造业营业收入（亿元）	10828.85	13310.26
装备制造业营业收入占工业营业收入比重（%）	29.71	29.62
人均地区生产总值（元）	57065	66020
城镇登记失业人员数（万人）	29.93	29.92
城镇登记失业率（%）	3.15	2.84
客运量（亿人）	4.19	2.43
旅客周转量（亿人公里）	631.35	603.91
货运量（亿吨）	15.71	19.87
货物周转量（亿吨公里）	4010.78	4884.72
研究与试验发展（R&D）经费支出（亿元）	430.72	502.17
R&D经费支出与地区生产总值之比（%）	1.67	1.68
R&D经费中基础研究经费支出（亿元）	16.58	20.99
R&D经费中应用研究经费支出（亿元）	38.08	42.58
R&D经费中试验发展经费支出（亿元）	376.05	438.61
R&D经费中基础研究经费支出占比重（%）	3.85	4.18
R&D经费中应用研究经费支出占比重（%）	8.84	8.48
R&D经费中试验发展经费支出占比重（%）	87.31	87.34
R&D经费中政府资金经费支出（亿元）	59.19	73.88
R&D经费中企业资金经费支出（亿元）	368.71	421.88
R&D经费中政府资金经费支出占比重（%）	13.74	14.71
R&D经费中企业资金经费支出占比重（%）	85.60	84.01
高校R&D经费支出（亿元）	24.86	30.71

江西创新能力监测指标（3）

指标名称	2020	2021
研究机构R&D经费支出（亿元）	35.24	37.63
高校R&D经费支出占全社会R&D经费比重（%）	5.77	6.12
研究机构R&D经费支出占全社会R&D经费比重（%）	8.18	7.49
高新技术企业R&D经费支出（亿元）	354.32	374.82
高新技术企业R&D经费支出占全社会R&D经费比重（%）	82.26	74.64
财政性教育经费支出（亿元）	1223.59	1249.10
财政性教育经费支出与地区生产总值比值（万元/亿元）	474.59	418.77
地方财政科技支出（亿元）	195.74	210.95
地方财政科技支出占地方财政支出比重（%）	2.93	3.11
地方财政科技支出与地区生产总值比值（万元/亿元）	75.92	70.72
R&D人员全时当量（人年）	124326	124785
万人R&D人员全时当量（人年）	27.51	27.63
R&D人员中基础研究人员数（人年）	6229	7171
R&D人员中应用研究人员数（人年）	8716	10420
R&D人员中试验发展人员数（人年）	109381	107194
R&D人员中基础研究人员占比重（%）	5.01	5.75
R&D人员中应用研究人员占比重（%）	7.01	8.35
R&D人员中试验发展人员占比重（%）	87.98	85.90
R&D研究人员全时当量（人年）	43360	41440
R&D研究人员占全社会R&D人员比重（%）	34.88	33.21
高校R&D人员全时当量（人年）	8461	10714
研究机构R&D人员全时当量（人年）	5906	6599
高校R&D人员占全社会R&D人员比重（%）	6.81	8.59
研究机构R&D人员占全社会R&D人员比重（%）	4.75	5.29
高技术产业R&D经费支出（亿元）	113.05	134.08
高技术产业R&D经费支出占全社会R&D经费比重（%）	26.25	26.70
高技术产业R&D经费支出占营业收入比重（%）	1.82	1.66
高技术产业引进技术经费支出（万元）	0	174.00
高技术产业消化吸收经费支出（万元）	0	35.60
高技术产业购买境内技术经费支出（万元）	3879.40	8499.60
高技术产业技术改造经费支出（万元）	180280.20	254491.30

江西创新能力监测指标（4）

指标名称	2020	2021
高技术产业技术获取和技术改造经费支出占营业收入比重（%）	0.30	0.33
高技术产业新产品研发经费支出（亿元）	143.38	174.05
高技术产业新产品研发经费支出占新产品销售收入比重（%）	6.13	6.15
高技术产业R&D人员全时当量（人年）	32247	31292
高技术产业R&D人员占全社会R&D人员比重（%）	25.94	25.08
高新技术企业R&D人员全时当量（人年）	85237	70615
高新技术企业R&D人员占全社会R&D人员比重（%）	68.56	56.59
科学研究和技术服务业固定资产投资（亿元）	226.44	294.15
科学研究和技术服务业固定资产投资占比重（%）	0.79	0.93
开展创新活动的企业数（个）	7794	8943
开展创新活动的企业占比重（%）	54.26	56.52
实现创新的企业数（个）	7696	8630
实现创新企业占比重（%）	53.58	54.54
企业创新费用支出（亿元）	580.20	687.30
企业R&D经费支出（亿元）	346.02	397.85
企业R&D经费支出占创新费用支出比重（%）	59.64	57.89
企业R&D经费支出占全社会R&D经费比重（%）	80.34	79.23
企业R&D经费支出占营业收入比重（%）	0.95	0.89
企业引进技术经费支出（亿元）	1.81	1.33
企业消化吸收经费支出（亿元）	0.21	0.22
企业购买境内技术经费支出（亿元）	6.31	5.74
企业技术改造经费支出（亿元）	87.74	97.41
企业技术获取和技术改造经费支出（亿元）	96.06	104.70
企业技术获取和技术改造经费支出占营业收入比重（%）	0.26	0.23
企业科学研究经费支出占R&D经费支出比重（%）	2.16	1.88
研究机构来源于企业的R&D经费支出（亿元）	0.07	0.37
高校来源于企业的R&D经费支出（亿元）	9.40	9.95
研究机构和高校R&D经费支出中企业资金占比重（%）	15.75	15.09
企业平均吸纳技术成交额（万元）	240.26	376.98
企业R&D人员全时当量（人年）	100473	97497

江西创新能力监测指标（5）

指标名称	2020	2021
企业R&D研究人员全时当量（人年）	37954	24260
企业R&D研究人员占全社会R&D研究人员比重（%）	87.53	58.54
万名企业就业人员中R&D人员数（人年）	421.55	419.32
有R&D活动的企业数（个）	5081	5986
有R&D活动的企业占比重（%）	35.43	37.85
有研究机构的企业数（个）	4090	5056
有研究机构的企业占比重（%）	28.52	31.97
企业专利申请数（件）	30838	32350
企业发明专利申请数（件）	6949	8312
企业发明专利拥有量（件）	18715	21690
万名企业就业人员发明专利拥有量（件）	78.52	93.29
发明专利申请数（件）	20285	19171
实用新型专利申请数（件）	64034	54593
外观设计专利申请数（件）	25419	27166
研究机构专利申请数（件）	871	1000
研究机构发明专利申请数（件）	642	691
高校专利申请数（件）	8178	7126
高校发明专利申请数（件）	2552	2640
万人发明专利申请数（件）	4.49	4.24
亿元R&D经费支出发明专利申请数（件）	47.10	38.18
发明专利授权数（件）	4407	6741
实用新型专利授权数（件）	51326	64221
外观设计专利授权数（件）	24506	26410
万人发明专利授权数（件）	0.98	1.49
亿元R&D经费支出发明专利授权数（件）	10.23	13.42
发明专利拥有量（件）	16989	23086
实用新型专利拥有量（件）	128457	169438
外观设计专利拥有量（件）	53810	64704
研究机构发明专利拥有量（件）	1059	1342
高校发明专利拥有量（件）	5063	4768

江西创新能力监测指标（6）

指标名称	2020	2021
万人发明专利拥有量（件）	3.76	5.11
PCT国际专利申请受理量（件）	282	140
国内科技论文数（篇）	7140	7090
万人国内科技论文数（篇）	1.58	1.57
SCI 收录科技论文数（篇）	6472	7409
EI 收录科技论文数（篇）	4288	4123
CPCI-S 收录科技论文数（篇）	244	268
万人国际科技论文数（篇）	2.43	2.61
技术市场成交合同数（项）	4084	6536
技术市场输出技术成交额（亿元）	233.41	409.38
万人输出技术成交额（万元）	516.46	906.32
国外技术引进合同数（项）	143	98
国外技术引进合同成交额（亿美元）	1.84	0.77
万人国外技术引进合同成交额（万美元）	4.08	1.70
国外技术引进合同成交额中技术经费支出（亿美元）	1.28	0.77
国外技术引进合同成交额中技术经费支出占比重（%）	69.32	100.00
百万人技术国际收入（万美元）	284.19	326.66
高技术产业有效发明专利数（件）	8169	9296
万名高技术产业就业人员有效发明专利数（件）	148.13	163.45
高技术产业营业收入（亿元）	6205.82	8055.24
高技术产业营业收入占工业营业收入比重（%）	17.03	17.93
高技术产业新产品销售收入（亿元）	2340.54	2830.73
高技术产业新产品销售收入占营业收入比重（%）	37.72	35.14
万元地区生产总值高技术产业营业收入（万元）	0.24	0.27
新产品销售收入（亿元）	7221.34	9575.04
新产品销售收入占营业收入比重（%）	19.82	21.31
商品出口额（亿美元）	350.23	477.50
商品出口额与地区生产总值比值（万美元/亿元）	135.84	160.09
高技术产品出口额（亿美元）	140.08	148.10
高技术产品出口额占商品出口额比重（%）	40.00	31.02

江西创新能力监测指标（7）

指标名称	2020	2021
第三产业增加值（亿元）	12430.20	14263.00
第三产业增加值占地区生产总值比重（%）	48.21	47.82
高新技术企业数（个）	7043	6513
高新技术企业年末从业人员数（万人）	112.33	102.37
高新技术企业营业收入（亿元）	15260.46	16705.91
高新技术企业技术收入（亿元）	523.94	362.41
高新技术企业技术收入占营业收入比重（%）	3.43	2.17
高新技术企业净利润（亿元）	699.65	777.40
高新技术企业利润率（%）	4.58	4.65
高新技术企业出口总额（亿元）	1358.56	1474.38
劳动生产率（万元/人）	11.35	13.21
固定资本形成总额（亿元）	12374.26	14122.51
资本生产率（万元/万元）	0.33	0.33
综合能耗产出率（元/千克标准煤）	22.54	27.14
空气质量达到二级以上天数（天）	346	352
空气质量达到二级以上天数占比重（%）	94.79	96.08
废水中化学需氧量排放量（万吨）	101.48	109.57
废水中化学需氧量排放降低率（%）	-215.00	-7.97
二氧化硫排放量（万吨）	10.25	8.75
二氧化硫排放降低率（%）	54.85	14.65
万元地区生产总值用水量（立方米）	95.01	84.20
万元地区生产总值用水量降低率（%）	7.14	11.38
废水中氨氮排放量（万吨）	4.59	4.70
废水中氨氮排放降低率（%）	-64.19	-2.48
固体废物产生量（万吨）	12083	11533
固体废物综合利用量（万吨）	5497.56	5586.09
固体废物综合治理率（%）	52.25	54.13
生活垃圾无害化处理率（%）	100.00	100.00
污水处理率（%）	97.48	98.10
建成区绿化覆盖率（%）	46.35	46.89

山东创新能力监测指标（1）

指标名称	2020	2021
大专以上学历人数（万人）	1460.35	1647.16
万人大专以上学历人数（人）	1557.34	1740.59
高等学校数（个）	152	153
高校在校学生数（万人）	320.54	348.68
十万人高校在校学生数（人）	3153.57	3428.54
高校（机构）硕士毕业生数（人）	31079	32593
十万人硕士毕业生数（人）	30.58	32.05
高校（机构）博士毕业生数（人）	1716	1861
十万人博士毕业生数（人）	1.69	1.83
研究机构数（个）	183	140
科技企业孵化器管理机构从业人员数（人）	4069	4117
国家级孵化器管理机构从业人员数（人）	1558	1626
国家大学科技园管理机构从业人员数（人）	126	135
火炬计划特色产业基地企业从业人员数（人）	1564928	1479713
国家技术转移机构从业人员数（人）	3179	2578
众创空间服务人员数（人）	6372	6068
众创空间数（个）	525	527
科技企业孵化器数（个）	318	323
国家级科技企业孵化器数（个）	97	100
科技企业孵化器在孵企业数（个）	14617	14314
科技企业孵化器累计毕业企业数（个）	12942	13656
科技企业孵化器总收入（亿元）	18.32	22.00
企业研究开发费用加计扣除减免税额（亿元）	129.99	153.08
高新技术企业减免税额（亿元）	127.11	156.58
高新技术企业减免税额占全国比重（%）	7.75	6.25
信息传输、软件和信息技术服务业固定资产投资（亿元）	642.99	606.34
信息传输、软件和信息技术服务业固定资产投资占比重（%）	1.20	1.07
有电子商务交易活动企业占比重（%）	12.60	14.80
企业电子商务销售额（亿元）	13819.84	17145.53
企业电子商务销售额与地区生产总值比值（亿元/亿元）	0.19	0.21
固定电话和移动电话用户数（万户）	12032.29	12355.96

山东创新能力监测指标（2）

指标名称	2020	2021
百人固定电话和移动电话用户数（户）	118.38	121.49
移动互联网用户数（万户）	8761.31	9367.97
万人移动互联网用户数（万户）	0.86	0.92
有效注册商标数（万件）	161.01	205.75
百万人有效注册商标数（件）	15840.27	20231.00
地区生产总值（亿元）	72798.20	82875.20
第二产业增加值（亿元）	28456.70	32834.50
第二产业增加值占地区生产总值比重（%）	39.09	39.62
工业增加值（亿元）	22986.50	26894.10
工业增加值占地区生产总值比重（%）	31.58	32.45
装备制造业营业收入（亿元）	18731.04	20858.25
装备制造业营业收入占工业营业收入比重（%）	21.49	20.09
人均地区生产总值（元）	71825	81510
城镇登记失业人员数（万人）	46.66	62.43
城镇登记失业率（%）	3.10	2.94
客运量（亿人）	3.08	3.00
旅客周转量（亿人公里）	596.24	706.81
货运量（亿吨）	31.70	34.27
货物周转量（亿吨公里）	10377.40	12049.70
研究与试验发展（R&D）经费支出（亿元）	1681.89	1944.66
R&D经费支出与地区生产总值之比（%）	2.31	2.35
R&D经费中基础研究经费支出（亿元）	50.36	73.75
R&D经费中应用研究经费支出（亿元）	111.52	119.40
R&D经费中试验发展经费支出（亿元）	1520.01	1751.51
R&D经费中基础研究经费支出占比重（%）	2.99	3.79
R&D经费中应用研究经费支出占比重（%）	6.63	6.14
R&D经费中试验发展经费支出占比重（%）	90.38	90.07
R&D经费中政府资金经费支出（亿元）	145.30	173.23
R&D经费中企业资金经费支出（亿元）	1518.88	1750.55
R&D经费中政府资金经费支出占比重（%）	8.64	8.91
R&D经费中企业资金经费支出占比重（%）	90.31	90.02
高校R&D经费支出（亿元）	76.66	94.88

山东创新能力监测指标（3）

指标名称	2020	2021
研究机构R&D经费支出（亿元）	68.23	78.85
高校R&D经费支出占全社会R&D经费比重（%）	4.56	4.88
研究机构R&D经费支出占全社会R&D经费比重（%）	4.06	4.05
高新技术企业R&D经费支出（亿元）	718.06	886.48
高新技术企业R&D经费支出占全社会R&D经费比重（%）	42.69	45.59
财政性教育经费支出（亿元）	2283.84	2411.09
财政性教育经费支出与地区生产总值比值（万元/亿元）	313.72	290.93
地方财政科技支出（亿元）	298.62	372.32
地方财政科技支出占地方财政支出比重（%）	2.66	3.18
地方财政科技支出与地区生产总值比值（万元/亿元）	41.02	44.93
R&D人员全时当量（人年）	341159	447642
万人R&D人员全时当量（人年）	33.56	44.02
R&D人员中基础研究人员数（人年）	23105	29228
R&D人员中应用研究人员数（人年）	34857	38192
R&D人员中试验发展人员数（人年）	283197	380222
R&D人员中基础研究人员占比重（%）	6.77	6.53
R&D人员中应用研究人员占比重（%）	10.22	8.53
R&D人员中试验发展人员占比重（%）	83.01	84.94
R&D研究人员全时当量（人年）	141786	164273
R&D研究人员占全社会R&D人员比重（%）	41.56	36.70
高校R&D人员全时当量（人年）	34462	39147
研究机构R&D人员全时当量（人年）	13804	14982
高校R&D人员占全社会R&D人员比重（%）	10.10	8.75
研究机构R&D人员占全社会R&D人员比重（%）	4.05	3.35
高技术产业R&D经费支出（亿元）	230.73	271.88
高技术产业R&D经费支出占全社会R&D经费比重（%）	13.72	13.98
高技术产业R&D经费支出占营业收入比重（%）	3.42	3.39
高技术产业引进技术经费支出（万元）	18089.70	113156.30
高技术产业消化吸收经费支出（万元）	1109.80	1462.90
高技术产业购买境内技术经费支出（万元）	49271.30	65500.60
高技术产业技术改造经费支出（万元）	343222.80	453303.90

山东创新能力监测指标（4）

指标名称	2020	2021
高技术产业技术获取和技术改造经费支出占营业收入比重（%）	0.61	0.79
高技术产业新产品研发经费支出（亿元）	224.58	298.19
高技术产业新产品研发经费支出占新产品销售收入比重（%）	9.25	7.87
高技术产业R&D人员全时当量（人年）	44598	62205
高技术产业R&D人员占全社会R&D人员比重（%）	13.07	13.90
高新技术企业R&D人员全时当量（人年）	182378	160341
高新技术企业R&D人员占全社会R&D人员比重（%）	53.46	35.82
科学研究和技术服务业固定资产投资（亿元）	1172.26	1209.78
科学研究和技术服务业固定资产投资占比重（%）	2.18	2.13
开展创新活动的企业数（个）	17862	21848
开展创新活动的企业占比重（%）	60.29	66.08
实现创新的企业数（个）	17134	19897
实现创新企业占比重（%）	57.83	60.18
企业创新费用支出（亿元）	1891.60	2321.00
企业R&D经费支出（亿元）	1365.62	1565.34
企业R&D经费支出占创新费用支出比重（%）	72.19	67.44
企业R&D经费支出占全社会R&D经费比重（%）	81.20	80.49
企业R&D经费支出占营业收入比重（%）	1.57	1.51
企业引进技术经费支出（亿元）	10.31	17.28
企业消化吸收经费支出（亿元）	1.12	0.91
企业购买境内技术经费支出（亿元）	13.86	14.46
企业技术改造经费支出（亿元）	221.60	299.78
企业技术获取和技术改造经费支出（亿元）	246.89	332.43
企业技术获取和技术改造经费支出占营业收入比重（%）	0.28	0.32
企业科学研究经费支出占R&D经费支出比重（%）	2.39	2.88
研究机构来源于企业的R&D经费支出（亿元）	3.06	4.34
高校来源于企业的R&D经费支出（亿元）	27.18	33.52
研究机构和高校R&D经费支出中企业资金占比重（%）	20.87	21.79
企业平均吸纳技术成交额（万元）	691.41	775.70
企业R&D人员全时当量（人年）	255281	349379

山东创新能力监测指标（5）

指标名称	2020	2021
企业R&D研究人员全时当量（人年）	116802	96740
企业R&D研究人员占全社会R&D研究人员比重（%）	82.38	58.89
万名企业就业人员中R&D人员数（人年）	463.47	621.03
有R&D活动的企业数（个）	11604	15647
有R&D活动的企业占比重（%）	39.17	47.33
有研究机构的企业数（个）	3966	6370
有研究机构的企业占比重（%）	13.39	19.27
企业专利申请数（件）	78928	98190
企业发明专利申请数（件）	27413	31824
企业发明专利拥有量（件）	78926	103410
万名企业就业人员发明专利拥有量（件）	143.29	183.81
发明专利申请数（件）	74420	82481
实用新型专利申请数（件）	233626	254956
外观设计专利申请数（件）	29234	32033
研究机构专利申请数（件）	2915	2978
研究机构发明专利申请数（件）	2035	2065
高校专利申请数（件）	17130	22383
高校发明专利申请数（件）	10092	13051
万人发明专利申请数（件）	7.32	8.11
亿元R&D经费支出发明专利申请数（件）	44.25	42.41
发明专利授权数（件）	26745	36345
实用新型专利授权数（件）	184564	264072
外观设计专利授权数（件）	27469	29421
万人发明专利授权数（件）	2.63	3.57
亿元R&D经费支出发明专利授权数（件）	15.90	18.69
发明专利拥有量（件）	124512	150776
实用新型专利拥有量（件）	455859	663222
外观设计专利拥有量（件）	81840	98729
研究机构发明专利拥有量（件）	7132	8562
高校发明专利拥有量（件）	31485	35433

山东创新能力监测指标（6）

指标名称	2020	2021
万人发明专利拥有量（件）	12.25	14.83
PCT国际专利申请受理量（件）	3418	3244
国内科技论文数（篇）	22429	22576
万人国内科技论文数（篇）	2.21	2.22
SCI 收录科技论文数（篇）	27674	31427
EI 收录科技论文数（篇）	17040	17642
CPCI-S 收录科技论文数（篇）	1598	959
万人国际科技论文数（篇）	4.56	4.92
技术市场成交合同数（项）	73639	48029
技术市场输出技术成交额（亿元）	1903.89	2477.79
万人输出技术成交额（万元）	1873.08	2436.37
国外技术引进合同数（项）	417	338
国外技术引进合同成交额（亿美元）	11.56	18.85
万人国外技术引进合同成交额（万美元）	11.37	18.53
国外技术引进合同成交额中技术经费支出（亿美元）	11.55	18.78
国外技术引进合同成交额中技术经费支出占比重（%）	99.92	99.66
百万人技术国际收入（万美元）	841.70	1297.72
高技术产业有效发明专利数（件）	17307	22209
万名高技术产业就业人员有效发明专利数（件）	304.47	371.57
高技术产业营业收入（亿元）	6740.73	8019.75
高技术产业营业收入占工业营业收入比重（%）	7.73	7.73
高技术产业新产品销售收入（亿元）	2427.56	3787.36
高技术产业新产品销售收入占营业收入比重（%）	36.01	47.23
万元地区生产总值高技术产业营业收入（万元）	0.09	0.10
新产品销售收入（亿元）	17081.08	27540.30
新产品销售收入占营业收入比重（%）	19.60	26.53
商品出口额（亿美元）	1794.67	2850.80
商品出口额与地区生产总值比值（万美元/亿元）	246.53	343.99
高技术产品出口额（亿美元）	153.60	202.42
高技术产品出口额占商品出口额比重（%）	8.56	7.10

山东创新能力监测指标（7）

指标名称	2020	2021
第三产业增加值（亿元）	38977.20	44011.70
第三产业增加值占地区生产总值比重（%）	53.54	53.11
高新技术企业数（个）	14560	20378
高新技术企业年末从业人员数（万人）	229.00	266.68
高新技术企业营业收入（亿元）	32313.42	41663.80
高新技术企业技术收入（亿元）	1394.52	1708.79
高新技术企业技术收入占营业收入比重（%）	4.32	4.10
高新技术企业净利润（亿元）	2005.82	2573.32
高新技术企业利润率（%）	6.21	6.18
高新技术企业出口总额（亿元）	3498.69	4901.38
劳动生产率（万元/人）	13.27	15.18
固定资本形成总额（亿元）	34505.37	37788.44
资本生产率（万元/万元）	0.31	0.34
综合能耗产出率（元/千克标准煤）	17.59	18.52
空气质量达到二级以上天数（天）	274	263
空气质量达到二级以上天数占比重（%）	75.13	71.95
废水中化学需氧量排放量（万吨）	153.48	156.28
废水中化学需氧量排放降低率（%）	-456.76	-1.82
二氧化硫排放量（万吨）	19.33	16.53
二氧化硫排放降低率（%）	31.34	14.45
万元地区生产总值用水量（立方米）	30.43	25.28
万元地区生产总值用水量降低率（%）	4.03	16.90
废水中氨氮排放量（万吨）	5.31	4.64
废水中氨氮排放降低率（%）	-127.44	12.58
固体废物产生量（万吨）	24989	25233
固体废物综合利用量（万吨）	19611.66	20027.50
固体废物综合治理率（%）	84.83	85.81
生活垃圾无害化处理率（%）	100.00	100.00
污水处理率（%）	98.26	98.39
建成区绿化覆盖率（%）	41.65	43.04

河南创新能力监测指标（1）

指标名称	2020	2021
大专以上学历人数（万人）	1166.99	1286.86
万人大专以上学历人数（人）	1273.14	1397.36
高等学校数（个）	151	156
高校在校学生数（万人）	320.43	338.37
十万人高校在校学生数（人）	3223.26	3423.74
高校（机构）硕士毕业生数（人）	15694	16861
十万人硕士毕业生数（人）	15.79	17.06
高校（机构）博士毕业生数（人）	495	536
十万人博士毕业生数（人）	0.50	0.54
研究机构数（个）	115	110
科技企业孵化器管理机构从业人员数（人）	2484	2834
国家级孵化器管理机构从业人员数（人）	952	1096
国家大学科技园管理机构从业人员数（人）	61	102
火炬计划特色产业基地企业从业人员数（人）	354708	365361
国家技术转移机构从业人员数（人）	226	227
众创空间服务人员数（人）	3343	4378
众创空间数（个）	286	315
科技企业孵化器数（个）	181	203
国家级科技企业孵化器数（个）	50	59
科技企业孵化器在孵企业数（个）	9308	9895
科技企业孵化器累计毕业企业数（个）	7517	8496
科技企业孵化器总收入（亿元）	11.10	11.17
企业研究开发费用加计扣除减免税额（亿元）	46.67	58.88
高新技术企业减免税额（亿元）	40.39	51.21
高新技术企业减免税额占全国比重（%）	2.46	2.05
信息传输、软件和信息技术服务业固定资产投资（亿元）	791.94	666.02
信息传输、软件和信息技术服务业固定资产投资占比重（%）	1.48	1.19
有电子商务交易活动企业占比重（%）	7.50	7.10
企业电子商务销售额（亿元）	4254.22	5088.33
企业电子商务销售额与地区生产总值比值（亿元/亿元）	0.08	0.09
固定电话和移动电话用户数（万户）	10718.60	11030.16

河南创新能力监测指标（2）

指标名称	2020	2021
百人固定电话和移动电话用户数（户）	107.82	111.61
移动互联网用户数（万户）	8748.71	9136.57
万人移动互联网用户数（万户）	0.88	0.92
有效注册商标数（万件）	112.11	148.97
百万人有效注册商标数（件）	11277.22	15073.25
地区生产总值（亿元）	54259.40	58071.40
第二产业增加值（亿元）	22220.90	23566.40
第二产业增加值占地区生产总值比重（%）	40.95	40.58
工业增加值（亿元）	17147.20	18113.70
工业增加值占地区生产总值比重（%）	31.60	31.19
装备制造业营业收入（亿元）	12992.88	16053.08
装备制造业营业收入占工业营业收入比重（%）	26.73	28.03
人均地区生产总值（元）	54691	58587
城镇登记失业人员数（万人）	62.15	65.34
城镇登记失业率（%）	3.24	3.40
客运量（亿人）	5.79	5.07
旅客周转量（亿人公里）	927.12	985.32
货运量（亿吨）	21.99	25.56
货物周转量（亿吨公里）	8833.22	10674.57
研究与试验发展（R&D）经费支出（亿元）	901.27	1018.84
R&D经费支出与地区生产总值之比（%）	1.66	1.75
R&D经费中基础研究经费支出（亿元）	20.99	24.55
R&D经费中应用研究经费支出（亿元）	79.89	88.01
R&D经费中试验发展经费支出（亿元）	800.39	906.28
R&D经费中基础研究经费支出占比重（%）	2.33	2.41
R&D经费中应用研究经费支出占比重（%）	8.86	8.64
R&D经费中试验发展经费支出占比重（%）	88.81	88.95
R&D经费中政府资金经费支出（亿元）	79.48	88.13
R&D经费中企业资金经费支出（亿元）	787.73	907.99
R&D经费中政府资金经费支出占比重（%）	8.82	8.65
R&D经费中企业资金经费支出占比重（%）	87.40	89.12
高校R&D经费支出（亿元）	46.54	57.27

河南创新能力监测指标（3）

指标名称	2020	2021
研究机构R&D经费支出（亿元）	59.25	56.03
高校R&D经费支出占全社会R&D经费比重（%）	5.16	5.62
研究机构R&D经费支出占全社会R&D经费比重（%）	6.57	5.50
高新技术企业R&D经费支出（亿元）	219.28	250.54
高新技术企业R&D经费支出占全社会R&D经费比重（%）	24.33	24.59
财政性教育经费支出（亿元）	1882.56	1786.41
财政性教育经费支出与地区生产总值比值（万元/亿元）	346.96	307.62
地方财政科技支出（亿元）	254.28	329.25
地方财政科技支出占地方财政支出比重（%）	2.45	3.37
地方财政科技支出与地区生产总值比值（万元/亿元）	46.86	56.70
R&D人员全时当量（人年）	203080	222433
万人R&D人员全时当量（人年）	20.43	22.51
R&D人员中基础研究人员数（人年）	7488	7769
R&D人员中应用研究人员数（人年）	21681	20944
R&D人员中试验发展人员数（人年）	173914	193722
R&D人员中基础研究人员占比重（%）	3.69	3.49
R&D人员中应用研究人员占比重（%）	10.68	9.42
R&D人员中试验发展人员占比重（%）	85.64	87.09
R&D研究人员全时当量（人年）	80815	82126
R&D研究人员占全社会R&D人员比重（%）	39.79	36.92
高校R&D人员全时当量（人年）	14863	16779
研究机构R&D人员全时当量（人年）	11494	10558
高校R&D人员占全社会R&D人员比重（%）	7.32	7.54
研究机构R&D人员占全社会R&D人员比重（%）	5.66	4.75
高技术产业R&D经费支出（亿元）	108.50	132.63
高技术产业R&D经费支出占全社会R&D经费比重（%）	12.04	13.02
高技术产业R&D经费支出占营业收入比重（%）	1.68	1.42
高技术产业引进技术经费支出（万元）	0	2207.20
高技术产业消化吸收经费支出（万元）	0	0
高技术产业购买境内技术经费支出（万元）	11352.70	15126.90
高技术产业技术改造经费支出（万元）	44766.20	66630.60

河南创新能力监测指标（4）

指标名称	2020	2021
高技术产业技术获取和技术改造经费支出占营业收入比重（%）	0.09	0.09
高技术产业新产品研发经费支出（亿元）	97.19	112.09
高技术产业新产品研发经费支出占新产品销售收入比重（%）	3.33	3.65
高技术产业R&D人员全时当量（人年）	31951	37910
高技术产业R&D人员占全社会R&D人员比重（%）	15.73	17.04
高新技术企业R&D人员全时当量（人年）	74011	62288
高新技术企业R&D人员占全社会R&D人员比重（%）	36.44	28.00
科学研究和技术服务业固定资产投资（亿元）	393.02	409.53
科学研究和技术服务业固定资产投资占比重（%）	0.73	0.73
开展创新活动的企业数（个）	9202	11008
开展创新活动的企业占比重（%）	46.48	50.79
实现创新的企业数（个）	8897	10352
实现创新企业占比重（%）	44.94	47.76
企业创新费用支出（亿元）	839.80	971.40
企业R&D经费支出（亿元）	685.58	764.01
企业R&D经费支出占创新费用支出比重（%）	81.64	78.65
企业R&D经费支出占全社会R&D经费比重（%）	76.07	74.99
企业R&D经费支出占营业收入比重（%）	1.41	1.33
企业引进技术经费支出（亿元）	1.48	1.99
企业消化吸收经费支出（亿元）	0.01	0.08
企业购买境内技术经费支出（亿元）	6.80	4.18
企业技术改造经费支出（亿元）	91.56	127.70
企业技术获取和技术改造经费支出（亿元）	99.85	133.95
企业技术获取和技术改造经费支出占营业收入比重（%）	0.21	0.23
企业科学研究经费支出占R&D经费支出比重（%）	3.91	3.34
研究机构来源于企业的R&D经费支出（亿元）	1.07	2.24
高校来源于企业的R&D经费支出（亿元）	16.26	21.66
研究机构和高校R&D经费支出中企业资金占比重（%）	16.37	21.10
企业平均吸纳技术成交额（万元）	271.00	361.07
企业R&D人员全时当量（人年）	145464	162562

河南创新能力监测指标（5）

指标名称	2020	2021
企业R&D研究人员全时当量（人年）	63744	46005
企业R&D研究人员占全社会R&D研究人员比重（%）	78.88	56.02
万名企业就业人员中R&D人员数（人年）	312.61	368.01
有R&D活动的企业数（个）	4887	6091
有R&D活动的企业占比重（%）	24.68	28.10
有研究机构的企业数（个）	1714	2781
有研究机构的企业占比重（%）	8.66	12.83
企业专利申请数（件）	38206	45391
企业发明专利申请数（件）	9899	10345
企业发明专利拥有量（件）	36500	42849
万名企业就业人员发明专利拥有量（件）	78.44	97.00
发明专利申请数（件）	32609	34950
实用新型专利申请数（件）	126789	114130
外观设计专利申请数（件）	19187	18470
研究机构专利申请数（件）	1978	2020
研究机构发明专利申请数（件）	1419	1281
高校专利申请数（件）	15765	17805
高校发明专利申请数（件）	5830	8263
万人发明专利申请数（件）	3.28	3.54
亿元R&D经费支出发明专利申请数（件）	36.18	34.30
发明专利授权数（件）	9183	13536
实用新型专利授权数（件）	95894	126477
外观设计专利授权数（件）	17732	18025
万人发明专利授权数（件）	0.92	1.37
亿元R&D经费支出发明专利授权数（件）	10.19	13.29
发明专利拥有量（件）	43547	55749
实用新型专利拥有量（件）	246313	337172
外观设计专利拥有量（件）	47109	55321
研究机构发明专利拥有量（件）	4243	4081
高校发明专利拥有量（件）	11493	16308

河南创新能力监测指标（6）

指标名称	2020	2021
万人发明专利拥有量（件）	4.38	5.64
PCT国际专利申请受理量（件）	225	232
国内科技论文数（篇）	19318	19818
万人国内科技论文数（篇）	1.94	2.01
SCI 收录科技论文数（篇）	12363	14727
EI 收录科技论文数（篇）	7813	8549
CPCI-S 收录科技论文数（篇）	457	453
万人国际科技论文数（篇）	2.08	2.40
技术市场成交合同数（项）	11717	17630
技术市场输出技术成交额（亿元）	379.78	607.33
万人输出技术成交额（万元）	382.03	614.52
国外技术引进合同数（项）	49	46
国外技术引进合同成交额（亿美元）	0.94	0.68
万人国外技术引进合同成交额（万美元）	0.94	0.69
国外技术引进合同成交额中技术经费支出（亿美元）	0.94	0.68
国外技术引进合同成交额中技术经费支出占比重（%）	100.00	99.97
百万人技术国际收入（万美元）	106.44	146.56
高技术产业有效发明专利数（件）	7842	7941
万名高技术产业就业人员有效发明专利数（件）	117.70	114.82
高技术产业营业收入（亿元）	6472.09	9347.22
高技术产业营业收入占工业营业收入比重（%）	13.32	16.32
高技术产业新产品销售收入（亿元）	2915.67	3067.35
高技术产业新产品销售收入占营业收入比重（%）	45.05	32.82
万元地区生产总值高技术产业营业收入（万元）	0.12	0.16
新产品销售收入（亿元）	7907.50	8825.81
新产品销售收入占营业收入比重（%）	16.27	15.41
商品出口额（亿美元）	659.53	861.80
商品出口额与地区生产总值比值（万美元/亿元）	121.55	148.40
高技术产品出口额（亿美元）	359.24	448.38
高技术产品出口额占商品出口额比重（%）	54.47	52.03

河南创新能力监测指标（7）

指标名称	2020	2021
第三产业增加值（亿元）	26684.50	28878.20
第三产业增加值占地区生产总值比重（%）	49.18	49.73
高新技术企业数（个）	6270	8316
高新技术企业年末从业人员数（万人）	106.51	118.32
高新技术企业营业收入（亿元）	11999.98	15645.83
高新技术企业技术收入（亿元）	726.72	878.41
高新技术企业技术收入占营业收入比重（%）	6.06	5.61
高新技术企业净利润（亿元）	595.65	875.36
高新技术企业利润率（%）	4.96	5.59
高新技术企业出口总额（亿元）	741.02	938.87
劳动生产率（万元/人）	11.26	12.17
固定资本形成总额（亿元）	36989.75	39491.94
资本生产率（万元/万元）	0.21	0.22
综合能耗产出率（元/千克标准煤）	17.89	23.37
空气质量达到二级以上天数（天）	263	262
空气质量达到二级以上天数占比重（%）	71.92	71.45
废水中化学需氧量排放量（万吨）	144.57	151.85
废水中化学需氧量排放降低率（%）	-474.02	-5.03
二氧化硫排放量（万吨）	6.68	6.00
二氧化硫排放降低率（%）	36.05	10.18
万元地区生产总值用水量（立方米）	43.11	37.85
万元地区生产总值用水量降低率（%）	1.63	12.20
废水中氨氮排放量（万吨）	4.63	4.33
废水中氨氮排放降低率（%）	-125.06	6.55
固体废物产生量（万吨）	15355	16647
固体废物综合利用量（万吨）	11468.18	13060.66
固体废物综合治理率（%）	88.35	86.72
生活垃圾无害化处理率（%）	99.94	100.00
污水处理率（%）	98.32	99.21
建成区绿化覆盖率（%）	41.92	41.57

湖北创新能力监测指标（1）

指标名称	2020	2021
大专以上学历人数（万人）	895.25	1020.13
万人大专以上学历人数（人）	1654.02	1853.07
高等学校数（个）	129	130
高校在校学生数（万人）	206.70	228.16
十万人高校在校学生数（人）	3598.03	3913.54
高校（机构）硕士毕业生数（人）	40553	39048
十万人硕士毕业生数（人）	70.59	66.98
高校（机构）博士毕业生数（人）	4381	4714
十万人博士毕业生数（人）	7.63	8.09
研究机构数（个）	95	93
科技企业孵化器管理机构从业人员数（人）	3143	3635
国家级孵化器管理机构从业人员数（人）	1066	1236
国家大学科技园管理机构从业人员数（人）	66	101
火炬计划特色产业基地企业从业人员数（人）	321084	353676
国家技术转移机构从业人员数（人）	4509	4682
众创空间服务人员数（人）	3906	4177
众创空间数（个）	346	376
科技企业孵化器数（个）	250	287
国家级科技企业孵化器数（个）	62	72
科技企业孵化器在孵企业数（个）	12440	13175
科技企业孵化器累计毕业企业数（个）	9251	10281
科技企业孵化器总收入（亿元）	16.31	21.48
企业研究开发费用加计扣除减免税额（亿元）	62.51	85.23
高新技术企业减免税额（亿元）	44.81	62.38
高新技术企业减免税额占全国比重（%）	2.73	2.49
信息传输、软件和信息技术服务业固定资产投资（亿元）	244.69	275.28
信息传输、软件和信息技术服务业固定资产投资占比重（%）	0.77	0.72
有电子商务交易活动企业占比重（%）	11.10	10.80
企业电子商务销售额（亿元）	5078.74	6126.92
企业电子商务销售额与地区生产总值比值（亿元/亿元）	0.12	0.12
固定电话和移动电话用户数（万户）	6162.68	6316.94

湖北创新能力监测指标（2）

指标名称	2020	2021
百人固定电话和移动电话用户数（户）	107.27	108.35
移动互联网用户数（万户）	4789.67	5041.08
万人移动互联网用户数（万户）	0.83	0.86
有效注册商标数（万件）	66.51	83.35
百万人有效注册商标数（件）	11578.12	14296.64
地区生产总值（亿元）	43004.50	50091.20
第二产业增加值（亿元）	15933.80	19332.10
第二产业增加值占地区生产总值比重（%）	37.05	38.59
工业增加值（亿元）	13174.70	16040.70
工业增加值占地区生产总值比重（%）	30.64	32.02
装备制造业营业收入（亿元）	14226.98	17144.16
装备制造业营业收入占工业营业收入比重（%）	34.76	33.47
人均地区生产总值（元）	73687	86551
城镇登记失业人员数（万人）	55.29	51.30
城镇登记失业率（%）	3.35	2.99
客运量（亿人）	3.01	3.30
旅客周转量（亿人公里）	522.92	620.77
货运量（亿吨）	16.04	21.48
货物周转量（亿吨公里）	5294.95	6742.91
研究与试验发展（R&D）经费支出（亿元）	1005.28	1160.22
R&D经费支出与地区生产总值之比（%）	2.34	2.32
R&D经费中基础研究经费支出（亿元）	45.54	52.69
R&D经费中应用研究经费支出（亿元）	122.17	180.84
R&D经费中试验发展经费支出（亿元）	837.57	926.69
R&D经费中基础研究经费支出占比重（%）	4.53	4.54
R&D经费中应用研究经费支出占比重（%）	12.15	15.59
R&D经费中试验发展经费支出占比重（%）	83.32	79.87
R&D经费中政府资金经费支出（亿元）	213.65	188.25
R&D经费中企业资金经费支出（亿元）	769.29	935.78
R&D经费中政府资金经费支出占比重（%）	21.25	16.23
R&D经费中企业资金经费支出占比重（%）	76.53	80.66
高校R&D经费支出（亿元）	94.01	102.72

湖北创新能力监测指标（3）

指标名称	2020	2021
研究机构R&D经费支出（亿元）	122.11	122.37
高校R&D经费支出占全社会R&D经费比重（%）	9.35	8.85
研究机构R&D经费支出占全社会R&D经费比重（%）	12.15	10.55
高新技术企业R&D经费支出（亿元）	552.29	622.55
高新技术企业R&D经费支出占全社会R&D经费比重（%）	54.94	53.66
财政性教育经费支出（亿元）	1192.02	1201.93
财政性教育经费支出与地区生产总值比值（万元/亿元）	277.19	239.95
地方财政科技支出（亿元）	287.85	314.57
地方财政科技支出占地方财政支出比重（%）	3.41	3.97
地方财政科技支出与地区生产总值比值（万元/亿元）	66.94	62.80
R&D人员全时当量（人年）	192168	230668
万人R&D人员全时当量（人年）	33.45	39.57
R&D人员中基础研究人员数（人年）	13265	14099
R&D人员中应用研究人员数（人年）	27170	34611
R&D人员中试验发展人员数（人年）	151732	181958
R&D人员中基础研究人员占比重（%）	6.90	6.11
R&D人员中应用研究人员占比重（%）	14.14	15.00
R&D人员中试验发展人员占比重（%）	78.96	78.88
R&D研究人员全时当量（人年）	89997	102831
R&D研究人员占全社会R&D人员比重（%）	46.83	44.58
高校R&D人员全时当量（人年）	26555	30315
研究机构R&D人员全时当量（人年）	13886	11729
高校R&D人员占全社会R&D人员比重（%）	13.82	13.14
研究机构R&D人员占全社会R&D人员比重（%）	7.23	5.08
高技术产业R&D经费支出（亿元）	191.30	236.37
高技术产业R&D经费支出占全社会R&D经费比重（%）	19.03	20.37
高技术产业R&D经费支出占营业收入比重（%）	4.22	3.84
高技术产业引进技术经费支出（万元）	6987.10	3812.90
高技术产业消化吸收经费支出（万元）	1013.40	5546.90
高技术产业购买境内技术经费支出（万元）	17094.90	14427.10
高技术产业技术改造经费支出（万元）	105098.40	131127.00

湖北创新能力监测指标（4）

指标名称	2020	2021
高技术产业技术获取和技术改造经费支出占营业收入比重（%）	0.29	0.25
高技术产业新产品研发经费支出（亿元）	232.00	281.94
高技术产业新产品研发经费支出占新产品销售收入比重（%）	12.00	12.90
高技术产业R&D人员全时当量（人年）	30942	39133
高技术产业R&D人员占全社会R&D人员比重（%）	16.10	16.97
高新技术企业R&D人员全时当量（人年）	152685	138655
高新技术企业R&D人员占全社会R&D人员比重（%）	79.45	60.11
科学研究和技术服务业固定资产投资（亿元）	252.67	350.45
科学研究和技术服务业固定资产投资占比重（%）	0.79	0.92
开展创新活动的企业数（个）	9176	11313
开展创新活动的企业占比重（%）	58.44	67.33
实现创新的企业数（个）	8432	9480
实现创新企业占比重（%）	53.70	56.42
企业创新费用支出（亿元）	964.60	1210.50
企业R&D经费支出（亿元）	610.96	723.59
企业R&D经费支出占创新费用支出比重（%）	63.34	59.78
企业R&D经费支出占全社会R&D经费比重（%）	60.77	62.37
企业R&D经费支出占营业收入比重（%）	1.49	1.41
企业引进技术经费支出（亿元）	3.48	2.34
企业消化吸收经费支出（亿元）	0.11	0.63
企业购买境内技术经费支出（亿元）	4.19	3.18
企业技术改造经费支出（亿元）	129.85	180.53
企业技术获取和技术改造经费支出（亿元）	137.64	186.69
企业技术获取和技术改造经费支出占营业收入比重（%）	0.34	0.36
企业科学研究经费支出占R&D经费支出比重（%）	2.53	5.21
研究机构来源于企业的R&D经费支出（亿元）	4.74	6.62
高校来源于企业的R&D经费支出（亿元）	32.63	37.04
研究机构和高校R&D经费支出中企业资金占比重（%）	17.29	19.40
企业平均吸纳技术成交额（万元）	893.47	953.35
企业R&D人员全时当量（人年）	125066	147504

湖北创新能力监测指标（5）

指标名称	2020	2021
企业R&D研究人员全时当量（人年）	60383	46595
企业R&D研究人员占全社会R&D研究人员比重（%）	67.09	45.31
万名企业就业人员中R&D人员数（人年）	455.60	511.10
有R&D活动的企业数（个）	5649	6733
有R&D活动的企业占比重（%）	35.96	40.10
有研究机构的企业数（个）	2693	4531
有研究机构的企业占比重（%）	17.14	26.98
企业专利申请数（件）	44035	54807
企业发明专利申请数（件）	18798	22180
企业发明专利拥有量（件）	49197	61986
万名企业就业人员发明专利拥有量（件）	179.22	214.78
发明专利申请数（件）	47767	51690
实用新型专利申请数（件）	102936	108272
外观设计专利申请数（件）	12910	15350
研究机构专利申请数（件）	2755	3387
研究机构发明专利申请数（件）	2100	2712
高校专利申请数（件）	15616	20286
高校发明专利申请数（件）	10475	12017
万人发明专利申请数（件）	8.31	8.87
亿元R&D经费支出发明专利申请数（件）	47.52	44.55
发明专利授权数（件）	17555	22376
实用新型专利授权数（件）	80229	118303
外观设计专利授权数（件）	12318	14490
万人发明专利授权数（件）	3.06	3.84
亿元R&D经费支出发明专利授权数（件）	17.46	19.29
发明专利拥有量（件）	73548	92920
实用新型专利拥有量（件）	212957	305872
外观设计专利拥有量（件）	35938	43689
研究机构发明专利拥有量（件）	6992	7155
高校发明专利拥有量（件）	25533	31959

湖北创新能力监测指标（6）

指标名称	2020	2021
万人发明专利拥有量（件）	12.80	15.94
PCT国际专利申请受理量（件）	1504	1691
国内科技论文数（篇）	25815	25123
万人国内科技论文数（篇）	4.49	4.31
SCI 收录科技论文数（篇）	26108	29798
EI 收录科技论文数（篇）	18076	17500
CPCI-S 收录科技论文数（篇）	1805	1278
万人国际科技论文数（篇）	8.01	8.33
技术市场成交合同数（项）	39420	54148
技术市场输出技术成交额（亿元）	1665.81	2090.78
万人输出技术成交额（万元）	2899.67	3586.24
国外技术引进合同数（项）	191	221
国外技术引进合同成交额（亿美元）	8.58	10.84
万人国外技术引进合同成交额（万美元）	14.93	18.60
国外技术引进合同成交额中技术经费支出（亿美元）	8.57	10.75
国外技术引进合同成交额中技术经费支出占比重（%）	99.99	99.15
百万人技术国际收入（万美元）	1018.36	1437.28
高技术产业有效发明专利数（件）	18752	24491
万名高技术产业就业人员有效发明专利数（件）	466.44	526.34
高技术产业营业收入（亿元）	4527.96	6150.92
高技术产业营业收入占工业营业收入比重（%）	11.06	12.01
高技术产业新产品销售收入（亿元）	1933.93	2185.92
高技术产业新产品销售收入占营业收入比重（%）	42.71	35.54
万元地区生产总值高技术产业营业收入（万元）	0.11	0.12
新产品销售收入（亿元）	9596.88	13695.56
新产品销售收入占营业收入比重（%）	23.45	26.73
商品出口额（亿美元）	381.32	508.40
商品出口额与地区生产总值比值（万美元/亿元）	88.67	101.49
高技术产品出口额（亿美元）	113.10	175.44
高技术产品出口额占商品出口额比重（%）	29.66	34.51

湖北创新能力监测指标（7）

指标名称	2020	2021
第三产业增加值（亿元）	22937.60	26123.90
第三产业增加值占地区生产总值比重（%）	53.34	52.15
高新技术企业数（个）	10266	14311
高新技术企业年末从业人员数（万人）	149.27	168.02
高新技术企业营业收入（亿元）	23199.65	28497.77
高新技术企业技术收入（亿元）	4250.16	4995.86
高新技术企业技术收入占营业收入比重（%）	18.32	17.53
高新技术企业净利润（亿元）	1276.93	1656.49
高新技术企业利润率（%）	5.50	5.81
高新技术企业出口总额（亿元）	1221.38	1605.98
劳动生产率（万元/人）	13.32	15.22
固定资本形成总额（亿元）	24420.60	27599.87
资本生产率（万元/万元）	0.27	0.28
综合能耗产出率（元/千克标准煤）	16.61	16.76
空气质量达到二级以上天数（天）	314	307
空气质量达到二级以上天数占比重（%）	86.11	83.76
废水中化学需氧量排放量（万吨）	153.03	156.75
废水中化学需氧量排放降低率（%）	-471.82	-2.44
二氧化硫排放量（万吨）	9.72	9.21
二氧化硫排放降低率（%）	16.75	5.26
万元地区生产总值用水量（立方米）	64.20	67.20
万元地区生产总值用水量降低率（%）	2.96	-4.68
废水中氨氮排放量（万吨）	5.82	5.50
废水中氨氮排放降低率（%）	-158.71	5.62
固体废物产生量（万吨）	8987	10217
固体废物综合利用量（万吨）	6177.86	6842.57
固体废物综合治理率（%）	91.17	86.68
生活垃圾无害化处理率（%）	100.00	100.00
污水处理率（%）	96.97	97.75
建成区绿化覆盖率（%）	41.07	42.79

湖南创新能力监测指标（1）

指标名称	2020	2021
大专以上学历人数（万人）	813.22	1048.49
万人大专以上学历人数（人）	1314.10	1685.33
高等学校数（个）	128	128
高校在校学生数（万人）	209.23	230.89
十万人高校在校学生数（人）	3148.58	3486.73
高校（机构）硕士毕业生数（人）	22843	24322
十万人硕士毕业生数（人）	34.37	36.73
高校（机构）博士毕业生数（人）	1972	2268
十万人博士毕业生数（人）	2.97	3.42
研究机构数（个）	105	105
科技企业孵化器管理机构从业人员数（人）	1805	1808
国家级孵化器管理机构从业人员数（人）	651	621
国家大学科技园管理机构从业人员数（人）	69	53
火炬计划特色产业基地企业从业人员数（人）	261269	323099
国家技术转移机构从业人员数（人）	115	163
众创空间服务人员数（人）	2946	2847
众创空间数（个）	282	285
科技企业孵化器数（个）	107	124
国家级科技企业孵化器数（个）	25	31
科技企业孵化器在孵企业数（个）	6435	6619
科技企业孵化器累计毕业企业数（个）	4948	5784
科技企业孵化器总收入（亿元）	8.20	9.98
企业研究开发费用加计扣除减免税额（亿元）	75.01	104.83
高新技术企业减免税额（亿元）	71.22	75.85
高新技术企业减免税额占全国比重（%）	4.34	3.03
信息传输、软件和信息技术服务业固定资产投资（亿元）	586.09	753.13
信息传输、软件和信息技术服务业固定资产投资占比重（%）	1.44	1.71
有电子商务交易活动企业占比重（%）	10.90	11.00
企业电子商务销售额（亿元）	4185.82	5065.79
企业电子商务销售额与地区生产总值比值（亿元/亿元）	0.10	0.11
固定电话和移动电话用户数（万户）	7311.83	7510.65

湖南创新能力监测指标（2）

指标名称	2020	2021
百人固定电话和移动电话用户数（户）	110.03	113.42
移动互联网用户数（万户）	5771.21	6026.18
万人移动互联网用户数（万户）	0.87	0.91
有效注册商标数（万件）	71.09	90.26
百万人有效注册商标数（件）	10697.98	13630.23
地区生产总值（亿元）	41542.60	45713.50
第二产业增加值（亿元）	15949.20	17852.50
第二产业增加值占地区生产总值比重（%）	38.39	39.05
工业增加值（亿元）	12401.40	13959.00
工业增加值占地区生产总值比重（%）	29.85	30.54
装备制造业营业收入（亿元）	12081.09	12767.98
装备制造业营业收入占工业营业收入比重（%）	31.05	29.41
人均地区生产总值（元）	62537	68913
城镇登记失业人员数（万人）	31.36	27.72
城镇登记失业率（%）	2.74	2.29
客运量（亿人）	5.64	5.07
旅客周转量（亿人公里）	834.61	857.69
货运量（亿吨）	20.09	22.45
货物周转量（亿吨公里）	2602.20	2897.70
研究与试验发展（R&D）经费支出（亿元）	898.70	1028.91
R&D经费支出与地区生产总值之比（%）	2.16	2.25
R&D经费中基础研究经费支出（亿元）	34.48	51.64
R&D经费中应用研究经费支出（亿元）	111.14	113.43
R&D经费中试验发展经费支出（亿元）	753.08	863.84
R&D经费中基础研究经费支出占比重（%）	3.84	5.02
R&D经费中应用研究经费支出占比重（%）	12.37	11.02
R&D经费中试验发展经费支出占比重（%）	83.80	83.96
R&D经费中政府资金经费支出（亿元）	118.58	131.46
R&D经费中企业资金经费支出（亿元）	769.50	884.22
R&D经费中政府资金经费支出占比重（%）	13.19	12.78
R&D经费中企业资金经费支出占比重（%）	85.62	85.94
高校R&D经费支出（亿元）	81.74	96.15

湖南创新能力监测指标（3）

指标名称	2020	2021
研究机构R&D经费支出（亿元）	42.56	37.43
高校R&D经费支出占全社会R&D经费比重（%）	9.09	9.35
研究机构R&D经费支出占全社会R&D经费比重（%）	4.74	3.64
高新技术企业R&D经费支出（亿元）	407.37	428.22
高新技术企业R&D经费支出占全社会R&D经费比重（%）	45.33	41.62
财政性教育经费支出（亿元）	1325.25	1373.63
财政性教育经费支出与地区生产总值比值（万元/亿元）	319.01	300.49
地方财政科技支出（亿元）	220.66	217.30
地方财政科技支出占地方财政支出比重（%）	2.63	2.61
地方财政科技支出与地区生产总值比值（万元/亿元）	53.12	47.53
R&D人员全时当量（人年）	177561	209329
万人R&D人员全时当量（人年）	26.72	31.61
R&D人员中基础研究人员数（人年）	13127	14648
R&D人员中应用研究人员数（人年）	24777	26498
R&D人员中试验发展人员数（人年）	139660	168184
R&D人员中基础研究人员占比重（%）	7.39	7.00
R&D人员中应用研究人员占比重（%）	13.95	12.66
R&D人员中试验发展人员占比重（%）	78.65	80.34
R&D研究人员全时当量（人年）	80254	93781
R&D研究人员占全社会R&D人员比重（%）	45.20	44.80
高校R&D人员全时当量（人年）	24103	25923
研究机构R&D人员全时当量（人年）	7309	7601
高校R&D人员占全社会R&D人员比重（%）	13.57	12.38
研究机构R&D人员占全社会R&D人员比重（%）	4.12	3.63
高技术产业R&D经费支出（亿元）	121.24	161.95
高技术产业R&D经费支出占全社会R&D经费比重（%）	13.49	15.74
高技术产业R&D经费支出占营业收入比重（%）	2.89	3.26
高技术产业引进技术经费支出（万元）	289.20	345.90
高技术产业消化吸收经费支出（万元）	9.80	183.80
高技术产业购买境内技术经费支出（万元）	4893.30	188482.50
高技术产业技术改造经费支出（万元）	125885.10	300335.00

湖南创新能力监测指标（4）

指标名称	2020	2021
高技术产业技术获取和技术改造经费支出占营业收入比重（%）	0.31	0.98
高技术产业新产品研发经费支出（亿元）	135.56	190.31
高技术产业新产品研发经费支出占新产品销售收入比重（%）	9.09	9.31
高技术产业R&D人员全时当量（人年）	27314	31048
高技术产业R&D人员占全社会R&D人员比重（%）	15.38	14.83
高新技术企业R&D人员全时当量（人年）	98129	84986
高新技术企业R&D人员占全社会R&D人员比重（%）	55.26	40.60
科学研究和技术服务业固定资产投资（亿元）	1233.99	1299.39
科学研究和技术服务业固定资产投资占比重（%）	3.02	2.95
开展创新活动的企业数（个）	12229	13274
开展创新活动的企业占比重（%）	67.05	68.49
实现创新的企业数（个）	10057	10742
实现创新企业占比重（%）	55.14	55.43
企业创新费用支出（亿元）	982.80	1159.80
企业R&D经费支出（亿元）	664.53	766.11
企业R&D经费支出占创新费用支出比重（%）	67.62	66.06
企业R&D经费支出占全社会R&D经费比重（%）	73.94	74.46
企业R&D经费支出占营业收入比重（%）	1.71	1.76
企业引进技术经费支出（亿元）	5.34	5.87
企业消化吸收经费支出（亿元）	0.51	0.51
企业购买境内技术经费支出（亿元）	2.45	25.04
企业技术改造经费支出（亿元）	126.24	135.73
企业技术获取和技术改造经费支出（亿元）	134.53	167.15
企业技术获取和技术改造经费支出占营业收入比重（%）	0.35	0.39
企业科学研究经费支出占R&D经费支出比重（%）	5.63	5.58
研究机构来源于企业的R&D经费支出（亿元）	4.06	2.63
高校来源于企业的R&D经费支出（亿元）	28.38	34.46
研究机构和高校R&D经费支出中企业资金占比重（%）	26.10	27.77
企业平均吸纳技术成交额（万元）	287.10	477.70
企业R&D人员全时当量（人年）	121470	143908

湖南创新能力监测指标（5）

指标名称	2020	2021
企业R&D研究人员全时当量（人年）	60565	49115
企业R&D研究人员占全社会R&D研究人员比重（%）	75.47	52.37
万名企业就业人员中R&D人员数（人年）	388.02	453.94
有R&D活动的企业数（个）	7969	9999
有R&D活动的企业占比重（%）	43.69	51.81
有研究机构的企业数（个）	1701	2773
有研究机构的企业占比重（%）	9.33	14.37
企业专利申请数（件）	36209	40576
企业发明专利申请数（件）	15169	16503
企业发明专利拥有量（件）	39805	46937
万名企业就业人员发明专利拥有量（件）	127.15	148.06
发明专利申请数（件）	48530	36746
实用新型专利申请数（件）	60879	57087
外观设计专利申请数（件）	19164	20334
研究机构专利申请数（件）	741	848
研究机构发明专利申请数（件）	519	584
高校专利申请数（件）	15069	16742
高校发明专利申请数（件）	7116	8114
万人发明专利申请数（件）	7.30	5.55
亿元R&D经费支出发明专利申请数（件）	54.00	35.71
发明专利授权数（件）	11537	16564
实用新型专利授权数（件）	49052	62871
外观设计专利授权数（件）	18134	19501
万人发明专利授权数（件）	1.74	2.50
亿元R&D经费支出发明专利授权数（件）	12.84	16.10
发明专利拥有量（件）	56285	70114
实用新型专利拥有量（件）	145696	190616
外观设计专利拥有量（件）	47740	56357
研究机构发明专利拥有量（件）	2019	2060
高校发明专利拥有量（件）	16449	23420

湖南创新能力监测指标（6）

指标名称	2020	2021
万人发明专利拥有量（件）	8.47	10.59
PCT国际专利申请受理量（件）	624	849
国内科技论文数（篇）	14136	14349
万人国内科技论文数（篇）	2.13	2.17
SCI 收录科技论文数（篇）	17544	19881
EI 收录科技论文数（篇）	13043	13064
CPCI-S 收录科技论文数（篇）	849	643
万人国际科技论文数（篇）	4.73	5.07
技术市场成交合同数（项）	11741	17720
技术市场输出技术成交额（亿元）	735.95	1261.26
万人输出技术成交额（万元）	1107.47	1904.66
国外技术引进合同数（项）	56	45
国外技术引进合同成交额（亿美元）	0.93	6.35
万人国外技术引进合同成交额（万美元）	1.41	9.59
国外技术引进合同成交额中技术经费支出（亿美元）	0.96	6.35
国外技术引进合同成交额中技术经费支出占比重（%）	103.17	99.95
百万人技术国际收入（万美元）	198.82	517.52
高技术产业有效发明专利数（件）	8586	10717
万名高技术产业就业人员有效发明专利数（件）	192.93	217.10
高技术产业营业收入（亿元）	4196.00	4974.16
高技术产业营业收入占工业营业收入比重（%）	10.78	11.46
高技术产业新产品销售收入（亿元）	1492.10	2045.07
高技术产业新产品销售收入占营业收入比重（%）	35.56	41.11
万元地区生产总值高技术产业营业收入（万元）	0.10	0.11
新产品销售收入（亿元）	8387.90	12169.23
新产品销售收入占营业收入比重（%）	21.55	28.03
商品出口额（亿美元）	306.68	379.60
商品出口额与地区生产总值比值（万美元/亿元）	73.82	83.04
高技术产品出口额（亿美元）	67.37	77.72
高技术产品出口额占商品出口额比重（%）	21.97	20.47

湖南创新能力监测指标（7）

指标名称	2020	2021
第三产业增加值（亿元）	21352.70	23537.90
第三产业增加值占地区生产总值比重（%）	51.40	51.49
高新技术企业数（个）	8525	10933
高新技术企业年末从业人员数（万人）	135.55	153.45
高新技术企业营业收入（亿元）	17920.64	21587.07
高新技术企业技术收入（亿元）	2437.93	2819.64
高新技术企业技术收入占营业收入比重（%）	13.60	13.06
高新技术企业净利润（亿元）	1001.19	1059.34
高新技术企业利润率（%）	5.59	4.91
高新技术企业出口总额（亿元）	964.33	1050.83
劳动生产率（万元/人）	12.74	14.14
固定资本形成总额（亿元）	19566.82	21528.32
资本生产率（万元/万元）	0.29	0.29
综合能耗产出率（元/千克标准煤）	18.02	25.06
空气质量达到二级以上天数（天）	332	329
空气质量达到二级以上天数占比重（%）	91.08	89.88
废水中化学需氧量排放量（万吨）	147.64	151.82
废水中化学需氧量排放降低率（%）	-372.92	-2.83
二氧化硫排放量（万吨）	10.24	8.49
二氧化硫排放降低率（%）	46.48	17.13
万元地区生产总值用水量（立方米）	73.02	69.99
万元地区生产总值用水量降低率（%）	12.83	4.15
废水中氨氮排放量（万吨）	7.14	5.75
废水中氨氮排放降低率（%）	-140.67	19.48
固体废物产生量（万吨）	4360	4846
固体废物综合利用量（万吨）	3270.19	3748.30
固体废物综合治理率（%）	87.35	88.20
生活垃圾无害化处理率（%）	100.00	100.00
污水处理率（%）	97.79	98.63
建成区绿化覆盖率（%）	41.51	42.20

广东创新能力监测指标（1）

指标名称	2020	2021
大专以上学历人数（万人）	1978.29	2352.55
万人大专以上学历人数（人）	1699.86	1993.67
高等学校数（个）	154	160
高校在校学生数（万人）	400.82	370.68
十万人高校在校学生数（人）	3175.13	2922.40
高校（机构）硕士毕业生数（人）	32618	35176
十万人硕士毕业生数（人）	25.84	27.73
高校（机构）博士毕业生数（人）	3393	3735
十万人博士毕业生数（人）	2.69	2.94
研究机构数（个）	193	201
科技企业孵化器管理机构从业人员数（人）	11422	11421
国家级孵化器管理机构从业人员数（人）	2658	2935
国家大学科技园管理机构从业人员数（人）	59	128
火炬计划特色产业基地企业从业人员数（人）	2429237	2423070
国家技术转移机构从业人员数（人）	11084	4733
众创空间服务人员数（人）	8439	9068
众创空间数（个）	993	1043
科技企业孵化器数（个）	1079	1078
国家级科技企业孵化器数（个）	171	198
科技企业孵化器在孵企业数（个）	34504	34375
科技企业孵化器累计毕业企业数（个）	23314	25390
科技企业孵化器总收入（亿元）	114.04	130.28
企业研究开发费用加计扣除减免税额（亿元）	383.23	470.21
高新技术企业减免税额（亿元）	339.77	437.83
高新技术企业减免税额占全国比重（%）	20.72	17.49
信息传输、软件和信息技术服务业固定资产投资（亿元）	618.32	649.23
信息传输、软件和信息技术服务业固定资产投资占比重（%）	1.25	1.24
有电子商务交易活动企业占比重（%）	11.30	11.30
企业电子商务销售额（亿元）	30533.82	37886.05
企业电子商务销售额与地区生产总值比值（亿元/亿元）	0.27	0.30
固定电话和移动电话用户数（万户）	17668.79	18340.00

广东创新能力监测指标（2）

指标名称	2020	2021
百人固定电话和移动电话用户数（户）	139.97	144.59
移动互联网用户数（万户）	14251.39	15070.27
万人移动互联网用户数（万户）	1.13	1.19
有效注册商标数（万件）	543.00	676.64
百万人有效注册商标数（件）	43014.65	53345.77
地区生产总值（亿元）	111151.60	124719.50
第二产业增加值（亿元）	43868.10	50555.80
第二产业增加值占地区生产总值比重（%）	39.47	40.54
工业增加值（亿元）	39353.90	45510.30
工业增加值占地区生产总值比重（%）	35.41	36.49
装备制造业营业收入（亿元）	80991.60	89902.76
装备制造业营业收入占工业营业收入比重（%）	54.02	51.77
人均地区生产总值（元）	88521	98561
城镇登记失业人员数（万人）	73.87	82.53
城镇登记失业率（%）	2.53	2.45
客运量（亿人）	7.94	5.36
旅客周转量（亿人公里）	1190.91	940.86
货运量（亿吨）	34.46	38.65
货物周转量（亿吨公里）	27211.12	28031.52
研究与试验发展（R&D）经费支出（亿元）	3479.88	4002.18
R&D经费支出与地区生产总值之比（%）	3.13	3.21
R&D经费中基础研究经费支出（亿元）	204.10	274.27
R&D经费中应用研究经费支出（亿元）	319.89	356.72
R&D经费中试验发展经费支出（亿元）	2955.90	3371.19
R&D经费中基础研究经费支出占比重（%）	5.87	6.85
R&D经费中应用研究经费支出占比重（%）	9.19	8.91
R&D经费中试验发展经费支出占比重（%）	84.94	84.23
R&D经费中政府资金经费支出（亿元）	440.57	474.26
R&D经费中企业资金经费支出（亿元）	2988.29	3462.49
R&D经费中政府资金经费支出占比重（%）	12.66	11.85
R&D经费中企业资金经费支出占比重（%）	85.87	86.52
高校R&D经费支出（亿元）	202.94	222.62

广东创新能力监测指标（3）

指标名称	2020	2021
研究机构R&D经费支出（亿元）	180.04	194.35
高校R&D经费支出占全社会R&D经费比重（%）	5.83	5.56
研究机构R&D经费支出占全社会R&D经费比重（%）	5.17	4.86
高新技术企业R&D经费支出（亿元）	3179.36	3259.39
高新技术企业R&D经费支出占全社会R&D经费比重（%）	91.36	81.44
财政性教育经费支出（亿元）	3510.56	3796.69
财政性教育经费支出与地区生产总值比值（万元/亿元）	315.84	304.42
地方财政科技支出（亿元）	955.73	982.76
地方财政科技支出占地方财政支出比重（%）	5.48	5.39
地方财政科技支出与地区生产总值比值（万元/亿元）	85.98	78.80
R&D人员全时当量（人年）	872238	885248
万人R&D人员全时当量（人年）	69.10	69.79
R&D人员中基础研究人员数（人年）	38655	50137
R&D人员中应用研究人员数（人年）	69225	71940
R&D人员中试验发展人员数（人年）	764360	763171
R&D人员中基础研究人员占比重（%）	4.43	5.66
R&D人员中应用研究人员占比重（%）	7.94	8.13
R&D人员中试验发展人员占比重（%）	87.63	86.21
R&D研究人员全时当量（人年）	295901	303103
R&D研究人员占全社会R&D人员比重（%）	33.92	34.24
高校R&D人员全时当量（人年）	39633	45108
研究机构R&D人员全时当量（人年）	22282	27128
高校R&D人员占全社会R&D人员比重（%）	4.54	5.10
研究机构R&D人员占全社会R&D人员比重（%）	2.55	3.06
高技术产业R&D经费支出（亿元）	1388.19	1638.06
高技术产业R&D经费支出占全社会R&D经费比重（%）	39.89	40.93
高技术产业R&D经费支出占营业收入比重（%）	2.77	3.04
高技术产业引进技术经费支出（万元）	1540640.10	848577.00
高技术产业消化吸收经费支出（万元）	44.10	373.00
高技术产业购买境内技术经费支出（万元）	1880785.70	1161683.70
高技术产业技术改造经费支出（万元）	2608647.70	2904859.80

广东创新能力监测指标（4）

指标名称	2020	2021
高技术产业技术获取和技术改造经费支出占营业收入比重（%）	1.20	0.91
高技术产业新产品研发经费支出（亿元）	2348.06	2569.40
高技术产业新产品研发经费支出占新产品销售收入比重（%）	10.05	10.45
高技术产业R&D人员全时当量（人年）	320479	337199
高技术产业R&D人员占全社会R&D人员比重（%）	36.74	38.09
高新技术企业R&D人员全时当量（人年）	694675	544770
高新技术企业R&D人员占全社会R&D人员比重（%）	79.64	61.54
科学研究和技术服务业固定资产投资（亿元）	231.78	327.73
科学研究和技术服务业固定资产投资占比重（%）	0.47	0.63
开展创新活动的企业数（个）	37093	43062
开展创新活动的企业占比重（%）	63.43	64.98
实现创新的企业数（个）	34671	39752
实现创新企业占比重（%）	59.29	59.99
企业创新费用支出（亿元）	5033.90	5456.10
企业R&D经费支出（亿元）	2499.95	2902.18
企业R&D经费支出占创新费用支出比重（%）	49.66	53.19
企业R&D经费支出占全社会R&D经费比重（%）	71.84	72.52
企业R&D经费支出占营业收入比重（%）	1.67	1.67
企业引进技术经费支出（亿元）	211.15	167.28
企业消化吸收经费支出（亿元）	2.99	2.70
企业购买境内技术经费支出（亿元）	233.89	152.77
企业技术改造经费支出（亿元）	668.89	612.70
企业技术获取和技术改造经费支出（亿元）	1116.91	935.44
企业技术获取和技术改造经费支出占营业收入比重（%）	0.74	0.54
企业科学研究经费支出占R&D经费支出比重（%）	5.36	6.16
研究机构来源于企业的R&D经费支出（亿元）	5.34	8.45
高校来源于企业的R&D经费支出（亿元）	54.40	55.86
研究机构和高校R&D经费支出中企业资金占比重（%）	15.60	15.42
企业平均吸纳技术成交额（万元）	736.33	828.05
企业R&D人员全时当量（人年）	700017	709119

广东创新能力监测指标（5）

指标名称	2020	2021
企业R&D研究人员全时当量（人年）	246889	192902
企业R&D研究人员占全社会R&D研究人员比重（%）	83.44	63.64
万名企业就业人员中R&D人员数（人年）	534.97	523.66
有R&D活动的企业数（个）	23081	26688
有R&D活动的企业占比重（%）	39.47	40.25
有研究机构的企业数（个）	25602	30261
有研究机构的企业占比重（%）	43.78	45.64
企业专利申请数（件）	305665	340935
企业发明专利申请数（件）	127497	139727
企业发明专利拥有量（件）	435509	511717
万名企业就业人员发明专利拥有量（件）	332.83	377.88
发明专利申请数（件）	215926	242551
实用新型专利申请数（件）	470055	456220
外观设计专利申请数（件）	281223	281863
研究机构专利申请数（件）	4957	6850
研究机构发明专利申请数（件）	3549	5125
高校专利申请数（件）	23378	26002
高校发明专利申请数（件）	14980	16600
万人发明专利申请数（件）	17.10	19.12
亿元R&D经费支出发明专利申请数（件）	62.05	60.60
发明专利授权数（件）	70695	102850
实用新型专利授权数（件）	380882	484320
外观设计专利授权数（件）	258148	285039
万人发明专利授权数（件）	5.60	8.11
亿元R&D经费支出发明专利授权数（件）	20.32	25.70
发明专利拥有量（件）	350501	439607
实用新型专利拥有量（件）	1235185	1586524
外观设计专利拥有量（件）	710575	869814
研究机构发明专利拥有量（件）	9793	13800
高校发明专利拥有量（件）	27405	37821

广东创新能力监测指标（6）

指标名称	2020	2021
万人发明专利拥有量（件）	27.77	34.66
PCT国际专利申请受理量（件）	28098	26079
国内科技论文数（篇）	28530	28956
万人国内科技论文数（篇）	2.26	2.28
SCI 收录科技论文数（篇）	36204	43521
EI 收录科技论文数（篇）	19493	20049
CPCI-S 收录科技论文数（篇）	2295	2447
万人国际科技论文数（篇）	4.59	5.20
技术市场成交合同数（项）	39485	48857
技术市场输出技术成交额（亿元）	3267.21	4099.61
万人输出技术成交额（万元）	2588.18	3232.11
国外技术引进合同数（项）	476	481
国外技术引进合同成交额（亿美元）	90.41	66.67
万人国外技术引进合同成交额（万美元）	71.62	52.56
国外技术引进合同成交额中技术经费支出（亿美元）	90.37	66.20
国外技术引进合同成交额中技术经费支出占比重（%）	99.96	99.29
百万人技术国际收入（万美元）	12126.56	14735.81
高技术产业有效发明专利数（件）	271200	323347
万名高技术产业就业人员有效发明专利数（件）	675.41	774.76
高技术产业营业收入（亿元）	50184.50	53914.93
高技术产业营业收入占工业营业收入比重（%）	33.47	31.05
高技术产业新产品销售收入（亿元）	23358.38	24591.81
高技术产业新产品销售收入占营业收入比重（%）	46.55	45.61
万元地区生产总值高技术产业营业收入（万元）	0.45	0.43
新产品销售收入（亿元）	44313.05	49684.90
新产品销售收入占营业收入比重（%）	29.56	28.61
商品出口额（亿美元）	7561.02	9022.70
商品出口额与地区生产总值比值（万美元/亿元）	680.24	723.44
高技术产品出口额（亿美元）	2173.02	2655.31
高技术产品出口额占商品出口额比重（%）	28.74	29.43

广东创新能力监测指标（7）

指标名称	2020	2021
第三产业增加值（亿元）	62550.80	69179.00
第三产业增加值占地区生产总值比重（%）	56.28	55.47
高新技术企业数（个）	52797	59475
高新技术企业年末从业人员数（万人）	764.86	839.19
高新技术企业营业收入（亿元）	93069.59	110416.96
高新技术企业技术收入（亿元）	11688.05	13754.06
高新技术企业技术收入占营业收入比重（%）	12.56	12.46
高新技术企业净利润（亿元）	6936.90	7886.57
高新技术企业利润率（%）	7.45	7.14
高新技术企业出口总额（亿元）	17205.40	20182.78
劳动生产率（万元/人）	15.74	17.59
固定资本形成总额（亿元）	43766.51	52192.97
资本生产率（万元/万元）	0.50	0.54
综合能耗产出率（元/千克标准煤）	25.25	30.40
空气质量达到二级以上天数（天）	347	340
空气质量达到二级以上天数占比重（%）	94.95	92.80
废水中化学需氧量排放量（万吨）	161.31	158.08
废水中化学需氧量排放降低率（%）	-154.11	2.00
二氧化硫排放量（万吨）	11.69	9.79
二氧化硫排放降低率（%）	2.96	16.23
万元地区生产总值用水量（立方米）	36.57	32.73
万元地区生产总值用水量降低率（%）	4.49	10.52
废水中氨氮排放量（万吨）	9.64	7.72
废水中氨氮排放降低率（%）	-115.01	19.92
固体废物产生量（万吨）	6944	7905
固体废物综合利用量（万吨）	5630.96	6652.21
固体废物综合治理率（%）	94.87	96.03
生活垃圾无害化处理率（%）	99.95	100.00
污水处理率（%）	97.66	98.39
建成区绿化覆盖率（%）	43.49	42.92

广西创新能力监测指标（1）

指标名称	2020	2021
大专以上学历人数（万人）	541.66	622.12
万人大专以上学历人数（人）	1184.52	1339.00
高等学校数（个）	82	85
高校在校学生数（万人）	155.94	172.89
十万人高校在校学生数（人）	3107.26	3432.37
高校（机构）硕士毕业生数（人）	10839	11678
十万人硕士毕业生数（人）	21.60	23.18
高校（机构）博士毕业生数（人）	298	337
十万人博士毕业生数（人）	0.59	0.67
研究机构数（个）	100	99
科技企业孵化器管理机构从业人员数（人）	1212	1232
国家级孵化器管理机构从业人员数（人）	340	376
国家大学科技园管理机构从业人员数（人）	22	21
火炬计划特色产业基地企业从业人员数（人）	10344	26453
国家技术转移机构从业人员数（人）	725	725
众创空间服务人员数（人）	1218	1461
众创空间数（个）	121	117
科技企业孵化器数（个）	116	120
国家级科技企业孵化器数（个）	19	22
科技企业孵化器在孵企业数（个）	4281	4374
科技企业孵化器累计毕业企业数（个）	2410	2808
科技企业孵化器总收入（亿元）	4.71	6.09
企业研究开发费用加计扣除减免税额（亿元）	19.11	23.22
高新技术企业减免税额（亿元）	10.57	466.25
高新技术企业减免税额占全国比重（%）	0.64	18.62
信息传输、软件和信息技术服务业固定资产投资（亿元）	450.14	383.52
信息传输、软件和信息技术服务业固定资产投资占比重（%）	1.79	1.42
有电子商务交易活动企业占比重（%）	10.10	9.80
企业电子商务销售额（亿元）	2116.46	2616.56
企业电子商务销售额与地区生产总值比值（亿元/亿元）	0.10	0.10
固定电话和移动电话用户数（万户）	5666.54	5934.28

广西创新能力监测指标（2）

指标名称	2020	2021
百人固定电话和移动电话用户数（户）	112.91	117.81
移动互联网用户数（万户）	4799.26	5011.41
万人移动互联网用户数（万户）	0.96	0.99
有效注册商标数（万件）	29.58	38.90
百万人有效注册商标数（件）	5893.06	7723.72
地区生产总值（亿元）	22120.90	25209.10
第二产业增加值（亿元）	7046.80	8513.90
第二产业增加值占地区生产总值比重（%）	31.86	33.77
工业增加值（亿元）	5172.80	6439.80
工业增加值占地区生产总值比重（%）	23.38	25.55
装备制造业营业收入（亿元）	4011.64	4365.10
装备制造业营业收入占工业营业收入比重（%）	22.73	19.60
人均地区生产总值（元）	44237	50137
城镇登记失业人员数（万人）	22.89	22.74
城镇登记失业率（%）	2.77	2.49
客运量（亿人）	3.49	2.79
旅客周转量（亿人公里）	553.96	521.94
货运量（亿吨）	18.74	21.62
货物周转量（亿吨公里）	4159.61	4882.04
研究与试验发展（R&D）经费支出（亿元）	173.23	199.46
R&D经费支出与地区生产总值之比（%）	0.78	0.79
R&D经费中基础研究经费支出（亿元）	11.77	15.61
R&D经费中应用研究经费支出（亿元）	17.54	19.87
R&D经费中试验发展经费支出（亿元）	143.92	163.98
R&D经费中基础研究经费支出占比重（%）	6.79	7.83
R&D经费中应用研究经费支出占比重（%）	10.13	9.96
R&D经费中试验发展经费支出占比重（%）	83.08	82.21
R&D经费中政府资金经费支出（亿元）	38.79	35.73
R&D经费中企业资金经费支出（亿元）	129.28	155.89
R&D经费中政府资金经费支出占比重（%）	22.39	17.91
R&D经费中企业资金经费支出占比重（%）	74.63	78.15
高校R&D经费支出（亿元）	19.10	19.16

广西创新能力监测指标（3）

指标名称	2020	2021
研究机构R&D经费支出（亿元）	20.15	17.55
高校R&D经费支出占全社会R&D经费比重（%）	11.02	9.61
研究机构R&D经费支出占全社会R&D经费比重（%）	11.63	8.80
高新技术企业R&D经费支出（亿元）	116.02	96.02
高新技术企业R&D经费支出占全社会R&D经费比重（%）	66.98	48.14
财政性教育经费支出（亿元）	1061.10	1094.08
财政性教育经费支出与地区生产总值比值（万元/亿元）	479.68	434.00
地方财政科技支出（亿元）	66.26	71.13
地方财政科技支出占地方财政支出比重（%）	1.07	1.22
地方财政科技支出与地区生产总值比值（万元/亿元）	29.96	28.22
R&D人员全时当量（人年）	45821	55821
万人R&D人员全时当量（人年）	9.13	11.08
R&D人员中基础研究人员数（人年）	8404	9595
R&D人员中应用研究人员数（人年）	9385	11323
R&D人员中试验发展人员数（人年）	28031	34903
R&D人员中基础研究人员占比重（%）	18.34	17.19
R&D人员中应用研究人员占比重（%）	20.48	20.28
R&D人员中试验发展人员占比重（%）	61.18	62.53
R&D研究人员全时当量（人年）	25981	28250
R&D研究人员占全社会R&D人员比重（%）	56.70	50.61
高校R&D人员全时当量（人年）	14561	15520
研究机构R&D人员全时当量（人年）	4529	4674
高校R&D人员占全社会R&D人员比重（%）	31.78	27.80
研究机构R&D人员占全社会R&D人员比重（%）	9.88	8.37
高技术产业R&D经费支出（亿元）	8.30	12.85
高技术产业R&D经费支出占全社会R&D经费比重（%）	4.79	6.44
高技术产业R&D经费支出占营业收入比重（%）	0.58	0.80
高技术产业引进技术经费支出（万元）	457.90	41.80
高技术产业消化吸收经费支出（万元）	0	0
高技术产业购买境内技术经费支出（万元）	244.40	1227.10
高技术产业技术改造经费支出（万元）	9429.40	41733.80

广西创新能力监测指标（4）

指标名称	2020	2021
高技术产业技术获取和技术改造经费支出占营业收入比重（%）	0.07	0.27
高技术产业新产品研发经费支出（亿元）	12.09	20.78
高技术产业新产品研发经费支出占新产品销售收入比重（%）	7.27	8.69
高技术产业R&D人员全时当量（人年）	2626	3843
高技术产业R&D人员占全社会R&D人员比重（%）	5.73	6.89
高新技术企业R&D人员全时当量（人年）	26629	16686
高新技术企业R&D人员占全社会R&D人员比重（%）	58.12	29.89
科学研究和技术服务业固定资产投资（亿元）	165.85	162.70
科学研究和技术服务业固定资产投资占比重（%）	0.66	0.60
开展创新活动的企业数（个）	2474	3366
开展创新活动的企业占比重（%）	34.89	41.79
实现创新的企业数（个）	2301	2968
实现创新企业占比重（%）	32.45	36.85
企业创新费用支出（亿元）	382.90	309.70
企业R&D经费支出（亿元）	113.33	137.02
企业R&D经费支出占创新费用支出比重（%）	29.60	44.24
企业R&D经费支出占全社会R&D经费比重（%）	65.42	68.70
企业R&D经费支出占营业收入比重（%）	0.64	0.62
企业引进技术经费支出（亿元）	0.71	0.30
企业消化吸收经费支出（亿元）	0	0.60
企业购买境内技术经费支出（亿元）	2.09	15.07
企业技术改造经费支出（亿元）	179.22	71.88
企业技术获取和技术改造经费支出（亿元）	182.02	87.85
企业技术获取和技术改造经费支出占营业收入比重（%）	1.03	0.39
企业科学研究经费支出占R&D经费支出比重（%）	0.67	2.06
研究机构来源于企业的R&D经费支出（亿元）	0.12	0.15
高校来源于企业的R&D经费支出（亿元）	3.04	2.42
研究机构和高校R&D经费支出中企业资金占比重（%）	8.06	6.99
企业平均吸纳技术成交额（万元）	667.67	1554.86
企业R&D人员全时当量（人年）	20407	28508

广西创新能力监测指标（5）

指标名称	2020	2021
企业R&D研究人员全时当量（人年）	10937	8564
企业R&D研究人员占全社会R&D研究人员比重（%）	42.10	30.32
万名企业就业人员中R&D人员数（人年）	162.19	215.81
有R&D活动的企业数（个）	857	1386
有R&D活动的企业占比重（%）	12.07	17.19
有研究机构的企业数（个）	389	644
有研究机构的企业占比重（%）	5.48	7.99
企业专利申请数（件）	7546	11641
企业发明专利申请数（件）	2803	4878
企业发明专利拥有量（件）	8667	14995
万名企业就业人员发明专利拥有量（件）	68.88	113.51
发明专利申请数（件）	12854	13693
实用新型专利申请数（件）	30786	33617
外观设计专利申请数（件）	8072	8677
研究机构专利申请数（件）	1140	1375
研究机构发明专利申请数（件）	542	620
高校专利申请数（件）	7973	7156
高校发明专利申请数（件）	3693	2760
万人发明专利申请数（件）	2.56	2.72
亿元R&D经费支出发明专利申请数（件）	74.20	68.65
发明专利授权数（件）	3521	4573
实用新型专利授权数（件）	23061	34133
外观设计专利授权数（件）	7888	8098
万人发明专利授权数（件）	0.70	0.91
亿元R&D经费支出发明专利授权数（件）	20.33	22.93
发明专利拥有量（件）	24776	28240
实用新型专利拥有量（件）	59510	85906
外观设计专利拥有量（件）	18581	22441
研究机构发明专利拥有量（件）	1793	2774
高校发明专利拥有量（件）	7262	7794

广西创新能力监测指标（6）

指标名称	2020	2021
万人发明专利拥有量（件）	4.94	5.61
PCT国际专利申请受理量（件）	149	127
国内科技论文数（篇）	8790	8729
万人国内科技论文数（篇）	1.75	1.73
SCI 收录科技论文数（篇）	4788	6154
EI 收录科技论文数（篇）	2660	3210
CPCI-S 收录科技论文数（篇）	280	172
万人国际科技论文数（篇）	1.54	1.89
技术市场成交合同数（项）	3404	6335
技术市场输出技术成交额（亿元）	91.67	940.58
万人输出技术成交额（万元）	182.65	1867.33
国外技术引进合同数（项）	26	13
国外技术引进合同成交额（亿美元）	0.17	0.16
万人国外技术引进合同成交额（万美元）	0.33	0.32
国外技术引进合同成交额中技术经费支出（亿美元）	0.34	0.16
国外技术引进合同成交额中技术经费支出占比重（%）	203.68	100.00
百万人技术国际收入（万美元）	56.53	110.54
高技术产业有效发明专利数（件）	1268	2482
万名高技术产业就业人员有效发明专利数（件）	95.78	174.92
高技术产业营业收入（亿元）	1437.84	1601.53
高技术产业营业收入占工业营业收入比重（%）	8.15	7.19
高技术产业新产品销售收入（亿元）	166.22	239.17
高技术产业新产品销售收入占营业收入比重（%）	11.56	14.93
万元地区生产总值高技术产业营业收入（万元）	0.06	0.06
新产品销售收入（亿元）	2571.30	3033.50
新产品销售收入占营业收入比重（%）	14.57	13.62
商品出口额（亿美元）	212.28	302.30
商品出口额与地区生产总值比值（万美元/亿元）	95.96	119.92
高技术产品出口额（亿美元）	95.11	137.22
高技术产品出口额占商品出口额比重（%）	44.80	45.39

广西创新能力监测指标（7）

指标名称	2020	2021
第三产业增加值（亿元）	11428.10	12643.90
第三产业增加值占地区生产总值比重（%）	51.66	50.16
高新技术企业数（个）	2739	3270
高新技术企业年末从业人员数（万人）	46.05	50.19
高新技术企业营业收入（亿元）	8306.12	10104.54
高新技术企业技术收入（亿元）	1144.90	1303.60
高新技术企业技术收入占营业收入比重（%）	13.78	12.90
高新技术企业净利润（亿元）	329.78	429.58
高新技术企业利润率（%）	3.97	4.25
高新技术企业出口总额（亿元）	352.33	449.49
劳动生产率（万元/人）	8.66	9.73
固定资本形成总额（亿元）	10510.04	11311.63
资本生产率（万元/万元）	0.20	0.22
综合能耗产出率（元/千克标准煤）	17.97	17.94
空气质量达到二级以上天数（天）	357	350
空气质量达到二级以上天数占比重（%）	97.94	95.63
废水中化学需氧量排放量（万吨）	103.04	95.82
废水中化学需氧量排放降低率（%）	-214.84	7.00
二氧化硫排放量（万吨）	8.78	7.43
二氧化硫排放降低率（%）	7.67	15.40
万元地区生产总值用水量（立方米）	117.84	108.52
万元地区生产总值用水量降低率（%）	11.69	7.91
废水中氨氮排放量（万吨）	7.25	5.32
废水中氨氮排放降低率（%）	-193.15	26.60
固体废物产生量（万吨）	9030	9386
固体废物综合利用量（万吨）	4389.17	4296.25
固体废物综合治理率（%）	64.06	60.34
生活垃圾无害化处理率（%）	100.00	100.00
污水处理率（%）	98.99	99.14
建成区绿化覆盖率（%）	41.30	40.23

海南创新能力监测指标（1）

指标名称	2020	2021
大专以上学历人数（万人）	140.32	150.66
万人大专以上学历人数（人）	1506.19	1588.12
高等学校数（个）	21	21
高校在校学生数（万人）	27.96	28.96
十万人高校在校学生数（人）	2764.23	2838.78
高校（机构）硕士毕业生数（人）	2063	2297
十万人硕士毕业生数（人）	20.39	22.52
高校（机构）博士毕业生数（人）	69	75
十万人博士毕业生数（人）	0.68	0.74
研究机构数（个）	28	25
科技企业孵化器管理机构从业人员数（人）	163	170
国家级孵化器管理机构从业人员数（人）	105	145
国家大学科技园管理机构从业人员数（人）	33	45
火炬计划特色产业基地企业从业人员数（人）	0	0
国家技术转移机构从业人员数（人）	0	0
众创空间服务人员数（人）	218	144
众创空间数（个）	19	12
科技企业孵化器数（个）	8	6
国家级科技企业孵化器数（个）	3	3
科技企业孵化器在孵企业数（个）	603	661
科技企业孵化器累计毕业企业数（个）	237	287
科技企业孵化器总收入（亿元）	0.90	1.21
企业研究开发费用加计扣除减免税额（亿元）	2.57	4.30
高新技术企业减免税额（亿元）	3.11	5.15
高新技术企业减免税额占全国比重（%）	0.19	0.21
信息传输、软件和信息技术服务业固定资产投资（亿元）	88.25	121.70
信息传输、软件和信息技术服务业固定资产投资占比重（%）	2.49	3.12
有电子商务交易活动企业占比重（%）	13.90	13.80
企业电子商务销售额（亿元）	941.73	1250.12
企业电子商务销售额与地区生产总值比值（亿元/亿元）	0.17	0.19
固定电话和移动电话用户数（万户）	1301.59	1332.59

海南创新能力监测指标（2）

指标名称	2020	2021
百人固定电话和移动电话用户数（户）	128.66	130.65
移动互联网用户数（万户）	963.97	989.43
万人移动互联网用户数（万户）	0.95	0.97
有效注册商标数（万件）	12.07	16.03
百万人有效注册商标数（件）	11932.81	15713.53
地区生产总值（亿元）	5566.20	6504.10
第二产业增加值（亿元）	1072.20	1240.80
第二产业增加值占地区生产总值比重（%）	19.26	19.08
工业增加值（亿元）	557.40	693.10
工业增加值占地区生产总值比重（%）	10.01	10.66
装备制造业营业收入（亿元）	78.69	101.18
装备制造业营业收入占工业营业收入比重（%）	3.63	3.78
人均地区生产总值（元）	55438	63991
城镇登记失业人员数（万人）	7.92	10.05
城镇登记失业率（%）	2.78	3.06
客运量（亿人）	0.79	0.89
旅客周转量（亿人公里）	74.65	89.94
货运量（亿吨）	2.07	2.80
货物周转量（亿吨公里）	3683.00	8771.75
研究与试验发展（R&D）经费支出（亿元）	36.63	46.98
R&D经费支出与地区生产总值之比（%）	0.66	0.72
R&D经费中基础研究经费支出（亿元）	7.21	11.87
R&D经费中应用研究经费支出（亿元）	6.96	8.28
R&D经费中试验发展经费支出（亿元）	22.45	26.83
R&D经费中基础研究经费支出占比重（%）	19.70	25.27
R&D经费中应用研究经费支出占比重（%）	18.99	17.62
R&D经费中试验发展经费支出占比重（%）	61.31	57.11
R&D经费中政府资金经费支出（亿元）	21.22	24.31
R&D经费中企业资金经费支出（亿元）	14.25	18.59
R&D经费中政府资金经费支出占比重（%）	57.94	51.75
R&D经费中企业资金经费支出占比重（%）	38.92	39.57
高校R&D经费支出（亿元）	4.60	8.90

海南创新能力监测指标（3）

指标名称	2020	2021
研究机构R&D经费支出（亿元）	18.00	15.86
高校R&D经费支出占全社会R&D经费比重（%）	12.56	18.95
研究机构R&D经费支出占全社会R&D经费比重（%）	49.16	33.75
高新技术企业R&D经费支出（亿元）	12.21	18.10
高新技术企业R&D经费支出占全社会R&D经费比重（%）	33.34	38.53
财政性教育经费支出（亿元）	295.84	295.10
财政性教育经费支出与地区生产总值比值（万元/亿元）	531.49	453.72
地方财政科技支出（亿元）	35.67	40.47
地方财政科技支出占地方财政支出比重（%）	1.81	2.05
地方财政科技支出与地区生产总值比值（万元/亿元）	64.07	62.23
R&D人员全时当量（人年）	8961	13457
万人R&D人员全时当量（人年）	8.86	13.19
R&D人员中基础研究人员数（人年）	2077	3100
R&D人员中应用研究人员数（人年）	1774	2993
R&D人员中试验发展人员数（人年）	5110	7364
R&D人员中基础研究人员占比重（%）	23.18	23.04
R&D人员中应用研究人员占比重（%）	19.80	22.24
R&D人员中试验发展人员占比重（%）	57.02	54.72
R&D研究人员全时当量（人年）	4927	6937
R&D研究人员占全社会R&D人员比重（%）	54.98	51.55
高校R&D人员全时当量（人年）	2007	2927
研究机构R&D人员全时当量（人年）	2647	2910
高校R&D人员占全社会R&D人员比重（%）	22.39	21.75
研究机构R&D人员占全社会R&D人员比重（%）	29.54	21.62
高技术产业R&D经费支出（亿元）	4.58	6.50
高技术产业R&D经费支出占全社会R&D经费比重（%）	12.50	13.83
高技术产业R&D经费支出占营业收入比重（%）	1.88	2.50
高技术产业引进技术经费支出（万元）	0	0
高技术产业消化吸收经费支出（万元）	0	0
高技术产业购买境内技术经费支出（万元）	1485.00	4669.10
高技术产业技术改造经费支出（万元）	2987.00	2865.50

海南创新能力监测指标（4）

指标名称	2020	2021
高技术产业技术获取和技术改造经费支出占营业收入比重（%）	0.18	0.29
高技术产业新产品研发经费支出（亿元）	7.71	10.49
高技术产业新产品研发经费支出占新产品销售收入比重（%）	54.23	32.55
高技术产业R&D人员全时当量（人年）	692	918
高技术产业R&D人员占全社会R&D人员比重（%）	7.72	6.82
高新技术企业R&D人员全时当量（人年）	2915	3474
高新技术企业R&D人员占全社会R&D人员比重（%）	32.53	25.81
科学研究和技术服务业固定资产投资（亿元）	28.61	36.40
科学研究和技术服务业固定资产投资占比重（%）	0.81	0.93
开展创新活动的企业数（个）	230	260
开展创新活动的企业占比重（%）	46.65	46.18
实现创新的企业数（个）	208	230
实现创新企业占比重（%）	42.19	40.85
企业创新费用支出（亿元）	25.40	39.30
企业R&D经费支出（亿元）	11.70	14.15
企业R&D经费支出占创新费用支出比重（%）	46.07	36.02
企业R&D经费支出占全社会R&D经费比重（%）	31.95	30.13
企业R&D经费支出占营业收入比重（%）	0.54	0.53
企业引进技术经费支出（亿元）	0	0
企业消化吸收经费支出（亿元）	0	0
企业购买境内技术经费支出（亿元）	0.20	0.49
企业技术改造经费支出（亿元）	2.35	4.14
企业技术获取和技术改造经费支出（亿元）	2.56	4.63
企业技术获取和技术改造经费支出占营业收入比重（%）	0.12	0.17
企业科学研究经费支出占R&D经费支出比重（%）	0.31	0.01
研究机构来源于企业的R&D经费支出（亿元）	0.15	0.20
高校来源于企业的R&D经费支出（亿元）	0.84	0.64
研究机构和高校R&D经费支出中企业资金占比重（%）	4.36	3.41
企业平均吸纳技术成交额（万元）	1619.28	4635.77
企业R&D人员全时当量（人年）	2050	2911

海南创新能力监测指标（5）

指标名称	2020	2021
企业R&D研究人员全时当量（人年）	1147	964
企业R&D研究人员占全社会R&D研究人员比重（%）	23.28	13.90
万名企业就业人员中R&D人员数（人年）	184.85	252.69
有R&D活动的企业数（个）	88	135
有R&D活动的企业占比重（%）	17.85	23.98
有研究机构的企业数（个）	43	56
有研究机构的企业占比重（%）	8.72	9.95
企业专利申请数（件）	926	1613
企业发明专利申请数（件）	411	729
企业发明专利拥有量（件）	1875	2348
万名企业就业人员发明专利拥有量（件）	169.07	203.82
发明专利申请数（件）	2618	4497
实用新型专利申请数（件）	10704	12082
外观设计专利申请数（件）	1038	1100
研究机构专利申请数（件）	257	375
研究机构发明专利申请数（件）	156	253
高校专利申请数（件）	2097	1408
高校发明专利申请数（件）	428	732
万人发明专利申请数（件）	2.59	4.41
亿元R&D经费支出发明专利申请数（件）	71.48	95.71
发明专利授权数（件）	721	954
实用新型专利授权数（件）	7027	11561
外观设计专利授权数（件）	830	1117
万人发明专利授权数（件）	0.71	0.94
亿元R&D经费支出发明专利授权数（件）	19.69	20.30
发明专利拥有量（件）	4274	5005
实用新型专利拥有量（件）	14332	24704
外观设计专利拥有量（件）	2669	3192
研究机构发明专利拥有量（件）	738	800
高校发明专利拥有量（件）	525	798

海南创新能力监测指标（6）

指标名称	2020	2021
万人发明专利拥有量（件）	4.22	4.91
PCT国际专利申请受理量（件）	47	396
国内科技论文数（篇）	3715	3793
万人国内科技论文数（篇）	3.67	3.72
SCI 收录科技论文数（篇）	1450	2103
EI 收录科技论文数（篇）	477	625
CPCI-S 收录科技论文数（篇）	63	35
万人国际科技论文数（篇）	1.97	2.71
技术市场成交合同数（项）	529	1042
技术市场输出技术成交额（亿元）	20.19	28.42
万人输出技术成交额（万元）	199.57	278.59
国外技术引进合同数（项）	3	11
国外技术引进合同成交额（亿美元）	0.05	1.26
万人国外技术引进合同成交额（万美元）	0.46	12.34
国外技术引进合同成交额中技术经费支出（亿美元）	0.05	1.26
国外技术引进合同成交额中技术经费支出占比重（%）	100.00	100.00
百万人技术国际收入（万美元）	699.98	1830.24
高技术产业有效发明专利数（件）	737	953
万名高技术产业就业人员有效发明专利数（件）	352.04	442.08
高技术产业营业收入（亿元）	243.07	259.42
高技术产业营业收入占工业营业收入比重（%）	11.23	9.69
高技术产业新产品销售收入（亿元）	14.22	32.24
高技术产业新产品销售收入占营业收入比重（%）	5.85	12.43
万元地区生产总值高技术产业营业收入（万元）	0.04	0.04
新产品销售收入（亿元）	134.73	244.50
新产品销售收入占营业收入比重（%）	6.22	9.14
商品出口额（亿美元）	40.07	44.60
商品出口额与地区生产总值比值（万美元/亿元）	71.98	68.57
高技术产品出口额（亿美元）	3.11	7.00
高技术产品出口额占商品出口额比重（%）	7.76	15.68

海南创新能力监测指标（7）

指标名称	2020	2021
第三产业增加值（亿元）	3358.00	4008.80
第三产业增加值占地区生产总值比重（%）	60.33	61.63
高新技术企业数（个）	1003	1180
高新技术企业年末从业人员数（万人）	8.07	9.23
高新技术企业营业收入（亿元）	866.70	1126.34
高新技术企业技术收入（亿元）	108.44	136.27
高新技术企业技术收入占营业收入比重（%）	12.51	12.10
高新技术企业净利润（亿元）	52.32	117.01
高新技术企业利润率（%）	6.04	10.39
高新技术企业出口总额（亿元）	39.57	41.33
劳动生产率（万元/人）	10.23	11.90
固定资本形成总额（亿元）	3330.92	3926.15
资本生产率（万元/万元）	0.24	0.26
综合能耗产出率（元/千克标准煤）	18.25	22.97
空气质量达到二级以上天数（天）	362	361
空气质量达到二级以上天数占比重（%）	99.24	98.76
废水中化学需氧量排放量（万吨）	17.28	17.17
废水中化学需氧量排放降低率（%）	-284.98	0.61
二氧化硫排放量（万吨）	0.59	0.43
二氧化硫排放降低率（%）	14.31	27.58
万元地区生产总值用水量（立方米）	79.53	69.50
万元地区生产总值用水量降低率（%）	9.00	12.62
废水中氨氮排放量（万吨）	0.81	0.66
废水中氨氮排放降低率（%）	-70.71	18.44
固体废物产生量（万吨）	714	658
固体废物综合利用量（万吨）	484.46	441.44
固体废物综合治理率（%）	99.80	100.12
生活垃圾无害化处理率（%）	100.00	100.00
污水处理率（%）	98.68	99.64
建成区绿化覆盖率（%）	40.62	40.80

重庆创新能力监测指标（1）

指标名称	2020	2021
大专以上学历人数（万人）	494.02	622.21
万人大专以上学历人数（人）	1635.96	2042.44
高等学校数（个）	68	69
高校在校学生数（万人）	110.34	115.78
十万人高校在校学生数（人）	3438.46	3604.70
高校（机构）硕士毕业生数（人）	18165	20932
十万人硕士毕业生数（人）	56.61	65.17
高校（机构）博士毕业生数（人）	1144	1359
十万人博士毕业生数（人）	3.57	4.23
研究机构数（个）	33	35
科技企业孵化器管理机构从业人员数（人）	1263	2062
国家级孵化器管理机构从业人员数（人）	294	342
国家大学科技园管理机构从业人员数（人）	29	38
火炬计划特色产业基地企业从业人员数（人）	205461	212330
国家技术转移机构从业人员数（人）	514	1112
众创空间服务人员数（人）	2666	4446
众创空间数（个）	258	327
科技企业孵化器数（个）	116	158
国家级科技企业孵化器数（个）	22	26
科技企业孵化器在孵企业数（个）	3650	4863
科技企业孵化器累计毕业企业数（个）	2912	4044
科技企业孵化器总收入（亿元）	6.28	5.93
企业研究开发费用加计扣除减免税额（亿元）	24.79	27.53
高新技术企业减免税额（亿元）	6.50	8.59
高新技术企业减免税额占全国比重（%）	0.40	0.34
信息传输、软件和信息技术服务业固定资产投资（亿元）	192.70	196.56
信息传输、软件和信息技术服务业固定资产投资占比重（%）	0.94	0.90
有电子商务交易活动企业占比重（%）	13.70	13.60
企业电子商务销售额（亿元）	5810.33	6723.44
企业电子商务销售额与地区生产总值比值（亿元/亿元）	0.23	0.24
固定电话和移动电话用户数（万户）	4240.17	4359.11

重庆创新能力监测指标（2）

指标名称	2020	2021
百人固定电话和移动电话用户数（户）	132.14	135.71
移动互联网用户数（万户）	3117.18	3288.50
万人移动互联网用户数（万户）	0.97	1.02
有效注册商标数（万件）	57.70	69.40
百万人有效注册商标数（件）	17980.34	21607.81
地区生产总值（亿元）	25041.40	28077.30
第二产业增加值（亿元）	9969.60	11217.30
第二产业增加值占地区生产总值比重（%）	39.81	39.95
工业增加值（亿元）	6990.80	7940.50
工业增加值占地区生产总值比重（%）	27.92	28.28
装备制造业营业收入（亿元）	13222.60	15633.97
装备制造业营业收入占工业营业收入比重（%）	57.36	56.79
人均地区生产总值（元）	78294	87450
城镇登记失业人员数（万人）	29.59	18.91
城镇登记失业率（%）	4.49	2.92
客运量（亿人）	3.72	3.28
旅客周转量（亿人公里）	271.11	281.17
货运量（亿吨）	12.17	14.46
货物周转量（亿吨公里）	3527.39	3846.48
研究与试验发展（R&D）经费支出（亿元）	526.79	603.84
R&D经费支出与地区生产总值之比（%）	2.10	2.15
R&D经费中基础研究经费支出（亿元）	23.25	29.74
R&D经费中应用研究经费支出（亿元）	66.75	74.95
R&D经费中试验发展经费支出（亿元）	436.79	499.15
R&D经费中基础研究经费支出占比重（%）	4.41	4.93
R&D经费中应用研究经费支出占比重（%）	12.67	12.41
R&D经费中试验发展经费支出占比重（%）	82.92	82.66
R&D经费中政府资金经费支出（亿元）	77.24	88.29
R&D经费中企业资金经费支出（亿元）	427.82	488.19
R&D经费中政府资金经费支出占比重（%）	14.66	14.62
R&D经费中企业资金经费支出占比重（%）	81.21	80.85
高校R&D经费支出（亿元）	48.60	58.88

重庆创新能力监测指标（3）

指标名称	2020	2021
研究机构R&D经费支出（亿元）	43.63	41.16
高校R&D经费支出占全社会R&D经费比重（%）	9.22	9.75
研究机构R&D经费支出占全社会R&D经费比重（%）	8.28	6.82
高新技术企业R&D经费支出（亿元）	225.28	251.39
高新技术企业R&D经费支出占全社会R&D经费比重（%）	42.77	41.63
财政性教育经费支出（亿元）	754.97	794.95
财政性教育经费支出与地区生产总值比值（万元/亿元）	301.49	283.13
地方财政科技支出（亿元）	82.87	92.64
地方财政科技支出占地方财政支出比重（%）	1.69	1.92
地方财政科技支出与地区生产总值比值（万元/亿元）	33.09	32.99
R&D人员全时当量（人年）	105712	123446
万人R&D人员全时当量（人年）	32.94	38.43
R&D人员中基础研究人员数（人年）	7525	8781
R&D人员中应用研究人员数（人年）	17411	17960
R&D人员中试验发展人员数（人年）	80777	96706
R&D人员中基础研究人员占比重（%）	7.12	7.11
R&D人员中应用研究人员占比重（%）	16.47	14.55
R&D人员中试验发展人员占比重（%）	76.41	78.34
R&D研究人员全时当量（人年）	47445	53792
R&D研究人员占全社会R&D人员比重（%）	44.88	43.57
高校R&D人员全时当量（人年）	12644	14919
研究机构R&D人员全时当量（人年）	8714	9502
高校R&D人员占全社会R&D人员比重（%）	11.96	12.09
研究机构R&D人员占全社会R&D人员比重（%）	8.24	7.70
高技术产业R&D经费支出（亿元）	86.36	105.54
高技术产业R&D经费支出占全社会R&D经费比重（%）	16.39	17.48
高技术产业R&D经费支出占营业收入比重（%）	1.33	1.35
高技术产业引进技术经费支出（万元）	21139.90	10872.60
高技术产业消化吸收经费支出（万元）	0	0
高技术产业购买境内技术经费支出（万元）	6056.80	12842.30
高技术产业技术改造经费支出（万元）	41181.10	67073.00

重庆创新能力监测指标（4）

指标名称	2020	2021
高技术产业技术获取和技术改造经费支出占营业收入比重（%）	0.11	0.12
高技术产业新产品研发经费支出（亿元）	94.09	117.93
高技术产业新产品研发经费支出占新产品销售收入比重（%）	5.48	6.13
高技术产业R&D人员全时当量（人年）	17339	21772
高技术产业R&D人员占全社会R&D人员比重（%）	16.40	17.64
高新技术企业R&D人员全时当量（人年）	53071	42930
高新技术企业R&D人员占全社会R&D人员比重（%）	50.20	34.78
科学研究和技术服务业固定资产投资（亿元）	87.71	87.27
科学研究和技术服务业固定资产投资占比重（%）	0.43	0.40
开展创新活动的企业数（个）	4419	4937
开展创新活动的企业占比重（%）	63.72	67.54
实现创新的企业数（个）	4142	4539
实现创新企业占比重（%）	59.73	62.09
企业创新费用支出（亿元）	528.20	609.90
企业R&D经费支出（亿元）	372.56	424.53
企业R&D经费支出占创新费用支出比重（%）	70.53	69.61
企业R&D经费支出占全社会R&D经费比重（%）	70.72	70.30
企业R&D经费支出占营业收入比重（%）	1.62	1.54
企业引进技术经费支出（亿元）	18.04	22.38
企业消化吸收经费支出（亿元）	0.59	0.61
企业购买境内技术经费支出（亿元）	1.14	2.26
企业技术改造经费支出（亿元）	70.24	63.53
企业技术获取和技术改造经费支出（亿元）	90.02	88.78
企业技术获取和技术改造经费支出占营业收入比重（%）	0.39	0.32
企业科学研究经费支出占R&D经费支出比重（%）	2.13	2.64
研究机构来源于企业的R&D经费支出（亿元）	1.12	1.31
高校来源于企业的R&D经费支出（亿元）	22.01	21.74
研究机构和高校R&D经费支出中企业资金占比重（%）	25.08	23.04
企业平均吸纳技术成交额（万元）	325.03	708.30
企业R&D人员全时当量（人年）	69843	83845

重庆创新能力监测指标（5）

指标名称	2020	2021
企业R&D研究人员全时当量（人年）	32153	25222
企业R&D研究人员占全社会R&D研究人员比重（%）	67.77	46.89
万名企业就业人员中R&D人员数（人年）	431.77	531.81
有R&D活动的企业数（个）	2878	3361
有R&D活动的企业占比重（%）	41.48	45.95
有研究机构的企业数（个）	1907	1739
有研究机构的企业占比重（%）	27.49	23.78
企业专利申请数（件）	19736	22240
企业发明专利申请数（件）	6300	7362
企业发明专利拥有量（件）	20650	24388
万名企业就业人员发明专利拥有量（件）	127.66	154.69
发明专利申请数（件）	22273	24068
实用新型专利申请数（件）	53616	50721
外观设计专利申请数（件）	7937	8766
研究机构专利申请数（件）	888	947
研究机构发明专利申请数（件）	625	645
高校专利申请数（件）	10513	8180
高校发明专利申请数（件）	6113	5235
万人发明专利申请数（件）	6.94	7.49
亿元R&D经费支出发明专利申请数（件）	42.28	39.86
发明专利授权数（件）	7637	9413
实用新型专利授权数（件）	40021	58410
外观设计专利授权数（件）	7719	8383
万人发明专利授权数（件）	2.38	2.93
亿元R&D经费支出发明专利授权数（件）	14.50	15.59
发明专利拥有量（件）	35353	42349
实用新型专利拥有量（件）	124806	165890
外观设计专利拥有量（件）	27181	30765
研究机构发明专利拥有量（件）	2200	2365
高校发明专利拥有量（件）	9498	12573

重庆创新能力监测指标（6）

指标名称	2020	2021
万人发明专利拥有量（件）	11.02	13.18
PCT国际专利申请受理量（件）	363	393
国内科技论文数（篇）	12306	11674
万人国内科技论文数（篇）	3.83	3.63
SCI 收录科技论文数（篇）	10853	12528
EI 收录科技论文数（篇）	7623	7749
CPCI-S 收录科技论文数（篇）	698	606
万人国际科技论文数（篇）	5.98	6.50
技术市场成交合同数（项）	3515	7194
技术市场输出技术成交额（亿元）	117.79	184.52
万人输出技术成交额（万元）	367.06	574.46
国外技术引进合同数（项）	125	145
国外技术引进合同成交额（亿美元）	18.59	22.41
万人国外技术引进合同成交额（万美元）	57.95	69.76
国外技术引进合同成交额中技术经费支出（亿美元）	18.55	22.21
国外技术引进合同成交额中技术经费支出占比重（%）	99.76	99.13
百万人技术国际收入（万美元）	2264.29	2139.89
高技术产业有效发明专利数（件）	5236	6314
万名高技术产业就业人员有效发明专利数（件）	124.36	157.32
高技术产业营业收入（亿元）	6472.11	7792.87
高技术产业营业收入占工业营业收入比重（%）	28.08	28.31
高技术产业新产品销售收入（亿元）	1717.86	1923.35
高技术产业新产品销售收入占营业收入比重（%）	26.54	24.68
万元地区生产总值高技术产业营业收入（万元）	0.26	0.28
新产品销售收入（亿元）	5880.67	6995.18
新产品销售收入占营业收入比重（%）	25.51	25.41
商品出口额（亿美元）	550.27	722.30
商品出口额与地区生产总值比值（万美元/亿元）	219.74	257.25
高技术产品出口额（亿美元）	454.77	581.81
高技术产品出口额占商品出口额比重（%）	82.64	80.55

重庆创新能力监测指标（7）

指标名称	2020	2021
第三产业增加值（亿元）	13268.30	14938.10
第三产业增加值占地区生产总值比重（%）	52.99	53.20
高新技术企业数（个）	4183	5061
高新技术企业年末从业人员数（万人）	82.64	85.90
高新技术企业营业收入（亿元）	11347.85	13433.32
高新技术企业技术收入（亿元）	1095.61	1141.76
高新技术企业技术收入占营业收入比重（%）	9.65	8.50
高新技术企业净利润（亿元）	521.75	658.95
高新技术企业利润率（%）	4.60	4.91
高新技术企业出口总额（亿元）	900.34	1204.56
劳动生产率（万元/人）	14.92	16.72
固定资本形成总额（亿元）	12050.12	13740.20
资本生产率（万元/万元）	0.33	0.34
综合能耗产出率（元/千克标准煤）	16.23	16.67
空气质量达到二级以上天数（天）	331	335
空气质量达到二级以上天数占比重（%）	90.68	91.53
废水中化学需氧量排放量（万吨）	32.06	33.82
废水中化学需氧量排放降低率（%）	-522.42	-5.50
二氧化硫排放量（万吨）	6.75	5.06
二氧化硫排放降低率（%）	9.90	25.06
万元地区生产总值用水量（立方米）	28.04	25.85
万元地区生产总值用水量降低率（%）	13.49	7.81
废水中氨氮排放量（万吨）	2.01	1.96
废水中氨氮排放降低率（%）	-314.28	2.74
固体废物产生量（万吨）	2272	2267
固体废物综合利用量（万吨）	1909.50	1884.16
固体废物综合治理率（%）	103.61	100.00
生活垃圾无害化处理率（%）	93.84	96.63
污水处理率（%）	98.17	98.88
建成区绿化覆盖率（%）	43.05	42.56

四川创新能力监测指标（1）

指标名称	2020	2021
大专以上学历人数（万人）	1110.08	1306.05
万人大专以上学历人数（人）	1409.89	1648.59
高等学校数（个）	132	134
高校在校学生数（万人）	230.55	244.90
十万人高校在校学生数（人）	2754.24	2925.20
高校（机构）硕士毕业生数（人）	31068	32707
十万人硕士毕业生数（人）	37.12	39.07
高校（机构）博士毕业生数（人）	2506	2798
十万人博士毕业生数（人）	2.99	3.34
研究机构数（个）	160	158
科技企业孵化器管理机构从业人员数（人）	2546	2533
国家级孵化器管理机构从业人员数（人）	647	729
国家大学科技园管理机构从业人员数（人）	146	171
火炬计划特色产业基地企业从业人员数（人）	68048	80693
国家技术转移机构从业人员数（人）	3396	1245
众创空间服务人员数（人）	2593	2547
众创空间数（个）	255	242
科技企业孵化器数（个）	192	191
国家级科技企业孵化器数（个）	40	45
科技企业孵化器在孵企业数（个）	8977	9201
科技企业孵化器累计毕业企业数（个）	6533	7701
科技企业孵化器总收入（亿元）	17.12	19.74
企业研究开发费用加计扣除减免税额（亿元）	33.66	51.52
高新技术企业减免税额（亿元）	20.10	26.38
高新技术企业减免税额占全国比重（%）	1.23	1.05
信息传输、软件和信息技术服务业固定资产投资（亿元）	552.58	594.02
信息传输、软件和信息技术服务业固定资产投资占比重（%）	1.44	1.46
有电子商务交易活动企业占比重（%）	12.60	12.60
企业电子商务销售额（亿元）	5901.60	7364.39
企业电子商务销售额与地区生产总值比值（亿元/亿元）	0.12	0.14
固定电话和移动电话用户数（万户）	11009.54	11257.51

四川创新能力监测指标（2）

指标名称	2020	2021
百人固定电话和移动电话用户数（户）	131.52	134.47
移动互联网用户数（万户）	7521.36	7990.76
万人移动互联网用户数（万户）	0.90	0.95
有效注册商标数（万件）	101.41	128.17
百万人有效注册商标数（件）	12114.95	15308.93
地区生产总值（亿元）	48501.60	54088.00
第二产业增加值（亿元）	17505.60	19949.70
第二产业增加值占地区生产总值比重（%）	36.09	36.88
工业增加值（亿元）	13401.00	15546.10
工业增加值占地区生产总值比重（%）	27.63	28.74
装备制造业营业收入（亿元）	14822.87	17414.97
装备制造业营业收入占工业营业收入比重（%）	31.83	32.12
人均地区生产总值（元）	58009	64610
城镇登记失业人员数（万人）	54.44	66.43
城镇登记失业率（%）	3.63	3.60
客运量（亿人）	5.75	6.03
旅客周转量（亿人公里）	560.29	596.57
货运量（亿吨）	17.19	18.43
货物周转量（亿吨公里）	2861.32	3078.89
研究与试验发展（R&D）经费支出（亿元）	1055.28	1214.52
R&D经费支出与地区生产总值之比（%）	2.18	2.25
R&D经费中基础研究经费支出（亿元）	59.58	58.12
R&D经费中应用研究经费支出（亿元）	144.04	211.51
R&D经费中试验发展经费支出（亿元）	851.66	944.89
R&D经费中基础研究经费支出占比重（%）	5.65	4.79
R&D经费中应用研究经费支出占比重（%）	13.65	17.41
R&D经费中试验发展经费支出占比重（%）	80.70	77.80
R&D经费中政府资金经费支出（亿元）	420.20	513.17
R&D经费中企业资金经费支出（亿元）	570.72	651.63
R&D经费中政府资金经费支出占比重（%）	39.82	42.25
R&D经费中企业资金经费支出占比重（%）	54.08	53.65
高校R&D经费支出（亿元）	85.19	95.50

四川创新能力监测指标（3）

指标名称	2020	2021
研究机构R&D经费支出（亿元）	416.56	471.77
高校R&D经费支出占全社会R&D经费比重（%）	8.07	7.86
研究机构R&D经费支出占全社会R&D经费比重（%）	39.47	38.84
高新技术企业R&D经费支出（亿元）	354.17	461.04
高新技术企业R&D经费支出占全社会R&D经费比重（%）	33.56	37.96
财政性教育经费支出（亿元）	1686.16	1733.04
财政性教育经费支出与地区生产总值比值（万元/亿元）	347.65	320.41
地方财政科技支出（亿元）	181.70	273.12
地方财政科技支出占地方财政支出比重（%）	1.62	2.44
地方财政科技支出与地区生产总值比值（万元/亿元）	37.46	50.50
R&D人员全时当量（人年）	189829	197143
万人R&D人员全时当量（人年）	22.68	23.55
R&D人员中基础研究人员数（人年）	16372	18631
R&D人员中应用研究人员数（人年）	32414	37735
R&D人员中试验发展人员数（人年）	141044	140778
R&D人员中基础研究人员占比重（%）	8.62	9.45
R&D人员中应用研究人员占比重（%）	17.08	19.14
R&D人员中试验发展人员占比重（%）	74.30	71.41
R&D研究人员全时当量（人年）	99173	103746
R&D研究人员占全社会R&D人员比重（%）	52.24	52.62
高校R&D人员全时当量（人年）	29463	32120
研究机构R&D人员全时当量（人年）	42359	39935
高校R&D人员占全社会R&D人员比重（%）	15.52	16.29
研究机构R&D人员占全社会R&D人员比重（%）	22.31	20.26
高技术产业R&D经费支出（亿元）	163.35	202.09
高技术产业R&D经费支出占全社会R&D经费比重（%）	15.48	16.64
高技术产业R&D经费支出占营业收入比重（%）	1.73	1.76
高技术产业引进技术经费支出（万元）	36288.20	17665.40
高技术产业消化吸收经费支出（万元）	1252.10	1127.10
高技术产业购买境内技术经费支出（万元）	32518.30	27024.20
高技术产业技术改造经费支出（万元）	363594.00	439231.00

四川创新能力监测指标（4）

指标名称	2020	2021
高技术产业技术获取和技术改造经费支出占营业收入比重（%）	0.46	0.42
高技术产业新产品研发经费支出（亿元）	199.40	240.33
高技术产业新产品研发经费支出占新产品销售收入比重（%）	11.04	9.94
高技术产业R&D人员全时当量（人年）	30781	34579
高技术产业R&D人员占全社会R&D人员比重（%）	16.22	17.54
高新技术企业R&D人员全时当量（人年）	99946	93530
高新技术企业R&D人员占全社会R&D人员比重（%）	52.65	47.44
科学研究和技术服务业固定资产投资（亿元）	187.24	243.22
科学研究和技术服务业固定资产投资占比重（%）	0.49	0.60
开展创新活动的企业数（个）	7889	9046
开展创新活动的企业占比重（%）	51.63	54.98
实现创新的企业数（个）	7546	8548
实现创新企业占比重（%）	49.39	51.95
企业创新费用支出（亿元）	689.50	833.10
企业R&D经费支出（亿元）	427.64	480.17
企业R&D经费支出占创新费用支出比重（%）	62.02	57.64
企业R&D经费支出占全社会R&D经费比重（%）	40.52	39.54
企业R&D经费支出占营业收入比重（%）	0.92	0.89
企业引进技术经费支出（亿元）	4.72	4.21
企业消化吸收经费支出（亿元）	0.26	0.21
企业购买境内技术经费支出（亿元）	5.83	7.90
企业技术改造经费支出（亿元）	110.86	156.72
企业技术获取和技术改造经费支出（亿元）	121.67	169.04
企业技术获取和技术改造经费支出占营业收入比重（%）	0.26	0.31
企业科学研究经费支出占R&D经费支出比重（%）	4.78	5.71
研究机构来源于企业的R&D经费支出（亿元）	13.04	14.32
高校来源于企业的R&D经费支出（亿元）	40.13	38.32
研究机构和高校R&D经费支出中企业资金占比重（%）	10.60	9.28
企业平均吸纳技术成交额（万元）	573.02	768.10
企业R&D人员全时当量（人年）	90128	95650

四川创新能力监测指标（5）

指标名称	2020	2021
企业R&D研究人员全时当量（人年）	50129	34386
企业R&D研究人员占全社会R&D研究人员比重（%）	50.55	33.14
万名企业就业人员中R&D人员数（人年）	298.28	308.40
有R&D活动的企业数（个）	4385	4798
有R&D活动的企业占比重（%）	28.70	29.16
有研究机构的企业数（个）	1485	1696
有研究机构的企业占比重（%）	9.72	10.31
企业专利申请数（件）	34536	41236
企业发明专利申请数（件）	13439	14847
企业发明专利拥有量（件）	42114	48898
万名企业就业人员发明专利拥有量（件）	139.38	157.66
发明专利申请数（件）	41417	45358
实用新型专利申请数（件）	97251	94330
外观设计专利申请数（件）	21368	23976
研究机构专利申请数（件）	4469	4849
研究机构发明专利申请数（件）	3390	3955
高校专利申请数（件）	13550	16022
高校发明专利申请数（件）	6132	8433
万人发明专利申请数（件）	4.95	5.42
亿元R&D经费支出发明专利申请数（件）	39.25	37.35
发明专利授权数（件）	14187	19337
实用新型专利授权数（件）	73927	105327
外观设计专利授权数（件）	20272	22272
万人发明专利授权数（件）	1.69	2.31
亿元R&D经费支出发明专利授权数（件）	13.44	15.92
发明专利拥有量（件）	70421	87186
实用新型专利拥有量（件）	227165	306375
外观设计专利拥有量（件）	61244	68563
研究机构发明专利拥有量（件）	10948	10238
高校发明专利拥有量（件）	18232	24914

四川创新能力监测指标（6）

指标名称	2020	2021
万人发明专利拥有量（件）	8.41	10.41
PCT国际专利申请受理量（件）	591	708
国内科技论文数（篇）	23763	24106
万人国内科技论文数（篇）	2.84	2.88
SCI 收录科技论文数（篇）	22077	26770
EI 收录科技论文数（篇）	15592	16218
CPCI-S 收录科技论文数（篇）	1739	1265
万人国际科技论文数（篇）	4.71	5.29
技术市场成交合同数（项）	20415	18443
技术市场输出技术成交额（亿元）	1244.59	1388.69
万人输出技术成交额（万元）	1486.84	1658.74
国外技术引进合同数（项）	177	151
国外技术引进合同成交额（亿美元）	8.23	7.64
万人国外技术引进合同成交额（万美元）	9.84	9.13
国外技术引进合同成交额中技术经费支出（亿美元）	8.22	7.64
国外技术引进合同成交额中技术经费支出占比重（%）	99.86	99.99
百万人技术国际收入（万美元）	2970.37	4305.92
高技术产业有效发明专利数（件）	17326	19868
万名高技术产业就业人员有效发明专利数（件）	277.40	308.64
高技术产业营业收入（亿元）	9433.53	11470.71
高技术产业营业收入占工业营业收入比重（%）	20.26	21.16
高技术产业新产品销售收入（亿元）	1806.81	2418.34
高技术产业新产品销售收入占营业收入比重（%）	19.15	21.08
万元地区生产总值高技术产业营业收入（万元）	0.19	0.21
新产品销售收入（亿元）	4969.91	6138.75
新产品销售收入占营业收入比重（%）	10.67	11.32
商品出口额（亿美元）	658.18	828.50
商品出口额与地区生产总值比值（万美元/亿元）	135.70	153.18
高技术产品出口额（亿美元）	516.48	613.53
高技术产品出口额占商品出口额比重（%）	78.47	74.05

四川创新能力监测指标（7）

指标名称	2020	2021
第三产业增加值（亿元）	25439.20	28476.20
第三产业增加值占地区生产总值比重（%）	52.45	52.65
高新技术企业数（个）	8061	10131
高新技术企业年末从业人员数（万人）	114.30	128.23
高新技术企业营业收入（亿元）	14560.90	18871.28
高新技术企业技术收入（亿元）	3416.73	3850.71
高新技术企业技术收入占营业收入比重（%）	23.47	20.41
高新技术企业净利润（亿元）	685.20	1414.86
高新技术企业利润率（%）	4.71	7.50
高新技术企业出口总额（亿元）	1487.19	1909.14
劳动生产率（万元/人）	10.24	11.39
固定资本形成总额（亿元）	22554.53	24966.17
资本生产率（万元/万元）	0.42	0.43
综合能耗产出率（元/千克标准煤）	14.92	21.67
空气质量达到二级以上天数（天）	315	314
空气质量达到二级以上天数占比重（%）	86.18	85.80
废水中化学需氧量排放量（万吨）	130.46	135.82
废水中化学需氧量排放降低率（%）	-296.03	-4.11
二氧化硫排放量（万吨）	16.31	13.58
二氧化硫排放降低率（%）	13.29	16.77
万元地区生产总值用水量（立方米）	48.75	45.37
万元地区生产总值用水量降低率（%）	9.97	6.93
废水中氨氮排放量（万吨）	8.02	6.49
废水中氨氮排放降低率（%）	-136.19	19.07
固体废物产生量（万吨）	14903	14435
固体废物综合利用量（万吨）	5656.48	6151.29
固体废物综合治理率（%）	55.15	58.90
生活垃圾无害化处理率（%）	99.99	99.99
污水处理率（%）	96.86	96.41
建成区绿化覆盖率（%）	42.48	43.05

贵州创新能力监测指标（1）

指标名称	2020	2021
大专以上学历人数（万人）	422.33	518.34
万人大专以上学历人数（人）	1207.43	1474.79
高等学校数（个）	75	75
高校在校学生数（万人）	102.41	99.88
十万人高校在校学生数（人）	2654.50	2592.81
高校（机构）硕士毕业生数（人）	6809	7273
十万人硕士毕业生数（人）	17.65	18.88
高校（机构）博士毕业生数（人）	133	195
十万人博士毕业生数（人）	0.34	0.51
研究机构数（个）	77	75
科技企业孵化器管理机构从业人员数（人）	1045	918
国家级孵化器管理机构从业人员数（人）	290	294
国家大学科技园管理机构从业人员数（人）	28	27
火炬计划特色产业基地企业从业人员数（人）	86667	87743
国家技术转移机构从业人员数（人）	37	43
众创空间服务人员数（人）	1087	2009
众创空间数（个）	78	82
科技企业孵化器数（个）	47	48
国家级科技企业孵化器数（个）	9	9
科技企业孵化器在孵企业数（个）	1300	1607
科技企业孵化器累计毕业企业数（个）	996	1119
科技企业孵化器总收入（亿元）	9.76	11.10
企业研究开发费用加计扣除减免税额（亿元）	6.11	7.38
高新技术企业减免税额（亿元）	4.92	6.07
高新技术企业减免税额占全国比重（%）	0.30	0.24
信息传输、软件和信息技术服务业固定资产投资（亿元）	206.20	201.04
信息传输、软件和信息技术服务业固定资产投资占比重（%）	1.12	1.13
有电子商务交易活动企业占比重（%）	10.60	10.70
企业电子商务销售额（亿元）	1628.13	1746.60
企业电子商务销售额与地区生产总值比值（亿元/亿元）	0.09	0.09
固定电话和移动电话用户数（万户）	4316.65	4509.38

贵州创新能力监测指标（2）

指标名称	2020	2021
百人固定电话和移动电话用户数（户）	111.89	117.07
移动互联网用户数（万户）	3597.39	3811.02
万人移动互联网用户数（万户）	0.93	0.99
有效注册商标数（万件）	26.69	36.26
百万人有效注册商标数（件）	6917.41	9414.46
地区生产总值（亿元）	17860.40	19458.60
第二产业增加值（亿元）	6263.00	6850.50
第二产业增加值占地区生产总值比重（％）	35.07	35.21
工业增加值（亿元）	4666.20	5231.30
工业增加值占地区生产总值比重（％）	26.13	26.88
装备制造业营业收入（亿元）	1168.78	1230.49
装备制造业营业收入占工业营业收入比重（％）	12.51	11.70
人均地区生产总值（元）	46355	50476
城镇登记失业人员数（万人）	19.50	32.04
城镇登记失业率（％）	3.75	4.45
客运量（亿人）	4.01	2.59
旅客周转量（亿人公里）	524.47	410.16
货运量（亿吨）	8.64	9.70
货物周转量（亿吨公里）	1265.11	1435.90
研究与试验发展（R&D）经费支出（亿元）	161.71	180.35
R&D经费支出与地区生产总值之比（％）	0.91	0.93
R&D经费中基础研究经费支出（亿元）	14.72	15.87
R&D经费中应用研究经费支出（亿元）	20.86	25.48
R&D经费中试验发展经费支出（亿元）	126.13	139.00
R&D经费中基础研究经费支出占比重（％）	9.10	8.80
R&D经费中应用研究经费支出占比重（％）	12.90	14.13
R&D经费中试验发展经费支出占比重（％）	78.00	77.07
R&D经费中政府资金经费支出（亿元）	43.46	41.77
R&D经费中企业资金经费支出（亿元）	115.00	133.32
R&D经费中政府资金经费支出占比重（％）	26.87	23.16
R&D经费中企业资金经费支出占比重（％）	71.11	73.92
高校R&D经费支出（亿元）	17.96	20.35

贵州创新能力监测指标（3）

指标名称	2020	2021
研究机构R&D经费支出（亿元）	17.06	14.41
高校R&D经费支出占全社会R&D经费比重（%）	11.11	11.28
研究机构R&D经费支出占全社会R&D经费比重（%）	10.55	7.99
高新技术企业R&D经费支出（亿元）	58.71	72.12
高新技术企业R&D经费支出占全社会R&D经费比重（%）	36.31	39.99
财政性教育经费支出（亿元）	1073.34	1129.35
财政性教育经费支出与地区生产总值比值（万元/亿元）	600.96	580.39
地方财政科技支出（亿元）	113.19	88.34
地方财政科技支出占地方财政支出比重（%）	1.97	1.58
地方财政科技支出与地区生产总值比值（万元/亿元）	63.38	45.40
R&D人员全时当量（人年）	41496	43084
万人R&D人员全时当量（人年）	10.76	11.18
R&D人员中基础研究人员数（人年）	6068	6161
R&D人员中应用研究人员数（人年）	7234	8791
R&D人员中试验发展人员数（人年）	28194	28132
R&D人员中基础研究人员占比重（%）	14.62	14.30
R&D人员中应用研究人员占比重（%）	17.43	20.40
R&D人员中试验发展人员占比重（%）	67.94	65.29
R&D研究人员全时当量（人年）	19198	19965
R&D研究人员占全社会R&D人员比重（%）	46.26	46.34
高校R&D人员全时当量（人年）	6509	7309
研究机构R&D人员全时当量（人年）	4354	4644
高校R&D人员占全社会R&D人员比重（%）	15.68	16.97
研究机构R&D人员占全社会R&D人员比重（%）	10.49	10.78
高技术产业R&D经费支出（亿元）	32.98	36.32
高技术产业R&D经费支出占全社会R&D经费比重（%）	20.39	20.14
高技术产业R&D经费支出占营业收入比重（%）	3.38	3.73
高技术产业引进技术经费支出（万元）	669.00	188.90
高技术产业消化吸收经费支出（万元）	0	188.90
高技术产业购买境内技术经费支出（万元）	2304.40	203.40
高技术产业技术改造经费支出（万元）	104601.60	93570.20

贵州创新能力监测指标（4）

指标名称	2020	2021
高技术产业技术获取和技术改造经费支出占营业收入比重（%）	1.10	0.97
高技术产业新产品研发经费支出（亿元）	37.26	37.76
高技术产业新产品研发经费支出占新产品销售收入比重（%）	15.27	15.10
高技术产业R&D人员全时当量（人年）	7483	7251
高技术产业R&D人员占全社会R&D人员比重（%）	18.03	16.83
高新技术企业R&D人员全时当量（人年）	15784	14916
高新技术企业R&D人员占全社会R&D人员比重（%）	38.04	34.62
科学研究和技术服务业固定资产投资（亿元）	83.68	47.44
科学研究和技术服务业固定资产投资占比重（%）	0.45	0.27
开展创新活动的企业数（个）	2337	2760
开展创新活动的企业占比重（%）	52.14	54.09
实现创新的企业数（个）	2281	2406
实现创新企业占比重（%）	50.89	47.15
企业创新费用支出（亿元）	171.40	242.90
企业R&D经费支出（亿元）	105.36	121.06
企业R&D经费支出占创新费用支出比重（%）	61.47	49.84
企业R&D经费支出占全社会R&D经费比重（%）	65.15	67.12
企业R&D经费支出占营业收入比重（%）	1.13	1.15
企业引进技术经费支出（亿元）	0.07	0.40
企业消化吸收经费支出（亿元）	0	0.02
企业购买境内技术经费支出（亿元）	1.40	1.16
企业技术改造经费支出（亿元）	39.25	90.83
企业技术获取和技术改造经费支出（亿元）	40.71	92.40
企业技术获取和技术改造经费支出占营业收入比重（%）	0.44	0.88
企业科学研究经费支出占R&D经费支出比重（%）	7.41	8.13
研究机构来源于企业的R&D经费支出（亿元）	0.56	0.63
高校来源于企业的R&D经费支出（亿元）	3.55	4.18
研究机构和高校R&D经费支出中企业资金占比重（%）	11.75	13.84
企业平均吸纳技术成交额（万元）	1240.78	1178.52
企业R&D人员全时当量（人年）	26261	26717

贵州创新能力监测指标（5）

指标名称	2020	2021
企业R&D研究人员全时当量（人年）	12200	8246
企业R&D研究人员占全社会R&D研究人员比重（%）	63.55	41.30
万名企业就业人员中R&D人员数（人年）	340.87	329.76
有R&D活动的企业数（个）	1267	1591
有R&D活动的企业占比重（%）	28.27	31.26
有研究机构的企业数（个）	603	445
有研究机构的企业占比重（%）	13.45	8.74
企业专利申请数（件）	7227	8372
企业发明专利申请数（件）	3475	3850
企业发明专利拥有量（件）	8487	9357
万名企业就业人员发明专利拥有量（件）	110.16	115.49
发明专利申请数（件）	10693	9869
实用新型专利申请数（件）	33180	25819
外观设计专利申请数（件）	5327	6045
研究机构专利申请数（件）	544	603
研究机构发明专利申请数（件）	381	433
高校专利申请数（件）	4183	4300
高校发明专利申请数（件）	1033	1036
万人发明专利申请数（件）	2.77	2.56
亿元R&D经费支出发明专利申请数（件）	66.12	54.72
发明专利授权数（件）	2268	2824
实用新型专利授权数（件）	27714	30666
外观设计专利授权数（件）	4989	5777
万人发明专利授权数（件）	0.59	0.73
亿元R&D经费支出发明专利授权数（件）	14.03	15.66
发明专利拥有量（件）	12558	15147
实用新型专利拥有量（件）	69322	88363
外观设计专利拥有量（件）	12280	14857
研究机构发明专利拥有量（件）	852	1017
高校发明专利拥有量（件）	2100	2552

贵州创新能力监测指标（6）

指标名称	2020	2021
万人发明专利拥有量（件）	3.26	3.93
PCT国际专利申请受理量（件）	57	70
国内科技论文数（篇）	6723	6848
万人国内科技论文数（篇）	1.74	1.78
SCI 收录科技论文数（篇）	3056	3900
EI 收录科技论文数（篇）	1431	827
CPCI-S 收录科技论文数（篇）	97	68
万人国际科技论文数（篇）	1.19	1.24
技术市场成交合同数（项）	3437	5592
技术市场输出技术成交额（亿元）	249.11	289.27
万人输出技术成交额（万元）	645.73	750.95
国外技术引进合同数（项）	6	1
国外技术引进合同成交额（亿美元）	0.07	0.00
万人国外技术引进合同成交额（万美元）	0.19	0.00
国外技术引进合同成交额中技术经费支出（亿美元）	0.07	0.00
国外技术引进合同成交额中技术经费支出占比重（%）	100.00	100.00
百万人技术国际收入（万美元）	174.04	364.24
高技术产业有效发明专利数（件）	3078	3094
万名高技术产业就业人员有效发明专利数（件）	275.17	308.26
高技术产业营业收入（亿元）	975.46	973.49
高技术产业营业收入占工业营业收入比重（%）	10.44	9.26
高技术产业新产品销售收入（亿元）	243.98	250.06
高技术产业新产品销售收入占营业收入比重（%）	25.01	25.69
万元地区生产总值高技术产业营业收入（万元）	0.05	0.05
新产品销售收入（亿元）	876.09	1020.77
新产品销售收入占营业收入比重（%）	9.38	9.71
商品出口额（亿美元）	59.02	72.90
商品出口额与地区生产总值比值（万美元/亿元）	33.05	37.46
高技术产品出口额（亿美元）	24.70	26.71
高技术产品出口额占商品出口额比重（%）	41.85	36.64

贵州创新能力监测指标（7）

指标名称	2020	2021
第三产业增加值（亿元）	9057.50	9877.20
第三产业增加值占地区生产总值比重（%）	50.71	50.76
高新技术企业数（个）	1838	1800
高新技术企业年末从业人员数（万人）	21.72	22.18
高新技术企业营业收入（亿元）	2586.03	2883.38
高新技术企业技术收入（亿元）	329.35	288.27
高新技术企业技术收入占营业收入比重（%）	12.74	10.00
高新技术企业净利润（亿元）	117.86	153.38
高新技术企业利润率（%）	4.56	5.32
高新技术企业出口总额（亿元）	70.48	72.73
劳动生产率（万元/人）	9.42	10.39
固定资本形成总额（亿元）	11510.22	12631.97
资本生产率（万元/万元）	0.22	0.21
综合能耗产出率（元/千克标准煤）	9.54	14.75
空气质量达到二级以上天数（天）	363	364
空气质量达到二级以上天数占比重（%）	99.34	99.44
废水中化学需氧量排放量（万吨）	116.78	118.35
废水中化学需氧量排放降低率（%）	-840.03	-1.34
二氧化硫排放量（万吨）	17.74	14.31
二氧化硫排放降低率（%）	24.09	19.34
万元地区生产总值用水量（立方米）	50.54	53.15
万元地区生产总值用水量降低率（%）	21.59	-5.16
废水中氨氮排放量（万吨）	2.89	2.56
废水中氨氮排放降低率（%）	-85.22	11.34
固体废物产生量（万吨）	9516	10911
固体废物综合利用量（万吨）	6609.94	7828.37
固体废物综合治理率（%）	85.15	86.63
生活垃圾无害化处理率（%）	97.85	98.99
污水处理率（%）	97.44	98.47
建成区绿化覆盖率（%）	40.94	41.79

云南创新能力监测指标（1）

指标名称	2020	2021
大专以上学历人数（万人）	547.67	622.59
万人大专以上学历人数（人）	1256.51	1430.68
高等学校数（个）	82	82
高校在校学生数（万人）	125.07	134.65
十万人高校在校学生数（人）	2648.46	2871.07
高校（机构）硕士毕业生数（人）	12453	13185
十万人硕士毕业生数（人）	26.37	28.11
高校（机构）博士毕业生数（人）	419	463
十万人博士毕业生数（人）	0.89	0.99
研究机构数（个）	123	123
科技企业孵化器管理机构从业人员数（人）	659	606
国家级孵化器管理机构从业人员数（人）	270	283
国家大学科技园管理机构从业人员数（人）	55	65
火炬计划特色产业基地企业从业人员数（人）	28232	26938
国家技术转移机构从业人员数（人）	421	381
众创空间服务人员数（人）	2063	1872
众创空间数（个）	133	144
科技企业孵化器数（个）	44	42
国家级科技企业孵化器数（个）	15	16
科技企业孵化器在孵企业数（个）	2397	2367
科技企业孵化器累计毕业企业数（个）	1699	1758
科技企业孵化器总收入（亿元）	1.58	1.48
企业研究开发费用加计扣除减免税额（亿元）	8.57	10.19
高新技术企业减免税额（亿元）	6.63	12.28
高新技术企业减免税额占全国比重（%）	0.40	0.49
信息传输、软件和信息技术服务业固定资产投资（亿元）	137.53	218.53
信息传输、软件和信息技术服务业固定资产投资占比重（%）	0.57	0.87
有电子商务交易活动企业占比重（%）	11.60	11.50
企业电子商务销售额（亿元）	2324.45	2461.72
企业电子商务销售额与地区生产总值比值（亿元/亿元）	0.09	0.09
固定电话和移动电话用户数（万户）	5227.94	5314.55

云南创新能力监测指标（2）

指标名称	2020	2021
百人固定电话和移动电话用户数（户）	110.71	113.32
移动互联网用户数（万户）	3945.40	4063.24
万人移动互联网用户数（万户）	0.84	0.87
有效注册商标数（万件）	43.51	53.86
百万人有效注册商标数（件）	9212.93	11484.09
地区生产总值（亿元）	24555.70	27161.60
第二产业增加值（亿元）	8387.50	9537.20
第二产业增加值占地区生产总值比重（%）	34.16	35.11
工业增加值（亿元）	5579.40	6555.80
工业增加值占地区生产总值比重（%）	22.72	24.14
装备制造业营业收入（亿元）	1350.84	1674.33
装备制造业营业收入占工业营业收入比重（%）	9.04	9.51
人均地区生产总值（元）	52047	57717
城镇登记失业人员数（万人）	31.86	30.00
城镇登记失业率（%）	3.92	3.75
客运量（亿人）	2.42	2.06
旅客周转量（亿人公里）	263.72	283.36
货运量（亿吨）	12.11	13.50
货物周转量（亿吨公里）	1579.74	1868.28
研究与试验发展（R&D）经费支出（亿元）	245.99	281.94
R&D经费支出与地区生产总值之比（%）	1.00	1.04
R&D经费中基础研究经费支出（亿元）	27.26	29.74
R&D经费中应用研究经费支出（亿元）	29.51	32.91
R&D经费中试验发展经费支出（亿元）	189.22	219.29
R&D经费中基础研究经费支出占比重（%）	11.08	10.55
R&D经费中应用研究经费支出占比重（%）	11.99	11.67
R&D经费中试验发展经费支出占比重（%）	76.92	77.78
R&D经费中政府资金经费支出（亿元）	56.75	58.41
R&D经费中企业资金经费支出（亿元）	177.70	209.47
R&D经费中政府资金经费支出占比重（%）	23.07	20.72
R&D经费中企业资金经费支出占比重（%）	72.24	74.30
高校R&D经费支出（亿元）	20.80	24.87

云南创新能力监测指标（3）

指标名称	2020	2021
研究机构R&D经费支出（亿元）	39.33	39.11
高校R&D经费支出占全社会R&D经费比重（%）	8.46	8.82
研究机构R&D经费支出占全社会R&D经费比重（%）	15.99	13.87
高新技术企业R&D经费支出（亿元）	105.40	145.01
高新技术企业R&D经费支出占全社会R&D经费比重（%）	42.85	51.43
财政性教育经费支出（亿元）	1162.02	1143.30
财政性教育经费支出与地区生产总值比值（万元/亿元）	473.22	420.92
地方财政科技支出（亿元）	64.94	61.85
地方财政科技支出占地方财政支出比重（%）	0.93	0.93
地方财政科技支出与地区生产总值比值（万元/亿元）	26.44	22.77
R&D人员全时当量（人年）	60369	58880
万人R&D人员全时当量（人年）	12.78	12.55
R&D人员中基础研究人员数（人年）	10895	12052
R&D人员中应用研究人员数（人年）	9712	9485
R&D人员中试验发展人员数（人年）	39762	37344
R&D人员中基础研究人员占比重（%）	18.05	20.47
R&D人员中应用研究人员占比重（%）	16.09	16.11
R&D人员中试验发展人员占比重（%）	65.87	63.42
R&D研究人员全时当量（人年）	29204	30723
R&D研究人员占全社会R&D人员比重（%）	48.38	52.18
高校R&D人员全时当量（人年）	10772	11824
研究机构R&D人员全时当量（人年）	8376	9124
高校R&D人员占全社会R&D人员比重（%）	17.84	20.08
研究机构R&D人员占全社会R&D人员比重（%）	13.87	15.50
高技术产业R&D经费支出（亿元）	16.66	31.08
高技术产业R&D经费支出占全社会R&D经费比重（%）	6.77	11.02
高技术产业R&D经费支出占营业收入比重（%）	1.40	2.10
高技术产业引进技术经费支出（万元）	748.70	0
高技术产业消化吸收经费支出（万元）	0	0
高技术产业购买境内技术经费支出（万元）	0	1830.50
高技术产业技术改造经费支出（万元）	6310.70	47021.10

云南创新能力监测指标（4）

指标名称	2020	2021
高技术产业技术获取和技术改造经费支出占营业收入比重（%）	0.06	0.33
高技术产业新产品研发经费支出（亿元）	16.31	24.23
高技术产业新产品研发经费支出占新产品销售收入比重（%）	4.09	15.17
高技术产业R&D人员全时当量（人年）	5157	4417
高技术产业R&D人员占全社会R&D人员比重（%）	8.54	7.50
高新技术企业R&D人员全时当量（人年）	20573	23074
高新技术企业R&D人员占全社会R&D人员比重（%）	34.08	39.19
科学研究和技术服务业固定资产投资（亿元）	36.30	28.82
科学研究和技术服务业固定资产投资占比重（%）	0.15	0.11
开展创新活动的企业数（个）	2242	2435
开展创新活动的企业占比重（%）	50.94	53.31
实现创新的企业数（个）	2180	2240
实现创新企业占比重（%）	49.53	49.04
企业创新费用支出（亿元）	243.70	296.20
企业R&D经费支出（亿元）	145.15	176.50
企业R&D经费支出占创新费用支出比重（%）	59.56	59.59
企业R&D经费支出占全社会R&D经费比重（%）	59.01	62.60
企业R&D经费支出占营业收入比重（%）	0.97	1.00
企业引进技术经费支出（亿元）	0.79	3.58
企业消化吸收经费支出（亿元）	0.02	0.00
企业购买境内技术经费支出（亿元）	7.56	22.89
企业技术改造经费支出（亿元）	65.01	56.22
企业技术获取和技术改造经费支出（亿元）	73.38	82.68
企业技术获取和技术改造经费支出占营业收入比重（%）	0.49	0.47
企业科学研究经费支出占R&D经费支出比重（%）	3.23	2.94
研究机构来源于企业的R&D经费支出（亿元）	1.35	4.02
高校来源于企业的R&D经费支出（亿元）	2.24	2.44
研究机构和高校R&D经费支出中企业资金占比重（%）	5.97	10.10
企业平均吸纳技术成交额（万元）	755.18	1532.80
企业R&D人员全时当量（人年）	28894	28234

云南创新能力监测指标（5）

指标名称	2020	2021
企业R&D研究人员全时当量（人年）	11954	7966
企业R&D研究人员占全社会R&D研究人员比重（%）	40.93	25.93
万名企业就业人员中R&D人员数（人年）	359.38	350.38
有R&D活动的企业数（个）	1206	1254
有R&D活动的企业占比重（%）	27.40	27.45
有研究机构的企业数（个）	437	438
有研究机构的企业占比重（%）	9.93	9.59
企业专利申请数（件）	9451	9467
企业发明专利申请数（件）	3131	2996
企业发明专利拥有量（件）	9515	11021
万名企业就业人员发明专利拥有量（件）	118.35	136.77
发明专利申请数（件）	9753	10293
实用新型专利申请数（件）	31684	33832
外观设计专利申请数（件）	3716	3872
研究机构专利申请数（件）	1051	1065
研究机构发明专利申请数（件）	607	588
高校专利申请数（件）	4634	6036
高校发明专利申请数（件）	1585	2046
万人发明专利申请数（件）	2.07	2.19
亿元R&D经费支出发明专利申请数（件）	39.65	36.51
发明专利授权数（件）	2458	3643
实用新型专利授权数（件）	23095	33900
外观设计专利授权数（件）	3390	3624
万人发明专利授权数（件）	0.52	0.78
亿元R&D经费支出发明专利授权数（件）	9.99	12.92
发明专利拥有量（件）	15575	18872
实用新型专利拥有量（件）	67215	91619
外观设计专利拥有量（件）	10584	11980
研究机构发明专利拥有量（件）	1871	1835
高校发明专利拥有量（件）	5253	6366

云南创新能力监测指标（6）

指标名称	2020	2021
万人发明专利拥有量（件）	3.30	4.02
PCT国际专利申请受理量（件）	114	119
国内科技论文数（篇）	8723	9049
万人国内科技论文数（篇）	1.85	1.93
SCI 收录科技论文数（篇）	5018	6005
EI 收录科技论文数（篇）	2642	2894
CPCI-S 收录科技论文数（篇）	288	186
万人国际科技论文数（篇）	1.68	1.94
技术市场成交合同数（项）	3325	4978
技术市场输出技术成交额（亿元）	49.95	106.10
万人输出技术成交额（万元）	105.78	226.22
国外技术引进合同数（项）	50	55
国外技术引进合同成交额（亿美元）	0.13	0.19
万人国外技术引进合同成交额（万美元）	0.28	0.41
国外技术引进合同成交额中技术经费支出（亿美元）	0.13	0.19
国外技术引进合同成交额中技术经费支出占比重（%）	100.00	100.00
百万人技术国际收入（万美元）	218.75	187.66
高技术产业有效发明专利数（件）	1426	1684
万名高技术产业就业人员有效发明专利数（件）	215.85	216.12
高技术产业营业收入（亿元）	1192.75	1481.19
高技术产业营业收入占工业营业收入比重（%）	7.98	8.41
高技术产业新产品销售收入（亿元）	398.55	159.74
高技术产业新产品销售收入占营业收入比重（%）	33.41	10.78
万元地区生产总值高技术产业营业收入（万元）	0.05	0.05
新产品销售收入（亿元）	1216.10	1205.58
新产品销售收入占营业收入比重（%）	8.14	6.84
商品出口额（亿美元）	170.42	194.10
商品出口额与地区生产总值比值（万美元/亿元）	69.40	71.46
高技术产品出口额（亿美元）	23.30	38.69
高技术产品出口额占商品出口额比重（%）	13.67	19.93

云南创新能力监测指标（7）

指标名称	2020	2021
第三产业增加值（亿元）	12556.50	13793.10
第三产业增加值占地区生产总值比重（%）	51.13	50.78
高新技术企业数（个）	1671	2045
高新技术企业年末从业人员数（万人）	26.46	28.93
高新技术企业营业收入（亿元）	5357.51	6152.26
高新技术企业技术收入（亿元）	510.48	474.50
高新技术企业技术收入占营业收入比重（%）	9.53	7.71
高新技术企业净利润（亿元）	358.32	368.96
高新技术企业利润率（%）	6.69	6.00
高新技术企业出口总额（亿元）	57.85	76.72
劳动生产率（万元/人）	8.74	9.79
固定资本形成总额（亿元）	21376.93	23502.02
资本生产率（万元/万元）	0.18	0.18
综合能耗产出率（元/千克标准煤）	12.24	17.26
空气质量达到二级以上天数（天）	364	360
空气质量达到二级以上天数占比重（%）	99.76	98.36
废水中化学需氧量排放量（万吨）	68.60	69.43
废水中化学需氧量排放降低率（%）	-520.10	-1.22
二氧化硫排放量（万吨）	17.66	17.31
二氧化硫排放降低率（%）	25.09	1.96
万元地区生产总值用水量（立方米）	63.62	59.05
万元地区生产总值用水量降低率（%）	4.62	7.18
废水中氨氮排放量（万吨）	2.79	2.62
废水中氨氮排放降低率（%）	-115.10	6.08
固体废物产生量（万吨）	17473	17845
固体废物综合利用量（万吨）	9060.15	9195.96
固体废物综合治理率（%）	78.30	78.77
生活垃圾无害化处理率（%）	99.99	100.00
污水处理率（%）	97.63	98.13
建成区绿化覆盖率（%）	40.46	42.50

西藏创新能力监测指标（1）

指标名称	2020	2021
大专以上学历人数（万人）	40.20	42.91
万人大专以上学历人数（人）	1226.92	1298.63
高等学校数（个）	7	7
高校在校学生数（万人）	5.96	5.98
十万人高校在校学生数（人）	1629.09	1633.63
高校（机构）硕士毕业生数（人）	672	705
十万人硕士毕业生数（人）	18.38	19.26
高校（机构）博士毕业生数（人）	22	27
十万人博士毕业生数（人）	0.60	0.74
研究机构数（个）	20	21
科技企业孵化器管理机构从业人员数（人）	61	29
国家级孵化器管理机构从业人员数（人）	18	21
国家大学科技园管理机构从业人员数（人）	0	0
火炬计划特色产业基地企业从业人员数（人）	0	0
国家技术转移机构从业人员数（人）	0	0
众创空间服务人员数（人）	328	371
众创空间数（个）	22	31
科技企业孵化器数（个）	4	3
国家级科技企业孵化器数（个）	2	2
科技企业孵化器在孵企业数（个）	123	88
科技企业孵化器累计毕业企业数（个）	100	126
科技企业孵化器总收入（亿元）	0.07	0.11
企业研究开发费用加计扣除减免税额（亿元）	0.12	0.24
高新技术企业减免税额（亿元）	0	0
高新技术企业减免税额占全国比重（%）	0	0
信息传输、软件和信息技术服务业固定资产投资（亿元）	15.10	14.91
信息传输、软件和信息技术服务业固定资产投资占比重（%）	0.68	0.78
有电子商务交易活动企业占比重（%）	9.60	9.90
企业电子商务销售额（亿元）	75.22	152.22
企业电子商务销售额与地区生产总值比值（亿元/亿元）	0.04	0.07
固定电话和移动电话用户数（万户）	397.65	413.75

西藏创新能力监测指标（2）

指标名称	2020	2021
百人固定电话和移动电话用户数（户）	108.77	113.05
移动互联网用户数（万户）	279.11	299.80
万人移动互联网用户数（万户）	0.76	0.82
有效注册商标数（万件）	3.72	4.75
百万人有效注册商标数（件）	10169.63	12970.49
地区生产总值（亿元）	1902.70	2080.20
第二产业增加值（亿元）	714.90	757.30
第二产业增加值占地区生产总值比重（%）	37.57	36.41
工业增加值（亿元）	158.60	189.90
工业增加值占地区生产总值比重（%）	8.34	9.13
装备制造业营业收入（亿元）	0.75	4.07
装备制造业营业收入占工业营业收入比重（%）	0.23	0.98
人均地区生产总值（元）	52280	56831
城镇登记失业人员数（万人）	2.09	1.81
城镇登记失业率（%）	2.90	2.56
客运量（亿人）	0.08	0.09
旅客周转量（亿人公里）	26.96	30.16
货运量（亿吨）	0.41	0.46
货物周转量（亿吨公里）	156.53	150.15
研究与试验发展（R&D）经费支出（亿元）	4.37	6.00
R&D经费支出与地区生产总值之比（%）	0.23	0.29
R&D经费中基础研究经费支出（亿元）	0.85	1.51
R&D经费中应用研究经费支出（亿元）	1.11	0.80
R&D经费中试验发展经费支出（亿元）	2.41	3.69
R&D经费中基础研究经费支出占比重（%）	19.52	25.20
R&D经费中应用研究经费支出占比重（%）	25.39	13.35
R&D经费中试验发展经费支出占比重（%）	55.09	61.45
R&D经费中政府资金经费支出（亿元）	3.23	2.99
R&D经费中企业资金经费支出（亿元）	1.02	2.62
R&D经费中政府资金经费支出占比重（%）	73.94	49.91
R&D经费中企业资金经费支出占比重（%）	23.30	43.74
高校R&D经费支出（亿元）	0.71	0.91

西藏创新能力监测指标（3）

指标名称	2020	2021
研究机构R&D经费支出（亿元）	1.96	2.06
高校R&D经费支出占全社会R&D经费比重（%）	16.33	15.09
研究机构R&D经费支出占全社会R&D经费比重（%）	44.95	34.35
高新技术企业R&D经费支出（亿元）	3.68	6.64
高新技术企业R&D经费支出占全社会R&D经费比重（%）	84.31	110.71
财政性教育经费支出（亿元）	273.89	259.13
财政性教育经费支出与地区生产总值比值（万元/亿元）	1439.49	1245.71
地方财政科技支出（亿元）	8.99	8.34
地方财政科技支出占地方财政支出比重（%）	0.41	0.41
地方财政科技支出与地区生产总值比值（万元/亿元）	47.24	40.11
R&D人员全时当量（人年）	1579	1568
万人R&D人员全时当量（人年）	4.32	4.28
R&D人员中基础研究人员数（人年）	481	608
R&D人员中应用研究人员数（人年）	501	391
R&D人员中试验发展人员数（人年）	597	569
R&D人员中基础研究人员占比重（%）	30.49	38.79
R&D人员中应用研究人员占比重（%）	31.70	24.95
R&D人员中试验发展人员占比重（%）	37.82	36.26
R&D研究人员全时当量（人年）	1175	1186
R&D研究人员占全社会R&D人员比重（%）	74.39	75.67
高校R&D人员全时当量（人年）	435	401
研究机构R&D人员全时当量（人年）	731	586
高校R&D人员占全社会R&D人员比重（%）	27.53	25.60
研究机构R&D人员占全社会R&D人员比重（%）	46.30	37.38
高技术产业R&D经费支出（亿元）	0.46	0.77
高技术产业R&D经费支出占全社会R&D经费比重（%）	10.59	12.86
高技术产业R&D经费支出占营业收入比重（%）	2.69	3.09
高技术产业引进技术经费支出（万元）	0	0
高技术产业消化吸收经费支出（万元）	0	0
高技术产业购买境内技术经费支出（万元）	0	1624.00
高技术产业技术改造经费支出（万元）	0	0

西藏创新能力监测指标（4）

指标名称	2020	2021
高技术产业技术获取和技术改造经费支出占营业收入比重（%）	0	0.65
高技术产业新产品研发经费支出（亿元）	0.43	0.82
高技术产业新产品研发经费支出占新产品销售收入比重（%）	0	0
高技术产业R&D人员全时当量（人年）	62	95
高技术产业R&D人员占全社会R&D人员比重（%）	3.94	6.06
高新技术企业R&D人员全时当量（人年）	398	456
高新技术企业R&D人员占全社会R&D人员比重（%）	25.21	29.09
科学研究和技术服务业固定资产投资（亿元）	12.35	8.08
科学研究和技术服务业固定资产投资占比重（%）	0.55	0.42
开展创新活动的企业数（个）	73	89
开展创新活动的企业占比重（%）	43.71	48.63
实现创新的企业数（个）	67	78
实现创新企业占比重（%）	40.12	42.62
企业创新费用支出（亿元）	2.30	4.70
企业R&D经费支出（亿元）	0.89	2.48
企业R&D经费支出占创新费用支出比重（%）	38.89	52.73
企业R&D经费支出占全社会R&D经费比重（%）	20.47	41.31
企业R&D经费支出占营业收入比重（%）	0.27	0.60
企业引进技术经费支出（亿元）	0	0
企业消化吸收经费支出（亿元）	0	0
企业购买境内技术经费支出（亿元）	0	0.16
企业技术改造经费支出（亿元）	0	0.13
企业技术获取和技术改造经费支出（亿元）	0	0.29
企业技术获取和技术改造经费支出占营业收入比重（%）	0	0.07
企业科学研究经费支出占R&D经费支出比重（%）	7.39	10.87
研究机构来源于企业的R&D经费支出（亿元）	0	0
高校来源于企业的R&D经费支出（亿元）	0.07	0.13
研究机构和高校R&D经费支出中企业资金占比重（%）	2.78	4.54
企业平均吸纳技术成交额（万元）	4859.97	10693.19
企业R&D人员全时当量（人年）	190	266

西藏创新能力监测指标（5）

指标名称	2020	2021
企业R&D研究人员全时当量（人年）	127	118
企业R&D研究人员占全社会R&D研究人员比重（%）	10.81	9.95
万名企业就业人员中R&D人员数（人年）	82.25	98.88
有R&D活动的企业数（个）	12	15
有R&D活动的企业占比重（%）	7.19	8.06
有研究机构的企业数（个）	3	3
有研究机构的企业占比重（%）	1.80	1.61
企业专利申请数（件）	92	100
企业发明专利申请数（件）	29	31
企业发明专利拥有量（件）	185	227
万名企业就业人员发明专利拥有量（件）	80.09	84.39
发明专利申请数（件）	477	515
实用新型专利申请数（件）	1366	1887
外观设计专利申请数（件）	453	242
研究机构专利申请数（件）	36	62
研究机构发明专利申请数（件）	15	43
高校专利申请数（件）	75	79
高校发明专利申请数（件）	21	28
万人发明专利申请数（件）	1.30	1.41
亿元R&D经费支出发明专利申请数（件）	109.17	85.85
发明专利授权数（件）	96	184
实用新型专利授权数（件）	1049	1449
外观设计专利授权数（件）	557	296
万人发明专利授权数（件）	0.26	0.50
亿元R&D经费支出发明专利授权数（件）	21.97	30.67
发明专利拥有量（件）	766	916
实用新型专利拥有量（件）	2109	3351
外观设计专利拥有量（件）	1215	1356
研究机构发明专利拥有量（件）	38	68
高校发明专利拥有量（件）	22	25

西藏创新能力监测指标（6）

指标名称	2020	2021
万人发明专利拥有量（件）	2.10	2.50
PCT国际专利申请受理量（件）	6	3
国内科技论文数（篇）	421	471
万人国内科技论文数（篇）	1.15	1.29
SCI 收录科技论文数（篇）	87	101
EI 收录科技论文数（篇）	9	73
CPCI-S 收录科技论文数（篇）	4	11
万人国际科技论文数（篇）	0.27	0.51
技术市场成交合同数（项）	67	101
技术市场输出技术成交额（亿元）	0.78	1.73
万人输出技术成交额（万元）	21.29	47.18
国外技术引进合同数（项）	0	6
国外技术引进合同成交额（亿美元）	0	1.50
万人国外技术引进合同成交额（万美元）	0	41.01
国外技术引进合同成交额中技术经费支出（亿美元）	0	1.50
国外技术引进合同成交额中技术经费支出占比重（%）	0	0
百万人技术国际收入（万美元）	1.52	6.47
高技术产业有效发明专利数（件）	85	86
万名高技术产业就业人员有效发明专利数（件）	453.58	384.62
高技术产业营业收入（亿元）	17.22	24.95
高技术产业营业收入占工业营业收入比重（%）	5.19	6.00
高技术产业新产品销售收入（亿元）	0	0
高技术产业新产品销售收入占营业收入比重（%）	0	0
万元地区生产总值高技术产业营业收入（万元）	0.01	0.01
新产品销售收入（亿元）	3.45	5.43
新产品销售收入占营业收入比重（%）	1.04	1.31
商品出口额（亿美元）	2.52	4.00
商品出口额与地区生产总值比值（万美元/亿元）	13.25	19.23
高技术产品出口额（亿美元）	0.06	0.15
高技术产品出口额占商品出口额比重（%）	2.49	3.85

西藏创新能力监测指标（7）

指标名称	2020	2021
第三产业增加值（亿元）	1037.50	1158.80
第三产业增加值占地区生产总值比重（%）	54.53	55.71
高新技术企业数（个）	87	101
高新技术企业年末从业人员数（万人）	1.92	1.84
高新技术企业营业收入（亿元）	247.16	252.49
高新技术企业技术收入（亿元）	41.03	54.41
高新技术企业技术收入占营业收入比重（%）	16.60	21.55
高新技术企业净利润（亿元）	47.41	62.30
高新技术企业利润率（%）	19.18	24.68
高新技术企业出口总额（亿元）	2.85	1.62
劳动生产率（万元/人）	9.86	10.72
固定资本形成总额（亿元）	1916.22	2041.08
资本生产率（万元/万元）	0.16	0.16
综合能耗产出率（元/千克标准煤）	0	0
空气质量达到二级以上天数（天）	365	365
空气质量达到二级以上天数占比重（%）	100.03	99.66
废水中化学需氧量排放量（万吨）	53.05	13.71
废水中化学需氧量排放降低率（%）	-2809.45	74.15
二氧化硫排放量（万吨）	0.57	0.22
二氧化硫排放降低率（%）	-68.08	60.47
万元地区生产总值用水量（立方米）	169.23	155.76
万元地区生产总值用水量降低率（%）	10.21	7.96
废水中氨氮排放量（万吨）	0.51	0.41
废水中氨氮排放降低率（%）	-126.01	19.63
固体废物产生量（万吨）	1940	1930
固体废物综合利用量（万吨）	184.94	171.84
固体废物综合治理率（%）	9.59	9.67
生活垃圾无害化处理率（%）	99.63	99.73
污水处理率（%）	96.28	83.51
建成区绿化覆盖率（%）	38.06	38.20

陕西创新能力监测指标（1）

指标名称	2020	2021
大专以上学历人数（万人）	727.20	815.50
万人大专以上学历人数（人）	1975.10	2200.57
高等学校数（个）	96	97
高校在校学生数（万人）	163.42	169.18
十万人高校在校学生数（人）	4132.22	4278.70
高校（机构）硕士毕业生数（人）	34446	37534
十万人硕士毕业生数（人）	87.10	94.93
高校（机构）博士毕业生数（人）	2942	3225
十万人博士毕业生数（人）	7.44	8.16
研究机构数（个）	95	92
科技企业孵化器管理机构从业人员数（人）	2778	2595
国家级孵化器管理机构从业人员数（人）	1049	1155
国家大学科技园管理机构从业人员数（人）	95	101
火炬计划特色产业基地企业从业人员数（人）	175294	184524
国家技术转移机构从业人员数（人）	3859	3809
众创空间服务人员数（人）	3812	3197
众创空间数（个）	298	247
科技企业孵化器数（个）	151	145
国家级科技企业孵化器数（个）	36	39
科技企业孵化器在孵企业数（个）	5171	5562
科技企业孵化器累计毕业企业数（个）	5503	5755
科技企业孵化器总收入（亿元）	17.96	19.78
企业研究开发费用加计扣除减免税额（亿元）	27.26	26.83
高新技术企业减免税额（亿元）	14.28	15.52
高新技术企业减免税额占全国比重（%）	0.87	0.62
信息传输、软件和信息技术服务业固定资产投资（亿元）	240.42	257.73
信息传输、软件和信息技术服务业固定资产投资占比重（%）	0.87	0.96
有电子商务交易活动企业占比重（%）	11.60	11.90
企业电子商务销售额（亿元）	2118.55	3048.62
企业电子商务销售额与地区生产总值比值（亿元/亿元）	0.08	0.10
固定电话和移动电话用户数（万户）	5226.74	5438.79

陕西创新能力监测指标（2）

指标名称	2020	2021
百人固定电话和移动电话用户数（户）	132.17	137.55
移动互联网用户数（万户）	3876.23	4115.16
万人移动互联网用户数（万户）	0.98	1.04
有效注册商标数（万件）	49.03	62.07
百万人有效注册商标数（件）	12396.93	15698.56
地区生产总值（亿元）	26014.10	30121.70
第二产业增加值（亿元）	11222.00	14019.00
第二产业增加值占地区生产总值比重（%）	43.14	46.54
工业增加值（亿元）	8740.20	11538.10
工业增加值占地区生产总值比重（%）	33.60	38.30
装备制造业营业收入（亿元）	7023.59	8367.59
装备制造业营业收入占工业营业收入比重（%）	28.76	26.80
人均地区生产总值（元）	65867	76171
城镇登记失业人员数（万人）	24.51	27.69
城镇登记失业率（%）	3.63	3.47
客运量（亿人）	3.68	2.06
旅客周转量（亿人公里）	452.58	435.53
货运量（亿吨）	16.53	16.07
货物周转量（亿吨公里）	3697.35	3945.05
研究与试验发展（R&D）经费支出（亿元）	632.33	700.62
R&D经费支出与地区生产总值之比（%）	2.43	2.33
R&D经费中基础研究经费支出（亿元）	40.15	38.36
R&D经费中应用研究经费支出（亿元）	111.16	117.31
R&D经费中试验发展经费支出（亿元）	481.02	544.95
R&D经费中基础研究经费支出占比重（%）	6.35	5.48
R&D经费中应用研究经费支出占比重（%）	17.58	16.74
R&D经费中试验发展经费支出占比重（%）	76.07	77.78
R&D经费中政府资金经费支出（亿元）	271.72	298.75
R&D经费中企业资金经费支出（亿元）	336.95	370.40
R&D经费中政府资金经费支出占比重（%）	42.97	42.64
R&D经费中企业资金经费支出占比重（%）	53.29	52.87
高校R&D经费支出（亿元）	61.64	74.33

陕西创新能力监测指标（3）

指标名称	2020	2021
研究机构R&D经费支出（亿元）	235.32	238.60
高校R&D经费支出占全社会R&D经费比重（%）	9.75	10.61
研究机构R&D经费支出占全社会R&D经费比重（%）	37.22	34.05
高新技术企业R&D经费支出（亿元）	291.66	303.87
高新技术企业R&D经费支出占全社会R&D经费比重（%）	46.12	43.37
财政性教育经费支出（亿元）	998.58	1025.00
财政性教育经费支出与地区生产总值比值（万元/亿元）	383.86	340.29
地方财政科技支出（亿元）	56.45	93.00
地方财政科技支出占地方财政支出比重（%）	0.95	1.53
地方财政科技支出与地区生产总值比值（万元/亿元）	21.70	30.88
R&D人员全时当量（人年）	118807	125281
万人R&D人员全时当量（人年）	30.04	31.68
R&D人员中基础研究人员数（人年）	17664	18373
R&D人员中应用研究人员数（人年）	23573	25605
R&D人员中试验发展人员数（人年）	77571	81304
R&D人员中基础研究人员占比重（%）	14.87	14.67
R&D人员中应用研究人员占比重（%）	19.84	20.44
R&D人员中试验发展人员占比重（%）	65.29	64.90
R&D研究人员全时当量（人年）	74459	78128
R&D研究人员占全社会R&D人员比重（%）	62.67	62.36
高校R&D人员全时当量（人年）	27730	31489
研究机构R&D人员全时当量（人年）	30475	29719
高校R&D人员占全社会R&D人员比重（%）	23.34	25.13
研究机构R&D人员占全社会R&D人员比重（%）	25.65	23.72
高技术产业R&D经费支出（亿元）	102.38	145.60
高技术产业R&D经费支出占全社会R&D经费比重（%）	16.19	20.78
高技术产业R&D经费支出占营业收入比重（%）	2.98	3.55
高技术产业引进技术经费支出（万元）	607.50	571.70
高技术产业消化吸收经费支出（万元）	12.00	75.50
高技术产业购买境内技术经费支出（万元）	5146.30	3443.50
高技术产业技术改造经费支出（万元）	154126.30	141507.50

陕西创新能力监测指标（4）

指标名称	2020	2021
高技术产业技术获取和技术改造经费支出占营业收入比重（%）	0.47	0.36
高技术产业新产品研发经费支出（亿元）	142.21	174.29
高技术产业新产品研发经费支出占新产品销售收入比重（%）	25.92	17.29
高技术产业R&D人员全时当量（人年）	21005	22842
高技术产业R&D人员占全社会R&D人员比重（%）	17.68	18.23
高新技术企业R&D人员全时当量（人年）	72323	75133
高新技术企业R&D人员占全社会R&D人员比重（%）	60.87	59.97
科学研究和技术服务业固定资产投资（亿元）	220.12	214.39
科学研究和技术服务业固定资产投资占比重（%）	0.80	0.80
开展创新活动的企业数（个）	3492	4007
开展创新活动的企业占比重（%）	48.56	53.04
实现创新的企业数（个）	3372	3776
实现创新企业占比重（%）	46.89	49.98
企业创新费用支出（亿元）	423.00	492.30
企业R&D经费支出（亿元）	268.40	319.69
企业R&D经费支出占创新费用支出比重（%）	63.45	64.94
企业R&D经费支出占全社会R&D经费比重（%）	42.45	45.63
企业R&D经费支出占营业收入比重（%）	1.10	1.02
企业引进技术经费支出（亿元）	0.87	0.60
企业消化吸收经费支出（亿元）	0.04	0.03
企业购买境内技术经费支出（亿元）	384.40	2.16
企业技术改造经费支出（亿元）	46.58	50.08
企业技术获取和技术改造经费支出（亿元）	431.89	52.87
企业技术获取和技术改造经费支出占营业收入比重（%）	1.77	0.17
企业科学研究经费支出占R&D经费支出比重（%）	2.59	2.78
研究机构来源于企业的R&D经费支出（亿元）	12.18	2.85
高校来源于企业的R&D经费支出（亿元）	24.23	27.24
研究机构和高校R&D经费支出中企业资金占比重（%）	12.26	9.62
企业平均吸纳技术成交额（万元）	1306.17	1793.23
企业R&D人员全时当量（人年）	48809	50997

陕西创新能力监测指标（5）

指标名称	2020	2021
企业R&D研究人员全时当量（人年）	30082	20539
企业R&D研究人员占全社会R&D研究人员比重（%）	40.40	26.29
万名企业就业人员中R&D人员数（人年）	299.44	317.15
有R&D活动的企业数（个）	1480	1557
有R&D活动的企业占比重（%）	20.54	20.57
有研究机构的企业数（个）	546	544
有研究机构的企业占比重（%）	7.58	7.19
企业专利申请数（件）	15187	16285
企业发明专利申请数（件）	6445	6708
企业发明专利拥有量（件）	21932	24226
万名企业就业人员发明专利拥有量（件）	134.55	150.66
发明专利申请数（件）	38262	38643
实用新型专利申请数（件）	54902	60163
外观设计专利申请数（件）	6072	6846
研究机构专利申请数（件）	4886	4784
研究机构发明专利申请数（件）	4362	4232
高校专利申请数（件）	20001	20240
高校发明专利申请数（件）	12083	12510
万人发明专利申请数（件）	9.68	9.77
亿元R&D经费支出发明专利申请数（件）	60.51	55.16
发明专利授权数（件）	12122	15516
实用新型专利授权数（件）	42227	65011
外观设计专利授权数（件）	6175	5745
万人发明专利授权数（件）	3.07	3.92
亿元R&D经费支出发明专利授权数（件）	19.17	22.15
发明专利拥有量（件）	54646	67379
实用新型专利拥有量（件）	111940	162316
外观设计专利拥有量（件）	17470	18831
研究机构发明专利拥有量（件）	9887	11092
高校发明专利拥有量（件）	30057	35588

陕西创新能力监测指标（6）

指标名称	2020	2021
万人发明专利拥有量（件）	13.82	17.04
PCT国际专利申请受理量（件）	476	481
国内科技论文数（篇）	27452	27545
万人国内科技论文数（篇）	6.94	6.97
SCI 收录科技论文数（篇）	25767	29201
EI 收录科技论文数（篇）	21740	23247
CPCI-S 收录科技论文数（篇）	2104	1669
万人国际科技论文数（篇）	12.54	13.69
技术市场成交合同数（项）	52035	68951
技术市场输出技术成交额（亿元）	1758.72	2343.44
万人输出技术成交额（万元）	4447.18	5926.76
国外技术引进合同数（项）	20	13
国外技术引进合同成交额（亿美元）	0.52	0.12
万人国外技术引进合同成交额（万美元）	1.31	0.30
国外技术引进合同成交额中技术经费支出（亿美元）	0.50	0.12
国外技术引进合同成交额中技术经费支出占比重（%）	97.12	100.00
百万人技术国际收入（万美元）	1291.19	1533.15
高技术产业有效发明专利数（件）	8662	8935
万名高技术产业就业人员有效发明专利数（件）	317.11	325.38
高技术产业营业收入（亿元）	3429.74	4096.68
高技术产业营业收入占工业营业收入比重（%）	14.04	13.12
高技术产业新产品销售收入（亿元）	548.68	1008.21
高技术产业新产品销售收入占营业收入比重（%）	16.00	24.61
万元地区生产总值高技术产业营业收入（万元）	0.13	0.14
新产品销售收入（亿元）	2494.19	3811.37
新产品销售收入占营业收入比重（%）	10.21	12.21
商品出口额（亿美元）	267.37	384.30
商品出口额与地区生产总值比值（万美元/亿元）	102.78	127.58
高技术产品出口额（亿美元）	218.28	308.85
高技术产品出口额占商品出口额比重（%）	81.64	80.37

陕西创新能力监测指标（7）

指标名称	2020	2021
第三产业增加值（亿元）	12524.40	13692.90
第三产业增加值占地区生产总值比重（%）	48.14	45.46
高新技术企业数（个）	6126	8304
高新技术企业年末从业人员数（万人）	80.59	94.10
高新技术企业营业收入（亿元）	10989.23	13924.42
高新技术企业技术收入（亿元）	2402.98	2678.68
高新技术企业技术收入占营业收入比重（%）	21.87	19.24
高新技术企业净利润（亿元）	632.01	1000.31
高新技术企业利润率（%）	5.75	7.18
高新技术企业出口总额（亿元）	399.90	501.18
劳动生产率（万元/人）	12.44	14.25
固定资本形成总额（亿元）	16292.26	18324.55
资本生产率（万元/万元）	0.21	0.22
综合能耗产出率（元/千克标准煤）	16.04	18.46
空气质量达到二级以上天数（天）	278	283
空气质量达到二级以上天数占比重（%）	76.20	77.28
废水中化学需氧量排放量（万吨）	48.88	50.74
废水中化学需氧量排放降低率（%）	-396.66	-3.82
二氧化硫排放量（万吨）	9.37	8.11
二氧化硫排放降低率（%）	34.60	13.41
万元地区生产总值用水量（立方米）	34.60	30.80
万元地区生产总值用水量降低率（%）	3.61	10.98
废水中氨氮排放量（万吨）	2.53	2.71
废水中氨氮排放降低率（%）	-173.41	-7.38
固体废物产生量（万吨）	12430	13050
固体废物综合利用量（万吨）	6443.38	6463.46
固体废物综合治理率（%）	91.28	87.92
生活垃圾无害化处理率（%）	99.93	100.00
污水处理率（%）	96.79	97.10
建成区绿化覆盖率（%）	40.80	41.76

甘肃创新能力监测指标（1）

指标名称	2020	2021
大专以上学历人数（万人）	362.93	399.05
万人大专以上学历人数（人）	1570.84	1726.22
高等学校数（个）	50	49
高校在校学生数（万人）	65.68	74.68
十万人高校在校学生数（人）	2626.85	2999.10
高校（机构）硕士毕业生数（人）	11128	12102
十万人硕士毕业生数（人）	44.50	48.60
高校（机构）博士毕业生数（人）	733	732
十万人博士毕业生数（人）	2.93	2.94
研究机构数（个）	96	96
科技企业孵化器管理机构从业人员数（人）	1320	1463
国家级孵化器管理机构从业人员数（人）	255	280
国家大学科技园管理机构从业人员数（人）	47	45
火炬计划特色产业基地企业从业人员数（人）	22567	22465
国家技术转移机构从业人员数（人）	1096	1157
众创空间服务人员数（人）	3075	4073
众创空间数（个）	217	243
科技企业孵化器数（个）	77	77
国家级科技企业孵化器数（个）	12	13
科技企业孵化器在孵企业数（个）	2513	2749
科技企业孵化器累计毕业企业数（个）	1588	1672
科技企业孵化器总收入（亿元）	4.30	5.54
企业研究开发费用加计扣除减免税额（亿元）	6.30	6.89
高新技术企业减免税额（亿元）	3.28	5.33
高新技术企业减免税额占全国比重（%）	0.20	0.21
信息传输、软件和信息技术服务业固定资产投资（亿元）	65.28	73.90
信息传输、软件和信息技术服务业固定资产投资占比重（%）	1.04	1.06
有电子商务交易活动企业占比重（%）	8.80	9.30
企业电子商务销售额（亿元）	543.85	771.10
企业电子商务销售额与地区生产总值比值（亿元/亿元）	0.06	0.08
固定电话和移动电话用户数（万户）	2983.62	3045.87

甘肃创新能力监测指标（2）

指标名称	2020	2021
百人固定电话和移动电话用户数（户）	119.32	122.32
移动互联网用户数（万户）	2298.62	2434.24
万人移动互联网用户数（万户）	0.92	0.98
有效注册商标数（万件）	12.38	15.75
百万人有效注册商标数（件）	4951.91	6323.86
地区生产总值（亿元）	8979.70	10225.50
第二产业增加值（亿元）	2824.80	3451.20
第二产业增加值占地区生产总值比重（%）	31.46	33.75
工业增加值（亿元）	2265.40	2835.40
工业增加值占地区生产总值比重（%）	25.23	27.73
装备制造业营业收入（亿元）	477.64	623.29
装备制造业营业收入占工业营业收入比重（%）	6.29	6.21
人均地区生产总值（元）	35848	40976
城镇登记失业人员数（万人）	12.20	13.08
城镇登记失业率（%）	3.27	3.40
客运量（亿人）	2.67	1.55
旅客周转量（亿人公里）	378.72	335.90
货运量（亿吨）	6.72	7.61
货物周转量（亿吨公里）	2516.71	2887.31
研究与试验发展（R&D）经费支出（亿元）	109.64	129.47
R&D经费支出与地区生产总值之比（%）	1.22	1.27
R&D经费中基础研究经费支出（亿元）	16.10	17.07
R&D经费中应用研究经费支出（亿元）	23.96	26.18
R&D经费中试验发展经费支出（亿元）	69.59	86.21
R&D经费中基础研究经费支出占比重（%）	14.68	13.19
R&D经费中应用研究经费支出占比重（%）	21.85	20.22
R&D经费中试验发展经费支出占比重（%）	63.47	66.59
R&D经费中政府资金经费支出（亿元）	39.82	47.00
R&D经费中企业资金经费支出（亿元）	64.55	76.32
R&D经费中政府资金经费支出占比重（%）	36.32	36.30
R&D经费中企业资金经费支出占比重（%）	58.88	58.95
高校R&D经费支出（亿元）	12.81	13.15

甘肃创新能力监测指标（3）

指标名称	2020	2021
研究机构R&D经费支出（亿元）	34.41	39.66
高校R&D经费支出占全社会R&D经费比重（%）	11.68	10.16
研究机构R&D经费支出占全社会R&D经费比重（%）	31.38	30.63
高新技术企业R&D经费支出（亿元）	15.10	21.26
高新技术企业R&D经费支出占全社会R&D经费比重（%）	13.77	16.42
财政性教育经费支出（亿元）	662.99	661.92
财政性教育经费支出与地区生产总值比值（万元/亿元）	738.32	647.32
地方财政科技支出（亿元）	32.07	34.95
地方财政科技支出占地方财政支出比重（%）	0.77	0.87
地方财政科技支出与地区生产总值比值（万元/亿元）	35.71	34.18
R&D人员全时当量（人年）	26814	33255
万人R&D人员全时当量（人年）	10.72	13.36
R&D人员中基础研究人员数（人年）	6652	7430
R&D人员中应用研究人员数（人年）	7178	9053
R&D人员中试验发展人员数（人年）	12983	16771
R&D人员中基础研究人员占比重（%）	24.81	22.34
R&D人员中应用研究人员占比重（%）	26.77	27.22
R&D人员中试验发展人员占比重（%）	48.42	50.43
R&D研究人员全时当量（人年）	18533	20615
R&D研究人员占全社会R&D人员比重（%）	69.12	61.99
高校R&D人员全时当量（人年）	7642	8196
研究机构R&D人员全时当量（人年）	7361	8046
高校R&D人员占全社会R&D人员比重（%）	28.50	24.65
研究机构R&D人员占全社会R&D人员比重（%）	27.45	24.20
高技术产业R&D经费支出（亿元）	10.00	14.40
高技术产业R&D经费支出占全社会R&D经费比重（%）	9.12	11.12
高技术产业R&D经费支出占营业收入比重（%）	3.48	3.18
高技术产业引进技术经费支出（万元）	899.60	0
高技术产业消化吸收经费支出（万元）	0	0
高技术产业购买境内技术经费支出（万元）	68.00	5579.20
高技术产业技术改造经费支出（万元）	544.20	94.50

甘肃创新能力监测指标（4）

指标名称	2020	2021
高技术产业技术获取和技术改造经费支出占营业收入比重（%）	0.05	0.13
高技术产业新产品研发经费支出（亿元）	9.91	14.82
高技术产业新产品研发经费支出占新产品销售收入比重（%）	12.13	11.73
高技术产业R&D人员全时当量（人年）	1446	2344
高技术产业R&D人员占全社会R&D人员比重（%）	5.39	7.05
高新技术企业R&D人员全时当量（人年）	7745	6035
高新技术企业R&D人员占全社会R&D人员比重（%）	28.88	18.15
科学研究和技术服务业固定资产投资（亿元）	31.24	24.96
科学研究和技术服务业固定资产投资占比重（%）	0.50	0.36
开展创新活动的企业数（个）	944	1167
开展创新活动的企业占比重（%）	48.56	51.59
实现创新的企业数（个）	895	1024
实现创新企业占比重（%）	46.04	45.27
企业创新费用支出（亿元）	116.30	147.60
企业R&D经费支出（亿元）	52.13	64.29
企业R&D经费支出占创新费用支出比重（%）	44.83	43.56
企业R&D经费支出占全社会R&D经费比重（%）	47.55	49.66
企业R&D经费支出占营业收入比重（%）	0.69	0.64
企业引进技术经费支出（亿元）	0.09	0.00
企业消化吸收经费支出（亿元）	0	0.00
企业购买境内技术经费支出（亿元）	0.07	1.29
企业技术改造经费支出（亿元）	52.94	65.24
企业技术获取和技术改造经费支出（亿元）	53.10	66.53
企业技术获取和技术改造经费支出占营业收入比重（%）	0.70	0.66
企业科学研究经费支出占R&D经费支出比重（%）	3.91	3.62
研究机构来源于企业的R&D经费支出（亿元）	2.70	3.23
高校来源于企业的R&D经费支出（亿元）	5.42	3.75
研究机构和高校R&D经费支出中企业资金占比重（%）	17.21	13.21
企业平均吸纳技术成交额（万元）	1206.86	1643.57
企业R&D人员全时当量（人年）	8614	12547

甘肃创新能力监测指标（5）

指标名称	2020	2021
企业R&D研究人员全时当量（人年）	5490	4663
企业R&D研究人员占全社会R&D研究人员比重（%）	29.62	22.62
万名企业就业人员中R&D人员数（人年）	184.93	258.38
有R&D活动的企业数（个）	421	470
有R&D活动的企业占比重（%）	21.57	20.78
有研究机构的企业数（个）	133	141
有研究机构的企业占比重（%）	6.81	6.23
企业专利申请数（件）	3829	4645
企业发明专利申请数（件）	1229	1526
企业发明专利拥有量（件）	4017	4842
万名企业就业人员发明专利拥有量（件）	86.24	99.71
发明专利申请数（件）	5684	6423
实用新型专利申请数（件）	22490	21626
外观设计专利申请数（件）	2558	2116
研究机构专利申请数（件）	1236	1440
研究机构发明专利申请数（件）	871	1025
高校专利申请数（件）	3386	3327
高校发明专利申请数（件）	900	895
万人发明专利申请数（件）	2.27	2.58
亿元R&D经费支出发明专利申请数（件）	51.84	49.61
发明专利授权数（件）	1446	2253
实用新型专利授权数（件）	17503	21975
外观设计专利授权数（件）	2042	1828
万人发明专利授权数（件）	0.58	0.90
亿元R&D经费支出发明专利授权数（件）	13.19	17.40
发明专利拥有量（件）	8310	10164
实用新型专利拥有量（件）	40094	54285
外观设计专利拥有量（件）	5370	5846
研究机构发明专利拥有量（件）	2704	3253
高校发明专利拥有量（件）	2079	2819

甘肃创新能力监测指标（6）

指标名称	2020	2021
万人发明专利拥有量（件）	3.32	4.08
PCT国际专利申请受理量（件）	53	32
国内科技论文数（篇）	8859	9123
万人国内科技论文数（篇）	3.54	3.66
SCI 收录科技论文数（篇）	6292	7561
EI 收录科技论文数（篇）	4313	4523
CPCI-S 收录科技论文数（篇）	267	142
万人国际科技论文数（篇）	4.35	4.91
技术市场成交合同数（项）	7403	10176
技术市场输出技术成交额（亿元）	233.16	280.39
万人输出技术成交额（万元）	932.43	1126.07
国外技术引进合同数（项）	1	1
国外技术引进合同成交额（亿美元）	0	0.02
万人国外技术引进合同成交额（万美元）	0	0.09
国外技术引进合同成交额中技术经费支出（亿美元）	0	0.02
国外技术引进合同成交额中技术经费支出占比重（%）	0	0
百万人技术国际收入（万美元）	123.93	54.06
高技术产业有效发明专利数（件）	674	887
万名高技术产业就业人员有效发明专利数（件）	225.52	270.01
高技术产业营业收入（亿元）	287.40	452.27
高技术产业营业收入占工业营业收入比重（%）	3.79	4.50
高技术产业新产品销售收入（亿元）	81.69	126.38
高技术产业新产品销售收入占营业收入比重（%）	28.42	27.94
万元地区生产总值高技术产业营业收入（万元）	0.03	0.04
新产品销售收入（亿元）	578.03	766.27
新产品销售收入占营业收入比重（%）	7.62	7.63
商品出口额（亿美元）	18.09	21.60
商品出口额与地区生产总值比值（万美元/亿元）	20.15	21.12
高技术产品出口额（亿美元）	3.69	4.89
高技术产品出口额占商品出口额比重（%）	20.42	22.65

甘肃创新能力监测指标（7）

指标名称	2020	2021
第三产业增加值（亿元）	4966.70	5409.50
第三产业增加值占地区生产总值比重（%）	55.31	52.90
高新技术企业数（个）	1215	1373
高新技术企业年末从业人员数（万人）	17.05	18.84
高新技术企业营业收入（亿元）	1983.22	2552.65
高新技术企业技术收入（亿元）	183.83	217.15
高新技术企业技术收入占营业收入比重（%）	9.27	8.51
高新技术企业净利润（亿元）	117.90	189.28
高新技术企业利润率（%）	5.94	7.42
高新技术企业出口总额（亿元）	49.16	53.08
劳动生产率（万元/人）	6.77	7.77
固定资本形成总额（亿元）	4235.42	4778.16
资本生产率（万元/万元）	0.27	0.28
综合能耗产出率（元/千克标准煤）	10.61	11.32
空气质量达到二级以上天数（天）	339	329
空气质量达到二级以上天数占比重（%）	92.91	89.80
废水中化学需氧量排放量（万吨）	59.54	66.13
废水中化学需氧量排放降低率（%）	-900.27	-11.08
二氧化硫排放量（万吨）	8.58	8.47
二氧化硫排放降低率（%）	24.05	1.27
万元地区生产总值用水量（立方米）	121.88	107.48
万元地区生产总值用水量降低率（%）	3.40	11.81
废水中氨氮排放量（万吨）	0.65	0.60
废水中氨氮排放降低率（%）	-31.14	7.91
固体废物产生量（万吨）	5450	6262
固体废物综合利用量（万吨）	2803.66	2989.70
固体废物综合治理率（%）	83.15	79.46
生活垃圾无害化处理率（%）	100.00	100.00
污水处理率（%）	97.18	97.27
建成区绿化覆盖率（%）	36.28	36.29

青海创新能力监测指标（1）

指标名称	2020	2021
大专以上学历人数（万人）	88.15	91.87
万人大专以上学历人数（人）	1617.38	1672.40
高等学校数（个）	12	12
高校在校学生数（万人）	8.89	9.58
十万人高校在校学生数（人）	1499.41	1612.95
高校（机构）硕士毕业生数（人）	1640	1860
十万人硕士毕业生数（人）	27.67	31.31
高校（机构）博士毕业生数（人）	16	36
十万人博士毕业生数（人）	0.27	0.61
研究机构数（个）	19	18
科技企业孵化器管理机构从业人员数（人）	272	289
国家级孵化器管理机构从业人员数（人）	162	172
国家大学科技园管理机构从业人员数（人）	23	23
火炬计划特色产业基地企业从业人员数（人）	0	0
国家技术转移机构从业人员数（人）	301	314
众创空间服务人员数（人）	309	572
众创空间数（个）	36	51
科技企业孵化器数（个）	15	15
国家级科技企业孵化器数（个）	7	7
科技企业孵化器在孵企业数（个）	528	643
科技企业孵化器累计毕业企业数（个）	662	743
科技企业孵化器总收入（亿元）	1.00	1.21
企业研究开发费用加计扣除减免税额（亿元）	1.78	2.42
高新技术企业减免税额（亿元）	0.64	3.15
高新技术企业减免税额占全国比重（%）	0.04	0.13
信息传输、软件和信息技术服务业固定资产投资（亿元）	38.82	35.83
信息传输、软件和信息技术服务业固定资产投资占比重（%）	1.03	0.98
有电子商务交易活动企业占比重（%）	10.30	12.70
企业电子商务销售额（亿元）	201.57	665.17
企业电子商务销售额与地区生产总值比值（亿元/亿元）	0.07	0.20
固定电话和移动电话用户数（万户）	791.46	816.75

青海创新能力监测指标（2）

指标名称	2020	2021
百人固定电话和移动电话用户数（户）	133.52	137.50
移动互联网用户数（万户）	581.12	609.07
万人移动互联网用户数（万户）	0.98	1.03
有效注册商标数（万件）	4.85	6.08
百万人有效注册商标数（件）	8184.39	10228.28
地区生产总值（亿元）	3009.80	3385.10
第二产业增加值（亿元）	1143.20	1364.70
第二产业增加值占地区生产总值比重（%）	37.98	40.31
工业增加值（亿元）	792.20	980.20
工业增加值占地区生产总值比重（%）	26.32	28.96
装备制造业营业收入（亿元）	157.78	267.70
装备制造业营业收入占工业营业收入比重（%）	6.46	8.29
人均地区生产总值（元）	50845	57036
城镇登记失业人员数（万人）	3.06	2.83
城镇登记失业率（%）	2.13	1.84
客运量（亿人）	0.41	0.25
旅客周转量（亿人公里）	88.62	85.01
货运量（亿吨）	1.45	1.78
货物周转量（亿吨公里）	415.74	591.59
研究与试验发展（R&D）经费支出（亿元）	21.32	26.77
R&D经费支出与地区生产总值之比（%）	0.71	0.79
R&D经费中基础研究经费支出（亿元）	2.12	2.55
R&D经费中应用研究经费支出（亿元）	3.65	4.82
R&D经费中试验发展经费支出（亿元）	15.55	19.41
R&D经费中基础研究经费支出占比重（%）	9.93	9.51
R&D经费中应用研究经费支出占比重（%）	17.10	18.02
R&D经费中试验发展经费支出占比重（%）	72.97	72.48
R&D经费中政府资金经费支出（亿元）	7.49	8.84
R&D经费中企业资金经费支出（亿元）	13.68	17.25
R&D经费中政府资金经费支出占比重（%）	35.15	33.01
R&D经费中企业资金经费支出占比重（%）	64.19	64.44
高校R&D经费支出（亿元）	1.66	3.36

青海创新能力监测指标（3）

指标名称	2020	2021
研究机构R&D经费支出（亿元）	4.25	4.57
高校R&D经费支出占全社会R&D经费比重（%）	7.78	12.54
研究机构R&D经费支出占全社会R&D经费比重（%）	19.95	17.08
高新技术企业R&D经费支出（亿元）	4.73	7.58
高新技术企业R&D经费支出占全社会R&D经费比重（%）	22.20	28.32
财政性教育经费支出（亿元）	218.14	221.21
财政性教育经费支出与地区生产总值比值（万元/亿元）	724.76	653.48
地方财政科技支出（亿元）	10.56	12.19
地方财政科技支出占地方财政支出比重（%）	0.55	0.66
地方财政科技支出与地区生产总值比值（万元/亿元）	35.10	36.00
R&D人员全时当量（人年）	4423	5204
万人R&D人员全时当量（人年）	7.46	8.76
R&D人员中基础研究人员数（人年）	721	862
R&D人员中应用研究人员数（人年）	1069	1194
R&D人员中试验发展人员数（人年）	2634	3149
R&D人员中基础研究人员占比重（%）	16.31	16.56
R&D人员中应用研究人员占比重（%）	24.17	22.93
R&D人员中试验发展人员占比重（%）	59.54	60.51
R&D研究人员全时当量（人年）	2399	2839
R&D研究人员占全社会R&D人员比重（%）	54.24	54.56
高校R&D人员全时当量（人年）	731	878
研究机构R&D人员全时当量（人年）	959	987
高校R&D人员占全社会R&D人员比重（%）	16.52	16.87
研究机构R&D人员占全社会R&D人员比重（%）	21.68	18.97
高技术产业R&D经费支出（亿元）	1.37	3.08
高技术产业R&D经费支出占全社会R&D经费比重（%）	6.43	11.50
高技术产业R&D经费支出占营业收入比重（%）	1.08	1.19
高技术产业引进技术经费支出（万元）	0	0
高技术产业消化吸收经费支出（万元）	0	0
高技术产业购买境内技术经费支出（万元）	1054.70	209.10
高技术产业技术改造经费支出（万元）	1054.70	4154.50

青海创新能力监测指标（4）

指标名称	2020	2021
高技术产业技术获取和技术改造经费支出占营业收入比重（%）	0.17	0.17
高技术产业新产品研发经费支出（亿元）	1.74	4.26
高技术产业新产品研发经费支出占新产品销售收入比重（%）	3.34	9.29
高技术产业R&D人员全时当量（人年）	293	302
高技术产业R&D人员占全社会R&D人员比重（%）	6.63	5.80
高新技术企业R&D人员全时当量（人年）	2157	1523
高新技术企业R&D人员占全社会R&D人员比重（%）	48.76	29.26
科学研究和技术服务业固定资产投资（亿元）	27.00	30.26
科学研究和技术服务业固定资产投资占比重（%）	0.71	0.82
开展创新活动的企业数（个）	228	259
开展创新活动的企业占比重（%）	39.38	40.98
实现创新的企业数（个）	227	239
实现创新企业占比重（%）	39.21	37.82
企业创新费用支出（亿元）	24.80	26.70
企业R&D经费支出（亿元）	10.37	13.85
企业R&D经费支出占创新费用支出比重（%）	41.81	51.87
企业R&D经费支出占全社会R&D经费比重（%）	48.65	51.72
企业R&D经费支出占营业收入比重（%）	0.42	0.43
企业引进技术经费支出（亿元）	0.00	0
企业消化吸收经费支出（亿元）	0	0
企业购买境内技术经费支出（亿元）	0.20	0.02
企业技术改造经费支出（亿元）	6.10	2.41
企业技术获取和技术改造经费支出（亿元）	6.31	2.44
企业技术获取和技术改造经费支出占营业收入比重（%）	0.26	0.08
企业科学研究经费支出占R&D经费支出比重（%）	1.56	0.95
研究机构来源于企业的R&D经费支出（亿元）	0.11	0.17
高校来源于企业的R&D经费支出（亿元）	0.28	0.23
研究机构和高校R&D经费支出中企业资金占比重（%）	6.68	4.96
企业平均吸纳技术成交额（万元）	1452.22	1313.99
企业R&D人员全时当量（人年）	1557	1626

青海创新能力监测指标（5）

指标名称	2020	2021
企业R&D研究人员全时当量（人年）	1105	658
企业R&D研究人员占全社会R&D研究人员比重（%）	46.06	23.17
万名企业就业人员中R&D人员数（人年）	106.64	104.57
有R&D活动的企业数（个）	74	92
有R&D活动的企业占比重（%）	12.76	14.53
有研究机构的企业数（个）	33	23
有研究机构的企业占比重（%）	5.69	3.63
企业专利申请数（件）	1423	1354
企业发明专利申请数（件）	494	467
企业发明专利拥有量（件）	1061	1224
万名企业就业人员发明专利拥有量（件）	72.67	78.71
发明专利申请数（件）	1417	1585
实用新型专利申请数（件）	4970	5544
外观设计专利申请数（件）	349	319
研究机构专利申请数（件）	158	133
研究机构发明专利申请数（件）	146	111
高校专利申请数（件）	597	404
高校发明专利申请数（件）	150	138
万人发明专利申请数（件）	2.39	2.67
亿元R&D经费支出发明专利申请数（件）	66.48	59.20
发明专利授权数（件）	333	454
实用新型专利授权数（件）	4050	5774
外观设计专利授权数（件）	310	363
万人发明专利授权数（件）	0.56	0.76
亿元R&D经费支出发明专利授权数（件）	15.62	16.96
发明专利拥有量（件）	1848	2225
实用新型专利拥有量（件）	9478	13733
外观设计专利拥有量（件）	1094	1249
研究机构发明专利拥有量（件）	599	355
高校发明专利拥有量（件）	154	273

青海创新能力监测指标（6）

指标名称	2020	2021
万人发明专利拥有量（件）	3.12	3.75
PCT国际专利申请受理量（件）	7	3
国内科技论文数（篇）	1930	2053
万人国内科技论文数（篇）	3.26	3.46
SCI 收录科技论文数（篇）	608	726
EI 收录科技论文数（篇）	593	495
CPCI-S 收录科技论文数（篇）	35	35
万人国际科技论文数（篇）	2.09	2.11
技术市场成交合同数（项）	1073	1275
技术市场输出技术成交额（亿元）	10.56	14.10
万人输出技术成交额（万元）	178.19	237.45
国外技术引进合同数（项）	0	0
国外技术引进合同成交额（亿美元）	0	0
万人国外技术引进合同成交额（万美元）	0	0
国外技术引进合同成交额中技术经费支出（亿美元）	0	0
国外技术引进合同成交额中技术经费支出占比重（%）	0	0
百万人技术国际收入（万美元）	120.30	29.35
高技术产业有效发明专利数（件）	262	262
万名高技术产业就业人员有效发明专利数（件）	240.83	148.65
高技术产业营业收入（亿元）	126.93	258.86
高技术产业营业收入占工业营业收入比重（%）	5.19	8.02
高技术产业新产品销售收入（亿元）	52.20	45.92
高技术产业新产品销售收入占营业收入比重（%）	41.13	17.74
万元地区生产总值高技术产业营业收入（万元）	0.04	0.08
新产品销售收入（亿元）	209.46	171.46
新产品销售收入占营业收入比重（%）	8.57	5.31
商品出口额（亿美元）	1.82	3.10
商品出口额与地区生产总值比值（万美元/亿元）	6.06	9.16
高技术产品出口额（亿美元）	0.06	0.03
高技术产品出口额占商品出口额比重（%）	3.18	0.97

青海创新能力监测指标（7）

指标名称	2020	2021
第三产业增加值（亿元）	1528.60	1666.70
第三产业增加值占地区生产总值比重（%）	50.79	49.24
高新技术企业数（个）	211	226
高新技术企业年末从业人员数（万人）	4.63	4.04
高新技术企业营业收入（亿元）	762.30	755.90
高新技术企业技术收入（亿元）	251.73	286.23
高新技术企业技术收入占营业收入比重（%）	33.02	37.87
高新技术企业净利润（亿元）	34.53	69.81
高新技术企业利润率（%）	4.53	9.24
高新技术企业出口总额（亿元）	1.40	1.59
劳动生产率（万元/人）	10.77	12.08
固定资本形成总额（亿元）	2350.38	2490.51
资本生产率（万元/万元）	0.12	0.12
综合能耗产出率（元/千克标准煤）	7.29	6.86
空气质量达到二级以上天数（天）	332	331
空气质量达到二级以上天数占比重（%）	90.97	90.47
废水中化学需氧量排放量（万吨）	8.57	7.94
废水中化学需氧量排放降低率（%）	-335.75	7.36
二氧化硫排放量（万吨）	4.01	4.08
二氧化硫排放降低率（%）	7.19	-1.75
万元地区生产总值用水量（立方米）	80.84	73.21
万元地区生产总值用水量降低率（%）	8.49	9.44
废水中氨氮排放量（万吨）	0.54	0.56
废水中氨氮排放降低率（%）	-92.61	-3.70
固体废物产生量（万吨）	15724	15753
固体废物综合利用量（万吨）	6891.60	8379.34
固体废物综合治理率（%）	45.12	54.29
生活垃圾无害化处理率（%）	99.29	99.35
污水处理率（%）	95.31	95.72
建成区绿化覆盖率（%）	35.90	34.81

宁夏创新能力监测指标（1）

指标名称	2020	2021
大专以上学历人数（万人）	124.89	134.97
万人大专以上学历人数（人）	1886.05	2016.95
高等学校数（个）	20	20
高校在校学生数（万人）	19.40	19.93
十万人高校在校学生数（人）	2691.38	2749.14
高校（机构）硕士毕业生数（人）	2171	2519
十万人硕士毕业生数（人）	30.11	34.74
高校（机构）博士毕业生数（人）	47	92
十万人博士毕业生数（人）	0.65	1.27
研究机构数（个）	18	17
科技企业孵化器管理机构从业人员数（人）	404	406
国家级孵化器管理机构从业人员数（人）	115	112
国家大学科技园管理机构从业人员数（人）	14	14
火炬计划特色产业基地企业从业人员数（人）	11410	12912
国家技术转移机构从业人员数（人）	0	0
众创空间服务人员数（人）	64	918
众创空间数（个）	6	55
科技企业孵化器数（个）	23	21
国家级科技企业孵化器数（个）	5	6
科技企业孵化器在孵企业数（个）	767	969
科技企业孵化器累计毕业企业数（个）	644	748
科技企业孵化器总收入（亿元）	0.88	1.15
企业研究开发费用加计扣除减免税额（亿元）	5.50	4.85
高新技术企业减免税额（亿元）	1.57	2.53
高新技术企业减免税额占全国比重（%）	0.10	0.10
信息传输、软件和信息技术服务业固定资产投资（亿元）	38.32	31.80
信息传输、软件和信息技术服务业固定资产投资占比重（%）	1.38	1.12
有电子商务交易活动企业占比重（%）	8.90	9.30
企业电子商务销售额（亿元）	235.54	317.20
企业电子商务销售额与地区生产总值比值（亿元/亿元）	0.06	0.07
固定电话和移动电话用户数（万户）	890.63	914.10

宁夏创新能力监测指标（2）

指标名称	2020	2021
百人固定电话和移动电话用户数（户）	123.54	126.08
移动互联网用户数（万户）	712.71	750.82
万人移动互联网用户数（万户）	0.99	1.04
有效注册商标数（万件）	6.72	8.43
百万人有效注册商标数（件）	9321.41	11627.45
地区生产总值（亿元）	3956.30	4588.20
第二产业增加值（亿元）	1629.30	2099.20
第二产业增加值占地区生产总值比重（%）	41.18	45.75
工业增加值（亿元）	1306.50	1762.20
工业增加值占地区生产总值比重（%）	33.02	38.41
装备制造业营业收入（亿元）	422.03	618.24
装备制造业营业收入占工业营业收入比重（%）	8.79	9.37
人均地区生产总值（元）	55021	63461
城镇登记失业人员数（万人）	5.60	6.96
城镇登记失业率（%）	3.92	4.13
客运量（亿人）	0.36	0.36
旅客周转量（亿人公里）	52.51	55.92
货运量（亿吨）	4.28	4.69
货物周转量（亿吨公里）	698.29	812.21
研究与试验发展（R&D）经费支出（亿元）	59.64	70.44
R&D经费支出与地区生产总值之比（%）	1.51	1.54
R&D经费中基础研究经费支出（亿元）	3.29	3.41
R&D经费中应用研究经费支出（亿元）	5.74	6.51
R&D经费中试验发展经费支出（亿元）	50.62	60.52
R&D经费中基础研究经费支出占比重（%）	5.51	4.84
R&D经费中应用研究经费支出占比重（%）	9.62	9.24
R&D经费中试验发展经费支出占比重（%）	84.87	85.92
R&D经费中政府资金经费支出（亿元）	13.17	15.72
R&D经费中企业资金经费支出（亿元）	45.77	53.91
R&D经费中政府资金经费支出占比重（%）	22.08	22.31
R&D经费中企业资金经费支出占比重（%）	76.74	76.54
高校R&D经费支出（亿元）	6.24	6.94

宁夏创新能力监测指标（3）

指标名称	2020	2021
研究机构R&D经费支出（亿元）	3.49	3.05
高校R&D经费支出占全社会R&D经费比重（%）	10.47	9.85
研究机构R&D经费支出占全社会R&D经费比重（%）	5.86	4.33
高新技术企业R&D经费支出（亿元）	17.40	19.41
高新技术企业R&D经费支出占全社会R&D经费比重（%）	29.17	27.56
财政性教育经费支出（亿元）	208.42	200.01
财政性教育经费支出与地区生产总值比值（万元/亿元）	526.81	435.93
地方财政科技支出（亿元）	27.91	29.00
地方财政科技支出占地方财政支出比重（%）	1.89	2.03
地方财政科技支出与地区生产总值比值（万元/亿元）	70.54	63.20
R&D人员全时当量（人年）	12169	15930
万人R&D人员全时当量（人年）	16.88	21.97
R&D人员中基础研究人员数（人年）	1311	1436
R&D人员中应用研究人员数（人年）	1450	1878
R&D人员中试验发展人员数（人年）	9409	12616
R&D人员中基础研究人员占比重（%）	10.77	9.02
R&D人员中应用研究人员占比重（%）	11.91	11.79
R&D人员中试验发展人员占比重（%）	77.32	79.20
R&D研究人员全时当量（人年）	5483	6651
R&D研究人员占全社会R&D人员比重（%）	45.06	41.75
高校R&D人员全时当量（人年）	1824	2213
研究机构R&D人员全时当量（人年）	619	625
高校R&D人员占全社会R&D人员比重（%）	14.99	13.89
研究机构R&D人员占全社会R&D人员比重（%）	5.09	3.92
高技术产业R&D经费支出（亿元）	8.55	15.80
高技术产业R&D经费支出占全社会R&D经费比重（%）	14.33	22.44
高技术产业R&D经费支出占营业收入比重（%）	3.80	3.95
高技术产业引进技术经费支出（万元）	0	0
高技术产业消化吸收经费支出（万元）	0	0
高技术产业购买境内技术经费支出（万元）	0	95.00
高技术产业技术改造经费支出（万元）	4317.50	23349.50

宁夏创新能力监测指标（4）

指标名称	2020	2021
高技术产业技术获取和技术改造经费支出占营业收入比重（%）	0.19	0.59
高技术产业新产品研发经费支出（亿元）	8.70	12.74
高技术产业新产品研发经费支出占新产品销售收入比重（%）	6.61	7.44
高技术产业R&D人员全时当量（人年）	1227	1558
高技术产业R&D人员占全社会R&D人员比重（%）	10.08	9.78
高新技术企业R&D人员全时当量（人年）	4065	2956
高新技术企业R&D人员占全社会R&D人员比重（%）	33.41	18.56
科学研究和技术服务业固定资产投资（亿元）	20.60	13.70
科学研究和技术服务业固定资产投资占比重（%）	0.74	0.48
开展创新活动的企业数（个）	697	832
开展创新活动的企业占比重（%）	56.16	60.12
实现创新的企业数（个）	693	746
实现创新企业占比重（%）	55.84	53.90
企业创新费用支出（亿元）	92.90	118.80
企业R&D经费支出（亿元）	45.35	51.76
企业R&D经费支出占创新费用支出比重（%）	48.81	43.57
企业R&D经费支出占全社会R&D经费比重（%）	76.04	73.48
企业R&D经费支出占营业收入比重（%）	0.94	0.78
企业引进技术经费支出（亿元）	0	0.03
企业消化吸收经费支出（亿元）	0.06	0.01
企业购买境内技术经费支出（亿元）	1.77	0.59
企业技术改造经费支出（亿元）	34.26	42.46
企业技术获取和技术改造经费支出（亿元）	36.09	43.08
企业技术获取和技术改造经费支出占营业收入比重（%）	0.75	0.65
企业科学研究经费支出占R&D经费支出比重（%）	0.31	0.95
研究机构来源于企业的R&D经费支出（亿元）	0.00	0
高校来源于企业的R&D经费支出（亿元）	1.05	0.96
研究机构和高校R&D经费支出中企业资金占比重（%）	10.84	9.66
企业平均吸纳技术成交额（万元）	914.38	753.18
企业R&D人员全时当量（人年）	8333	10930

宁夏创新能力监测指标（5）

指标名称	2020	2021
企业R&D研究人员全时当量（人年）	4252	2970
企业R&D研究人员占全社会R&D研究人员比重（%）	77.55	44.66
万名企业就业人员中R&D人员数（人年）	280.10	337.66
有R&D活动的企业数（个）	422	556
有R&D活动的企业占比重（%）	34.00	40.20
有研究机构的企业数（个）	217	205
有研究机构的企业占比重（%）	17.49	14.82
企业专利申请数（件）	3774	3935
企业发明专利申请数（件）	1408	1346
企业发明专利拥有量（件）	3126	3397
万名企业就业人员发明专利拥有量（件）	105.08	104.94
发明专利申请数（件）	2574	3054
实用新型专利申请数（件）	9006	10805
外观设计专利申请数（件）	592	720
研究机构专利申请数（件）	184	220
研究机构发明专利申请数（件）	57	67
高校专利申请数（件）	708	1015
高校发明专利申请数（件）	247	301
万人发明专利申请数（件）	3.57	4.21
亿元R&D经费支出发明专利申请数（件）	43.16	43.36
发明专利授权数（件）	703	1103
实用新型专利授权数（件）	6477	11141
外观设计专利授权数（件）	530	641
万人发明专利授权数（件）	0.98	1.52
亿元R&D经费支出发明专利授权数（件）	11.79	15.66
发明专利拥有量（件）	3691	4310
实用新型专利拥有量（件）	16817	25704
外观设计专利拥有量（件）	1381	1822
研究机构发明专利拥有量（件）	128	156
高校发明专利拥有量（件）	400	502

宁夏创新能力监测指标（6）

指标名称	2020	2021
万人发明专利拥有量（件）	5.12	5.94
PCT国际专利申请受理量（件）	30	17
国内科技论文数（篇）	2146	2275
万人国内科技论文数（篇）	2.98	3.14
SCI 收录科技论文数（篇）	848	1103
EI 收录科技论文数（篇）	530	547
CPCI-S 收录科技论文数（篇）	62	39
万人国际科技论文数（篇）	2.00	2.33
技术市场成交合同数（项）	1864	3125
技术市场输出技术成交额（亿元）	16.81	25.09
万人输出技术成交额（万元）	233.11	346.13
国外技术引进合同数（项）	10	2
国外技术引进合同成交额（亿美元）	0.75	0.01
万人国外技术引进合同成交额（万美元）	10.40	0.18
国外技术引进合同成交额中技术经费支出（亿美元）	0.75	0.01
国外技术引进合同成交额中技术经费支出占比重（%）	100.00	100.00
百万人技术国际收入（万美元）	104.27	50.70
高技术产业有效发明专利数（件）	284	350
万名高技术产业就业人员有效发明专利数（件）	144.47	159.26
高技术产业营业收入（亿元）	225.19	399.65
高技术产业营业收入占工业营业收入比重（%）	4.69	6.06
高技术产业新产品销售收入（亿元）	131.69	171.22
高技术产业新产品销售收入占营业收入比重（%）	58.48	42.84
万元地区生产总值高技术产业营业收入（万元）	0.06	0.09
新产品销售收入（亿元）	459.20	540.05
新产品销售收入占营业收入比重（%）	9.56	8.18
商品出口额（亿美元）	22.39	38.40
商品出口额与地区生产总值比值（万美元/亿元）	56.60	83.69
高技术产品出口额（亿美元）	1.39	2.69
高技术产品出口额占商品出口额比重（%）	6.22	7.00

宁夏创新能力监测指标（7）

指标名称	2020	2021
第三产业增加值（亿元）	1989.00	2124.40
第三产业增加值占地区生产总值比重（%）	50.27	46.30
高新技术企业数（个）	288	355
高新技术企业年末从业人员数（万人）	6.67	7.39
高新技术企业营业收入（亿元）	836.88	1310.67
高新技术企业技术收入（亿元）	14.18	18.59
高新技术企业技术收入占营业收入比重（%）	1.69	1.42
高新技术企业净利润（亿元）	63.59	87.24
高新技术企业利润率（%）	7.60	6.66
高新技术企业出口总额（亿元）	43.42	66.58
劳动生产率（万元/人）	11.40	13.11
固定资本形成总额（亿元）	3840.76	1903.98
资本生产率（万元/万元）	0.12	0.13
综合能耗产出率（元/千克标准煤）	4.53	5.20
空气质量达到二级以上天数（天）	310	307
空气质量达到二级以上天数占比重（%）	85.05	83.88
废水中化学需氧量排放量（万吨）	22.03	24.50
废水中化学需氧量排放降低率（%）	-144.55	-11.22
二氧化硫排放量（万吨）	7.16	6.03
二氧化硫排放降低率（%）	42.75	15.77
万元地区生产总值用水量（立方米）	179.06	150.59
万元地区生产总值用水量降低率（%）	3.98	15.90
废水中氨氮排放量（万吨）	0.34	0.25
废水中氨氮排放降低率（%）	-3.58	25.21
固体废物产生量（万吨）	6738	7857
固体废物综合利用量（万吨）	3116.99	3554.96
固体废物综合治理率（%）	95.76	99.25
生活垃圾无害化处理率（%）	99.96	100.00
污水处理率（%）	96.74	98.24
建成区绿化覆盖率（%）	41.95	42.01

新疆创新能力监测指标（1）

指标名称	2020	2021
大专以上学历人数（万人）	427.48	469.19
万人大专以上学历人数（人）	1779.56	1915.94
高等学校数（个）	56	55
高校在校学生数（万人）	60.38	65.40
十万人高校在校学生数（人）	2330.92	2525.95
高校（机构）硕士毕业生数（人）	7399	7775
十万人硕士毕业生数（人）	28.56	30.03
高校（机构）博士毕业生数（人）	241	216
十万人博士毕业生数（人）	0.93	0.83
研究机构数（个）	98	93
科技企业孵化器管理机构从业人员数（人）	443	420
国家级孵化器管理机构从业人员数（人）	195	232
国家大学科技园管理机构从业人员数（人）	14	11
火炬计划特色产业基地企业从业人员数（人）	47671	49379
国家技术转移机构从业人员数（人）	1270	1281
众创空间服务人员数（人）	678	812
众创空间数（个）	62	49
科技企业孵化器数（个）	29	26
国家级科技企业孵化器数（个）	10	12
科技企业孵化器在孵企业数（个）	1608	1593
科技企业孵化器累计毕业企业数（个）	946	903
科技企业孵化器总收入（亿元）	2.02	2.47
企业研究开发费用加计扣除减免税额（亿元）	5.97	10.66
高新技术企业减免税额（亿元）	5.88	16.30
高新技术企业减免税额占全国比重（%）	0.36	0.65
信息传输、软件和信息技术服务业固定资产投资（亿元）	123.94	129.64
信息传输、软件和信息技术服务业固定资产投资占比重（%）	1.18	1.07
有电子商务交易活动企业占比重（%）	6.20	6.00
企业电子商务销售额（亿元）	731.35	917.68
企业电子商务销售额与地区生产总值比值（亿元/亿元）	0.05	0.06
固定电话和移动电话用户数（万户）	3249.88	3369.18

新疆创新能力监测指标（2）

指标名称	2020	2021
百人固定电话和移动电话用户数（户）	125.45	130.13
移动互联网用户数（万户）	2359.17	2464.30
万人移动互联网用户数（万户）	0.91	0.95
有效注册商标数（万件）	22.20	27.93
百万人有效注册商标数（件）	8569.62	10788.91
地区生产总值（亿元）	13800.70	16311.60
第二产业增加值（亿元）	4786.70	6295.90
第二产业增加值占地区生产总值比重（%）	34.68	38.60
工业增加值（亿元）	3683.00	5057.90
工业增加值占地区生产总值比重（%）	26.69	31.01
装备制造业营业收入（亿元）	948.76	761.90
装备制造业营业收入占工业营业收入比重（%）	8.12	4.91
人均地区生产总值（元）	53606	62991
城镇登记失业人员数（万人）	9.37	8.85
城镇登记失业率（%）	2.39	2.04
客运量（亿人）	0.70	1.60
旅客周转量（亿人公里）	184.97	260.78
货运量（亿吨）	5.78	7.35
货物周转量（亿吨公里）	1708.03	2000.07
研究与试验发展（R&D）经费支出（亿元）	61.57	78.31
R&D经费支出与地区生产总值之比（%）	0.45	0.48
R&D经费中基础研究经费支出（亿元）	8.36	9.26
R&D经费中应用研究经费支出（亿元）	8.10	21.75
R&D经费中试验发展经费支出（亿元）	45.10	47.31
R&D经费中基础研究经费支出占比重（%）	13.59	11.82
R&D经费中应用研究经费支出占比重（%）	13.15	27.77
R&D经费中试验发展经费支出占比重（%）	73.26	60.41
R&D经费中政府资金经费支出（亿元）	17.95	18.26
R&D经费中企业资金经费支出（亿元）	42.54	58.40
R&D经费中政府资金经费支出占比重（%）	29.16	23.31
R&D经费中企业资金经费支出占比重（%）	69.10	74.57
高校R&D经费支出（亿元）	5.07	5.93

新疆创新能力监测指标（3）

指标名称	2020	2021
研究机构R&D经费支出（亿元）	12.94	12.81
高校R&D经费支出占全社会R&D经费比重（%）	8.23	7.57
研究机构R&D经费支出占全社会R&D经费比重（%）	21.02	16.36
高新技术企业R&D经费支出（亿元）	26.12	74.45
高新技术企业R&D经费支出占全社会R&D经费比重（%）	42.42	95.06
财政性教育经费支出（亿元）	908.11	927.96
财政性教育经费支出与地区生产总值比值（万元/亿元）	658.02	568.90
地方财政科技支出（亿元）	41.25	42.86
地方财政科技支出占地方财政支出比重（%）	0.75	0.80
地方财政科技支出与地区生产总值比值（万元/亿元）	29.89	26.28
R&D人员全时当量（人年）	14109	19244
万人R&D人员全时当量（人年）	5.45	7.43
R&D人员中基础研究人员数（人年）	3573	4597
R&D人员中应用研究人员数（人年）	3730	5754
R&D人员中试验发展人员数（人年）	6806	8892
R&D人员中基础研究人员占比重（%）	25.32	23.89
R&D人员中应用研究人员占比重（%）	26.44	29.90
R&D人员中试验发展人员占比重（%）	48.24	46.21
R&D研究人员全时当量（人年）	9443	10862
R&D研究人员占全社会R&D人员比重（%）	66.93	56.44
高校R&D人员全时当量（人年）	3862	4712
研究机构R&D人员全时当量（人年）	3711	3789
高校R&D人员占全社会R&D人员比重（%）	27.37	24.49
研究机构R&D人员占全社会R&D人员比重（%）	26.30	19.69
高技术产业R&D经费支出（亿元）	2.62	1.69
高技术产业R&D经费支出占全社会R&D经费比重（%）	4.26	2.15
高技术产业R&D经费支出占营业收入比重（%）	1.51	1.09
高技术产业引进技术经费支出（万元）	0	0
高技术产业消化吸收经费支出（万元）	0	0
高技术产业购买境内技术经费支出（万元）	486.50	0.90
高技术产业技术改造经费支出（万元）	217.20	216.90

新疆创新能力监测指标（4）

指标名称	2020	2021
高技术产业技术获取和技术改造经费支出占营业收入比重（%）	0.04	0.01
高技术产业新产品研发经费支出（亿元）	1.57	2.62
高技术产业新产品研发经费支出占新产品销售收入比重（%）	16.10	33.71
高技术产业R&D人员全时当量（人年）	414	338
高技术产业R&D人员占全社会R&D人员比重（%）	2.93	1.75
高新技术企业R&D人员全时当量（人年）	4542	11022
高新技术企业R&D人员占全社会R&D人员比重（%）	32.19	57.28
科学研究和技术服务业固定资产投资（亿元）	38.01	82.56
科学研究和技术服务业固定资产投资占比重（%）	0.36	0.68
开展创新活动的企业数（个）	1068	1355
开展创新活动的企业占比重（%）	29.63	33.50
实现创新的企业数（个）	1019	1220
实现创新企业占比重（%）	28.27	30.16
企业创新费用支出（亿元）	106.30	146.90
企业R&D经费支出（亿元）	39.19	54.18
企业R&D经费支出占创新费用支出比重（%）	36.87	36.88
企业R&D经费支出占全社会R&D经费比重（%）	63.66	69.19
企业R&D经费支出占营业收入比重（%）	0.34	0.35
企业引进技术经费支出（亿元）	1.24	0.54
企业消化吸收经费支出（亿元）	0.00	0.04
企业购买境内技术经费支出（亿元）	5.17	0.15
企业技术改造经费支出（亿元）	21.81	27.65
企业技术获取和技术改造经费支出（亿元）	28.21	28.37
企业技术获取和技术改造经费支出占营业收入比重（%）	0.24	0.18
企业科学研究经费支出占R&D经费支出比重（%）	6.62	30.35
研究机构来源于企业的R&D经费支出（亿元）	0.16	0.21
高校来源于企业的R&D经费支出（亿元）	0.73	0.70
研究机构和高校R&D经费支出中企业资金占比重（%）	4.99	4.85
企业平均吸纳技术成交额（万元）	752.81	645.46
企业R&D人员全时当量（人年）	4752	8995

新疆创新能力监测指标（5）

指标名称	2020	2021
企业R&D研究人员全时当量（人年）	3409	2833
企业R&D研究人员占全社会R&D研究人员比重（%）	36.10	26.08
万名企业就业人员中R&D人员数（人年）	65.82	123.32
有R&D活动的企业数（个）	185	308
有R&D活动的企业占比重（%）	5.09	7.55
有研究机构的企业数（个）	79	117
有研究机构的企业占比重（%）	2.17	2.87
企业专利申请数（件）	4427	5181
企业发明专利申请数（件）	1671	2008
企业发明专利拥有量（件）	4580	5670
万名企业就业人员发明专利拥有量（件）	63.43	77.74
发明专利申请数（件）	3776	4395
实用新型专利申请数（件）	13968	16283
外观设计专利申请数（件）	1099	1543
研究机构专利申请数（件）	530	648
研究机构发明专利申请数（件）	237	286
高校专利申请数（件）	1822	5751
高校发明专利申请数（件）	721	2678
万人发明专利申请数（件）	1.46	1.70
亿元R&D经费支出发明专利申请数（件）	61.33	56.12
发明专利授权数（件）	859	1153
实用新型专利授权数（件）	10805	18691
外观设计专利授权数（件）	1099	1334
万人发明专利授权数（件）	0.33	0.45
亿元R&D经费支出发明专利授权数（件）	13.95	14.72
发明专利拥有量（件）	5684	6388
实用新型专利拥有量（件）	29938	44114
外观设计专利拥有量（件）	5320	5750
研究机构发明专利拥有量（件）	1073	1051
高校发明专利拥有量（件）	1104	1244

新疆创新能力监测指标（6）

指标名称	2020	2021
万人发明专利拥有量（件）	2.19	2.47
PCT国际专利申请受理量（件）	39	50
国内科技论文数（篇）	7092	7419
万人国内科技论文数（篇）	2.74	2.87
SCI 收录科技论文数（篇）	2560	3264
EI 收录科技论文数（篇）	1370	1633
CPCI-S 收录科技论文数（篇）	80	32
万人国际科技论文数（篇）	1.55	1.90
技术市场成交合同数（项）	189	1819
技术市场输出技术成交额（亿元）	15.11	18.85
万人输出技术成交额（万元）	58.34	72.82
国外技术引进合同数（项）	49	42
国外技术引进合同成交额（亿美元）	0.20	0.10
万人国外技术引进合同成交额（万美元）	0.76	0.38
国外技术引进合同成交额中技术经费支出（亿美元）	0.08	0.10
国外技术引进合同成交额中技术经费支出占比重（%）	43.34	99.60
百万人技术国际收入（万美元）	483.13	591.02
高技术产业有效发明专利数（件）	319	185
万名高技术产业就业人员有效发明专利数（件）	202.48	127.89
高技术产业营业收入（亿元）	174.10	154.15
高技术产业营业收入占工业营业收入比重（%）	1.49	0.99
高技术产业新产品销售收入（亿元）	9.75	7.77
高技术产业新产品销售收入占营业收入比重（%）	5.60	5.04
万元地区生产总值高技术产业营业收入（万元）	0.01	0.01
新产品销售收入（亿元）	633.09	582.09
新产品销售收入占营业收入比重（%）	5.42	3.75
商品出口额（亿美元）	123.40	179.10
商品出口额与地区生产总值比值（万美元/亿元）	89.42	109.80
高技术产品出口额（亿美元）	5.63	7.37
高技术产品出口额占商品出口额比重（%）	4.56	4.11

新疆创新能力监测指标（7）

指标名称	2020	2021
第三产业增加值（亿元）	7032.80	7656.60
第三产业增加值占地区生产总值比重（%）	50.96	46.94
高新技术企业数（个）	768	935
高新技术企业年末从业人员数（万人）	18.97	22.03
高新技术企业营业收入（亿元）	3208.11	5016.62
高新技术企业技术收入（亿元）	458.26	633.83
高新技术企业技术收入占营业收入比重（%）	14.28	12.63
高新技术企业净利润（亿元）	125.66	627.36
高新技术企业利润率（%）	3.92	12.51
高新技术企业出口总额（亿元）	64.17	95.31
劳动生产率（万元/人）	10.18	11.75
固定资本形成总额（亿元）	13113.25	14692.47
资本生产率（万元/万元）	0.16	0.16
综合能耗产出率（元/千克标准煤）	6.76	7.27
空气质量达到二级以上天数（天）	287	292
空气质量达到二级以上天数占比重（%）	78.57	79.91
废水中化学需氧量排放量（万吨）	69.34	66.98
废水中化学需氧量排放降低率（%）	-319.29	3.40
二氧化硫排放量（万吨）	14.48	13.33
二氧化硫排放降低率（%）	39.30	7.97
万元地区生产总值用水量（立方米）	413.41	359.05
万元地区生产总值用水量降低率（%）	4.35	13.15
废水中氨氮排放量（万吨）	2.58	2.32
废水中氨氮排放降低率（%）	-37.03	9.87
固体废物产生量（万吨）	9354	10581
固体废物综合利用量（万吨）	4052.80	4429.67
固体废物综合治理率（%）	66.43	65.31
生活垃圾无害化处理率（%）	99.07	100.00
污水处理率（%）	98.11	97.40
建成区绿化覆盖率（%）	40.86	40.99

五、区域创新能力监测指标解释和数据来源

● 大专以上学历人数

是指取得大学专科以上毕业证书的人数，包括专科、本科、硕士、博士学历的人数。数据来源于《中国统计年鉴》。

● 万人大专以上学历人数

创新人才要素与国民的受教育水平有密切联系，万人大专以上学历人数是反映创新人才要素水平的重要指标。大专以上学历人数来源于政府统计部门的人口调查。数据来源于《中国统计年鉴》。

● 高等学校数

指由国家部委、省级人民政府（含新疆生产建设兵团）、省（区、市）教育行政部门主管或联合主管的实行普通高等教育的学校，包括本科高等学校、高等职业学校、高等专科学校。数据来源于《中国教育统计年鉴》。

● 高校在校学生数

是指高等学校学年初开学以后，具有学籍的全部在校学习的学生总数。高等学校包括大学、专业学院和职业大学等。高等学校在校生在校期间已经具备从事研发活动和研发辅助活动的能力、条件和机会，因而属于重要的创新活动人力资源。数据来源于《中国统计年鉴》。

● 十万人高校在校学生数

是高等学校在校学生数与人口数（以十万为单位）的比值，是反映科技人力资源培养的重要指标。数据来源于《中国统计年鉴》。

● 高校（机构）硕士毕业生数

硕士是一个介于学士及博士之间的研究生学位，拥有硕士学位者通常被认定为已具有对所研究领域基本的、独立的思考能力。硕士毕业生数是反映科技人力资源规模的重要指标。数据来源于《中国教育统计年鉴》。

● 十万人硕士毕业生数

是指高等学校（机构）硕士毕业生数与人口数（以十万为单位）的比值，是反映科技人力资源水平的重要指标。数据来源于《中国教育统计年鉴》。

● 高校（机构）博士毕业生数

博士是最高级别的学位。拥有博士学位或博士学位同等学历，意味着已经有能力由学习阶段进入学术研究阶段。具备产出原创成果的能力或学力是博士学位的核心内涵，也是拥有博士学位的人最本质的特征。博士毕业生数是拥有科技创新人力资源规模的重要体现。数据来源于《中国教育统计年鉴》。

● 十万人博士毕业生数

博士是体现一个人具备较高学术研究能力的学位，是目前最高级别的学位。拥有博士毕业生规模的大小和水平的高低是创新人才要素充裕与否的重要体现，也是反映一个国家、一个地区或一个城市是否具有较好的创新人才要素吸引力的重要指标。数据来源于《中国教育统计年鉴》。

● 研究机构数

指地级及以上独立核算的政府属科学研究与技术开发机构数。数据来源于《中国科技统计年鉴》。

● 科技企业孵化器管理机构从业人员数

是指在科技企业孵化器管理机构工作，取得工资或其他形式劳动报酬的人员数，可以体现科技企业孵化器管理机构的人力资源状况和相应的服务能力。数据来源于《中国火炬统计年鉴》。

● 国家级孵化器管理机构从业人员数

是指在国家级孵化器管理机构工作，取得工资或其他形式劳动报酬的人员数，可以体现国家级孵化器管理机构的人力资源状况和相应的服务能力。数据来源于《中国火炬统计年鉴》。

● 国家大学科技园管理机构从业人员数

是指在国家大学科技园管理机构工作，取得工资或其他形式劳动报酬的人员数，可以体现国家大学科技园管理机构的人力资源规模和服务能力。数据来源于《中国火炬统计年鉴》。

● 火炬计划特色产业基地企业从业人员数

是指在火炬计划特色产业基地企业工作，取得工资或其他形式劳动报酬的人员数，可以体现火炬计划特色产业基地企业的人力资源规模。数据来源于《中国火炬统计年鉴》。

● 国家技术转移机构从业人员数

是指在国家技术转移机构工作，取得工资或其他形式劳动报酬的人员数。可以体现国家技术转移机构的人力资源规模和服务能力。数据来源于《中国火炬统计年鉴》。

● 众创空间服务人员数

指众创空间内从事管理、运行工作的服务人员总数。数据来源于《中国火炬统计年鉴》。

● 众创空间数

指为满足大众创新创业需求，提供工作空间、网络空间、社交空间和资源共享空间，积极利用众筹、众扶、众包等新手段，以社会化、专业化、市场化、网络化为服务特色，实现低成本、便利化、全要素、开放式运营的创新创业平台数量。数据来源于《中国火炬统计年鉴》。

● 科技企业孵化器数

科技企业孵化器是培育和扶植高新技术中小企业的服务机构，对推动高新技术产业发展、完善国家和区域创新体系、繁荣经济发挥着重要的作用，具有重大的社会经济意义。科技企业孵化器数是在一定时间内拥有的科技企业孵化器的总量。数据来源于《中国火炬统计年鉴》。

● 国家级科技企业孵化器数

是指在一定时间内拥有的国家级科技企业孵化器的总量，体现了国家级科技企业孵化器的规模和服务能力。数据来源于《中国火炬统计年鉴》。

● 科技企业孵化器在孵企业数

是指已经进驻到科技企业孵化器内经营并接受该孵化器所提供的孵化服务，但是还处于初级阶段形式的企业数量。数据来源于《中国火炬统计年鉴》。

● 科技企业孵化器累计毕业企业数

是指科技企业孵化器孵化并毕业的全部企业数量。数据来源于《中国火炬统计年鉴》。

● 科技企业孵化器总收入

是指科技企业孵化器经营主要业务收入和其他业务所确认的收入总额。数据来源于《中国火炬统计年鉴》。

● 企业研究开发费用加计扣除减免税额

是指企业在报告期按有关政策和税法规定，税前加计扣除的研究开发活动费用所得税，体现了政府对企业科技活动的重视程度。数据来源于《工业企业科技活动统计资料》。

● 高新技术企业减免税额

是指高新技术企业在报告期按照国家有关政策依法享受的企业所得税减免额，是体现政府对高新技术企业科技活动重视程度的指标。高新技术企业是指在《国家重点支持的高新技术领域》内，持续进行研究开发与技术成果转化，形成企业核心自主知识产权，并以此为基础开展经营活动，在中国境内（不包括港澳台地区）注册一年以上的企业。数据来源于《工业企业科技活动统计资料》。

● 高新技术企业减免税额占全国比重

是反映政府对高新技术企业支持的相对力度的指标。数据来源于《工业企业科技活动统计资料》。

● 信息传输、软件和信息技术服务业固定资产投资

固定资产投资是以货币形式表现的建造和购置固定资产活动的工作量，是反映固定资产投资规模、速度、比例关系和使用方向的综合性指标。根据我国《国民经济行业分类》（GB/T 4754—2017）标准的界定，信息传输、软件和信息技术服务业包括3个部分：①电信、广播电视和卫星传输服务；②互联网和相关服务；③软件和信息技术服务业。信息传输、软件和信息技术服务业固定资产投资额是在一定时期内以货币形式表现的信息传输、软件和信息技术服务业建造和购置固定资产的工作量及与此有关的费用的总和。数据来源于《中国统计年鉴》。

● 信息传输、软件和信息技术服务业固定资产投资占比重

信息传输、软件和信息技术服务业作为信息产业的重要载体，是知识密集型服务业中十分重要的部分。信息传输、软件和信息技术服务业固定资产投资占全社会固定资产投资比重是反映创新能力建设的重要指标。数据来源于《中国统计年鉴》。

● 有电子商务交易活动企业占比重

指通过互联网开展电子商务销售或电子商务采购的企业占全部企业比重。数据来源于《中国统计年鉴》。

● 企业电子商务销售额

指报告期内企业（单位）借助网络订单而销售的商品和服务总额（包含增值税），借助网络订单指通过网络接受订单，付款和配送可以不借助于网络。数据来源于《中国统计年鉴》。

● 企业电子商务销售额与地区生产总值比值

指报告期企业（单位）借助网络订单而销售的商品和服务总额（包含增值税）与地区生产总值之比。数据来源于《中国统计年鉴》。

● 固定电话和移动电话用户数

固定电话用户是指在电信企业营业网点办理开户登记手续并已接入固定电话网的全部电话用户。移动电话用户是指在电信运营企业营业网点办理开户登记手续，通过移动电话交换机进入移动电话网，占用移动电话号码的各类电话用户。二者均是体现社会生活信息化水平的指标。数据来源于《中国统计年鉴》。

● 百人固定电话和移动电话用户数

随着科技的迅速发展，移动电话已逐步成为主要的通信工具。因此，在监测中将固定电话和移动电话合二为一，用以反映社会生活信息化水平。数据来源于《中国统计年鉴》。

● 移动互联网用户数

移动互联网是移动和互联网融合的产物，继承了移动随时、随地、随身和互联网分享、开放、互动的优势，是整合二者优势的"升级版本"。移动互联网用户数指接入移动

互联网进行信息查询和享受网上信息服务的人数。数据来源于《中国统计年鉴》。

● 万人移动互联网用户数

移动互联网的发展既是科技发展直接的成果和体现，又是创新活动应具备的基础条件。移动互联网用户数采用的是信息产业部统计并公布的数据，来源于《中国统计年鉴》。

● 有效注册商标数

是指在报告期末拥有的注册商标件数，包括在境内和境外注册的有效商标件数，一件商标在境内外同时注册时只统计一次。商标是知识产权的重要组成部分。商标总是与某一商品或服务特有的专利、非专利发明、技术标准或技术诀窍相联系，商标的拥有和使用反映了技术创新的水平和程度。数据来源于《中国科技统计年鉴》。

● 百万人有效注册商标数

是指有效注册商标数与人口数（以百万为单位）的比值，是反映创新环境的重要指标。数据来源于《中国科技统计年鉴》。

● 地区生产总值

经济社会的快速、持续、稳定发展离不开创新活动，创新活动的开展也依赖于一定的经济社会发展水平。创新资源不仅需要人力的支持，也需要财力、物力的支持。地区生产总值是指在一定时期内，一个地区所有常住单位按市场价格计算的生产活动的最终成果，体现了该地区新创造产品或服务的总价值，可以反映该地区的经济总量和经济规模。数据来源于《中国统计年鉴》。

● 第二产业增加值

是指采矿业（不含开采辅助活动），制造业（不含金属制品、机械和设备修理业），电力、热力、燃气及水生产和供应业，以及建筑业4个门类行业在报告期内以货币形式表现的生产活动最终成果。数据来源于《中国统计年鉴》。

● 第二产业增加值占地区生产总值比重

是第二产业增加值与地区生产总值之比。数据来源于《中国统计年鉴》。

● 工业增加值

是指采矿业（不含开采辅助活动），制造业（不含金属制品、机械和设备修理业），电力、热力、燃气及水生产和供应业3个门类行业在报告期内以货币形式表现的生产活动最终成果。数据来源于《中国统计年鉴》。

● 工业增加值占地区生产总值比重

是工业增加值与地区生产总值之比。数据来源于《中国统计年鉴》。

● 装备制造业营业收入

装备制造业是为国民经济和国防建设提供生产技术装备的制造业，是工业的核心组成部分，也是国民经济各行业发展的基础。装备制造业包括通用设备制造业，专用设备制造业，汽车制造业，铁路、船舶、航空航天和其他运输设备制造业，电气机械和器材制造业，计算机、通信和其他电子设备制造业，仪器仪表制造业，金属制品、机械和设备修理业等行业。数据来源于各地方统计年鉴，为规模以上工业企业数。

● 装备制造业营业收入占工业营业收入比重

是指装备制造业营业收入与工业企业营业收入之比，反映的是装备制造业占工业的份额。数据来源于各地方统计年鉴，为规模以上工业企业数。

● 人均地区生产总值

是地区生产总值和地区常住人口数之比，是衡量一个国家或地区经济发展水平最具代表性的指标。地区生产总值和常住人口数的数据均来源于《中国统计年鉴》。

● 城镇登记失业人员数

指有非农业户口，在一定的劳动年龄内（16周岁至退休年龄），有劳动能力，无业而要求就业，并在当地劳动保障部门进行失业登记的人员数量。数据来源于《中国统计年鉴》。

● 城镇登记失业率

城镇登记失业人员与城镇单位就业人员（扣除使用的农村劳动力、聘用的离退休人员、港澳台及外方人员）、城镇单位中的不在岗职工、城镇私营业主、个体户主、城镇私营企业和个体就业人员、城镇登记失业人员之和的比。数据来源于《中国统计年鉴》。

● 客运量

指在一定时期内各种运输工具实际运送的旅客数量。旅客不论行程远近或票价多少，均按一人一次客运量统计；半价票、儿童票也按一人统计。数据来源于《中国统计年鉴》。

● 旅客周转量

指在一定时期内由各种运输工具运送的旅客数量与其相应运输距离的乘积之总和。该指标可以反映运输业生产的总成果，也是编制和检查运输生产计划，计算运输效率、劳动生产率及核算运输单位成本的主要基础资料。计算旅客周转量通常按发出站与到达站之间的最短距离，也就是计费距离计算。数据来源于《中国统计年鉴》。

计算公式为：旅客周转量＝∑（旅客运输量×运输距离）。

● 货运量

指在一定时期内各种运输工具实际运送的货物重量。货物不论运输距离长短及货物类别，均按实际重量统计。数据来源于《中国统计年鉴》。

● 货物周转量

指在一定时期内由各种运输工具运送的货物数量与其相应运输距离的乘积之总和。计算货物周转量通常按发出站与到达站之间的最短距离，也就是计费距离计算。数据来源于

《中国统计年鉴》。

计算公式为：货物周转量＝∑（货物运输量×运输距离）。

● 研究与试验发展（R&D）经费支出

指调查单位在报告年度用于内部开展R&D活动的实际支出。包括用于R&D项目（课题）活动的直接支出，间接用于R&D活动的管理费、服务费，以及与R&D有关的基本建设支出及外协加工费等。不包括生产性活动支出、归还贷款支出，以及与外单位合作或委托外单位进行R&D活动而转拨给对方的经费支出。数据来源于《中国科技统计年鉴》。

● R&D经费支出与地区生产总值之比

也称R&D经费投入强度，是衡量创新资本要素投入强度最为重要、最为综合的指标。数据来源于《中国统计年鉴》。

● R&D经费中基础研究经费支出

指为了获得关于现象和可观察事实的基本原理的新知识（揭示客观事物的本质、运动规律，获得新发展、新学说）而进行的实验性或理论性研究经费支出，它不以任何专门或特定的应用或使用为目的。数据来源于《中国科技统计年鉴》。

● R&D经费中应用研究经费支出

指为获得新知识而进行的创造性研究经费支出，主要针对某一特定的目的或目标。应用研究是为了确定基础研究成果可能的用途，或是为达到预定的目标探索应采取的新方法（原理性）或新途径。数据来源于《中国科技统计年鉴》。

● R&D经费中试验发展经费支出

指利用从基础研究、应用研究和实际经验中所获得的现有知识，为产生新的产品、材料和装置，建立新的工艺、系统和服务，以及对已产生和建立的上述各项做实质性的改进而进行的系统性工作所产生的费用。数据来源于《中国科技统计年鉴》。

● R&D经费中基础研究经费支出占比重

是衡量基础研究经费投入占R&D经费内部支出份额的指标。数据来源于《中国科技统计年鉴》。

● R&D经费中应用研究经费支出占比重

是衡量应用研究经费投入占R&D经费内部支出份额的指标。数据来源于《中国科技统计年鉴》。

● R&D经费中试验发展经费支出占比重

是衡量试验发展经费投入占R&D经费内部支出份额的指标。数据来源于《中国科技统计年鉴》。

● R&D经费中政府资金经费支出

指R&D经费内部支出中来自各级政府部门的各类资金，包括财政科学技术拨款、科学基金、教育等部门事业费及政府部门预算外资金的实际支出。数据来源于《中国科技统计年鉴》。

● R&D经费中企业资金经费支出

指R&D经费内部支出中来自本企业的自有资金和接受其他企业委托而获得的经费，以及科研院所、高等学校等事业单位从企业获得的资金的实际支出。数据来源于《中国科技统计年鉴》。

● R&D经费中政府资金经费支出占比重

是衡量R&D经费内部支出中政府投入所占份额的指标。数据来源于《中国科技统计年鉴》。

● R&D经费中企业资金经费支出占比重

是衡量R&D经费内部支出中企业投入所占份额的指标。数据来源于《中国科技统计年鉴》。

● 高校R&D经费支出

是指高等学校在报告年度用于内部开展R&D活动的实际支出。包括用于R&D项目（课题）活动的直接支出，间接用于R&D活动的管理费、服务费，以及与R&D有关的基本建设支出及外协加工费等。不包括生产性活动支出、归还贷款支出，以及与外单位合作或委托外单位进行R&D活动而转拨给对方的经费支出。数据来源于《中国科技统计年鉴》。

● 研究机构R&D经费支出

是指研究与开发机构在报告年度用于内部开展R&D活动的实际支出。数据来源于《中国科技统计年鉴》。

● 高校R&D经费支出占全社会R&D经费比重

是衡量R&D经费内部支出中高等学校R&D经费投入所占份额的重要指标。数据来源于《中国科技统计年鉴》。

● 研究机构R&D经费支出占全社会R&D经费比重

是衡量R&D经费内部支出中研究与开发机构R&D经费投入所占份额的重要指标。数据来源于《中国科技统计年鉴》。

● 高新技术企业R&D经费支出

是指高新技术企事业单位用于内部开展R&D活动的实际支出。数据来源于《中国火炬统计年鉴》。

● **高新技术企业R&D经费支出占全社会R&D经费比重**

是衡量R&D经费内部支出中高新技术企业R&D经费投入所占份额的重要指标。数据来源于《中国火炬统计年鉴》。

● **财政性教育经费支出**

财政性教育经费又称公共教育经费，是一个国家或一个地区教育发展的重要保证，公共教育投入规模与速度可以反映国家或地方政府对教育的重视程度。财政性教育经费包括国家财政预算内教育经费，各级政府用于教育的税、费，企业办学经费，校办产业、勤工俭学和社会服务收入用于教育的经费。数据来源于《中国统计年鉴》。

● **财政性教育经费支出与地区生产总值比值**

是财政性教育经费支出与地区生产总值之比，可以反映教育经费投入的强度。数据来源于《中国统计年鉴》。

● **地方财政科技支出**

指地方财政预算用于科技支出的费用。数据来源于《中国统计年鉴》。

● **地方财政科技支出占地方财政支出比重**

地方财政科技支出指地方财政预算用于科技支出的费用。地方财政科技支出占地方财政支出比重是衡量地方政府创新资本要素投入力度的重要指标。数据来源于《中国统计年鉴》。

● **地方财政科技支出与地区生产总值比值**

是衡量地方政府科技投入力度的重要指标。地方财政科技支出与地区生产总值的数据均来源于《中国统计年鉴》。

● **R&D人员全时当量**

是国际上通用的用于比较科技人力投入的指标，指的是全时人员数加非全时人员按工作量折算为全时人员数的总和。例如，有2个全时人员和3个非全时人员（工作时间分别为20%、30%和70%），则全时当量为2.0+0.2+0.3+0.7=3.2人年。数据来源于《中国科技统计年鉴》。

● **万人R&D人员全时当量**

是反映科技人力资源和研发活动人力投入强度的重要指标。数据来源于《中国科技统计年鉴》。

● **R&D人员中基础研究人员数**

指调查单位内部R&D活动中从事基础研究的人员。包括直接参加基础研究活动的人员、管理人员和直接服务人员。为研发活动提供直接服务的人员包括直接为研发活动提供资料文献、材料供应、设备维护等服务的人员。数据来源于《中国科技统计年鉴》。

● R&D人员中应用研究人员数

指调查单位内部R&D活动中从事应用研究的人员。包括直接参加应用研究活动的人员、管理人员和直接服务人员。为研发活动提供直接服务的人员包括直接为研发活动提供资料文献、材料供应、设备维护等服务的人员。数据来源于《中国科技统计年鉴》。

● R&D人员中试验发展人员数

指调查单位内部R&D活动中从事试验发展的人员。包括直接参加试验发展活动的人员、管理人员和直接服务人员。为研发活动提供直接服务的人员包括直接为研发活动提供资料文献、材料供应、设备维护等服务的人员。数据来源于《中国科技统计年鉴》。

● R&D人员中基础研究人员占比重

是衡量基础研究人员占R&D活动人员份额的指标。数据来源于《中国科技统计年鉴》。

● R&D人员中应用研究人员占比重

是衡量应用研究人员占R&D活动人员份额的指标。数据来源于《中国科技统计年鉴》。

● R&D人员中试验发展人员占比重

是衡量试验发展人员占R&D活动人员份额的指标。数据来源于《中国科技统计年鉴》。

● R&D研究人员全时当量

R&D研究人员是指R&D人员中具备中级以上职称或博士学历（学位）的人员，是反映科技创新人力投入的重要指标。全时当量指R&D研究人员中全时人员工作量与非全时人员按实际工作时间折算的工作量之和。数据来源于《中国科技统计年鉴》。

● R&D研究人员占全社会R&D人员比重

可以反映科技活动人力投入的质量。数据来源于《中国科技统计年鉴》。

● 高校R&D人员全时当量

指高等学校科技活动人员中从事基础研究、应用研究和试验发展3类活动的人员数。包括项目（课题）组人员、企业科技行政管理人员和直接为项目（课题）活动提供服务的辅助人员。高等学校R&D人员全时当量指高等学校在报告年度实际从事R&D活动的时间占制度工作时间90%及以上的人员。数据来源于《中国科技统计年鉴》。

● 研究机构R&D人员全时当量

指研究与开发机构科技活动人员中从事基础研究、应用研究和试验发展3类活动的人员数。包括项目（课题）组人员、企业科技行政管理人员和直接为项目（课题）活动提供服务的辅助人员。研究与开发机构R&D人员全时当量指研究与开发机构在报告年度实际从事R&D活动的时间占制度工作时间90%及以上的人员。数据来源于《中国科技统计年鉴》。

● 高校R&D人员占全社会R&D人员比重

是衡量高等学校R&D活动人力投入强度的重要指标。数据来源于《中国科技统计年鉴》。

● 研究机构R&D人员占全社会R&D人员比重

是衡量研究与开发机构R&D活动人力投入强度的重要指标。数据来源于《中国科技统计年鉴》。

● 高技术产业R&D经费支出

是指高技术企业在报告年度用于内部开展R&D活动的实际支出。数据来源于《中国科技统计年鉴》。

● 高技术产业R&D经费支出占全社会R&D经费比重

是衡量高技术产业R&D活动经费投入占R&D经费支出份额的指标。数据来源于《中国科技统计年鉴》。

● 高技术产业R&D经费内部支出占营业收入比重

是衡量高技术企业创新能力和创新投入强度的重要指标之一。数据来源于《中国科技统计年鉴》。

● 高技术产业引进技术经费支出

是指高技术产业企业在报告期用于购买境外技术的费用支出，包括产品设计、工艺流程、图纸、配方、专利等技术资料的费用支出，以及购买关键设备、仪器、样机和样件等的费用支出。数据来源于《中国科技统计年鉴》。

● 高技术产业消化吸收经费支出

高技术产业引进技术的消化吸收是指对引进技术的掌握、应用、复制而开展的工作，以及在此基础上的创新。引进技术的消化吸收经费支出包括人员培训费，测绘费，参加消化吸收人员的工资、工装、工艺开发费，必备的配套设备费，翻版费等。数据来源于《中国科技统计年鉴》。

● 高技术产业购买境内技术经费支出

是指高技术产业企业在报告期用于购买境内其他单位科技成果的经费支出，包括产品设计、工艺流程、图纸、配方、专利、技术诀窍及关键设备的费用支出。数据来源于《中国科技统计年鉴》。

● 高技术产业技术改造经费支出

是指高技术产业企业在报告期进行技术改造而发生的费用支出。数据来源于《中国科技统计年鉴》。

● 高技术产业企业技术获取和技术改造经费支出占营业收入比重

高技术产业企业技术获取和技术改造经费支出是指高技术产业的引进技术经费支出、消化吸收经费支出、技术改造经费支出和购买境内技术经费支出的合计，该指标与高技术产业营业收入之比是衡量企业创新能力和创新投入强度的重要指标之一。数据来源于《中国科技统计年鉴》。

● 高技术产业新产品研发经费支出

是指属于高技术产业统计范围的企业在报告期内进行新产品研发所产生的费用。数据来源于《中国科技统计年鉴》。

● 高技术产业新产品研发经费支出占新产品销售收入比重

是衡量高技术企业创新产出的重要指标之一。数据来源于《中国科技统计年鉴》。

● 高技术产业R&D人员全时当量

是指高技术产业企业科技活动人员中从事基础研究、应用研究和试验发展3类活动的人员数。包括直接参加上述3类项目活动的人员及这3类项目的管理和服务人员总数。数据来源于《中国科技统计年鉴》。

● 高技术产业R&D人员占全社会R&D人员比重

是衡量R&D活动人力投入强度的重要指标之一。数据来源于《中国科技统计年鉴》。

● 高新技术企业R&D人员全时当量

是指高新技术企业中从事基础研究、应用研究和试验发展3类活动的人员数。包括项目（课题）组人员、企业科技行政管理人员和直接为项目（课题）活动提供服务的辅助人员。研究与开发机构R&D人员全时当量指研究与开发机构在报告年度实际从事R&D活动的时间占制度工作时间90%及以上的人员。数据来源于《中国火炬统计年鉴》。

● 高新技术企业R&D人员占全社会R&D人员比重

是衡量高新技术企业R&D活动人力投入强度的重要指标。数据来源于《中国火炬统计年鉴》。

● 科学研究和技术服务业固定资产投资

是指科学研究和技术服务业已经完成建造和购置过程，并已交付生产或使用单位的固定资产的价值，包括已经建成投入生产或交付使用的工程投资，达到固定资产标准的设备、工具、器具的投资及有关应摊入的费用。是表示科学研究和技术服务业固定资产投资成果的价值指标，也是反映科学研究和技术服务业建设进度、计算科学研究和技术服务业固定资产投资效果的重要指标。数据来源于《中国统计年鉴》。

● 科学研究和技术服务业固定资产投资占比重

固定资产投资是提高创新能力的重要手段。科学研究与技术服务业固定资产投资占全社会固定资产的比重是反映各级政府对科学研究与技术服务业支持力度的指标。数据来源于《中国统计年鉴》。

● 开展创新活动的企业数

是指规模以上工业企业中开展创新活动的企业数量。创新活动是指为实现创新而进行的科学、技术、组织、商业等各种活动的总称。具体包括开展了产品或工艺创新活动，或实现了组织或营销创新。数据来源于《全国企业创新调查年鉴》。

● 开展创新活动的企业占比重

是衡量规模以上工业企业中开展创新活动的企业所占份额。数据来源于《全国企业创新调查年鉴》。

● 实现创新的企业数

是指规模以上工业企业中在创新活动中实现了产品或工艺创新，或实现了组织或营销创新的企业数。数据来源于《全国企业创新调查年鉴》。

● 实现创新企业占比重

是衡量规模以上工业企业中实现创新的企业数所占的份额。数据来源于《全国企业创新调查年鉴》。

● 企业创新费用支出

是指规模以上工业企业创新经费支出。包括企业R&D经费内部支出、企业R&D经费外部支出、获得机器设备和软件经费支出、从外部获取相关技术经费支出等4项经费。数据来源于《全国企业创新调查年鉴》。

● 企业R&D经费支出

是指企业在报告年度用于内部开展R&D活动的实际支出。包括用于R&D项目（课题）活动的直接支出，间接用于R&D活动的管理费、服务费，以及与R&D有关的基本建设支出及外协加工费等。不包括生产性活动支出、归还贷款支出，以及与外单位合作或委托外单位进行R&D活动而转拨给对方的经费支出。数据来源于《中国科技统计年鉴》，为规模以上工业企业数。

● 企业R&D经费支出占创新费用支出比重

是指规模以上工业企业创新费用中企业R&D经费内部支出所占份额。数据来源于《全国企业创新调查年鉴》。

● 企业R&D经费支出占全社会R&D经费比重

是衡量企业R&D活动经费投入的重要指标，也是判断企业是否成为创新主体的重要指标。数据来源于《中国科技统计年鉴》，为规模以上工业企业数。

● 企业R&D经费支出占营业收入比重

是衡量企业创新经费投入强度的重要指标。发达国家经验表明，若这一比例低于2%，企业创新将难以维持，一些发达国家的高技术产业高于6%。数据来源于《中国科技统计年鉴》，为规模以上工业企业数。

● 企业引进技术经费支出

是指企业在报告期用于购买境外技术的费用支出，包括产品设计、工艺流程、图纸、配方、专利等技术资料的费用支出，以及购买关键设备、仪器、样机和样件等的费用支出。数据来源于《中国科技统计年鉴》，为规模以上工业企业数。

● 企业消化吸收经费支出

企业引进技术的消化吸收是指企业对引进技术的掌握、应用、复制而开展的工作，以及在此基础上的创新。引进技术的消化吸收经费支出包括人员培训费，测绘费，参加消化吸收人员的工资、工装、工艺开发费，必备的配套设备费，翻版费等。数据来源于《中国科技统计年鉴》，为规模以上工业企业数。

● 企业购买境内技术经费支出

是指企业在报告期用于购买境内其他单位科技成果的经费支出，包括产品设计、工艺流程、图纸、配方、专利、技术诀窍及关键设备的费用支出。数据来源于《中国科技统计年鉴》，为规模以上工业企业数。

● 企业技术改造经费支出

是指企业在报告期进行技术改造而发生的费用支出。技术改造指企业在坚持科技进步的前提下，将科技成果应用于生产的各个领域（产品、设备、工艺等），用先进技术改造落后技术，用先进工艺代替落后工艺、设备，实现以内涵为主的扩大再生产，从而提高产品质量，促进产品更新换代，节约能源，降低消耗，全面提高综合经济效益。数据来源于《中国科技统计年鉴》，为规模以上工业企业数。

● 企业技术获取和技术改造经费支出

是指企业引进技术经费支出、企业消化吸收经费支出、企业技术改造经费支出和企业购买境内技术经费支出的合计。数据来源于《中国科技统计年鉴》，为规模以上工业企业数。

● 企业技术获取和技术改造经费支出占营业收入比重

是衡量企业创新能力和创新投入水平的重要指标。数据来源于《中国科技统计年鉴》，为规模以上工业企业数。

● 企业科学研究经费支出占R&D经费支出比重

企业科学研究经费指企业R&D经费支出中用于基础研究和应用研究的经费。基础研究和应用研究是试验发展活动及其他一系列创新活动的基础，企业科学研究经费支出的规模和水平是反映企业自主创新活动质量的重要指标之一。数据来源于《中国科技统计年鉴》，为规模以上工业企业数。

● 研究机构来源于企业的R&D经费支出

是指研究与开发机构R&D经费内部支出中来自企业的资金，可以反映研究与开发机构和企业之间协同创新的规模和水平。数据来源于《中国科技统计年鉴》，为规模以上工业企业数。

● 高校来源于企业的R&D经费支出

是指高等学校R&D经费内部支出中来自企业的资金，可以反映高等学校和企业之间协同创新的规模和水平。数据来源于《中国科技统计年鉴》，为规模以上工业企业数。

● 研究机构和高校R&D经费支出中企业资金占比重

研究与开发机构和高等学校R&D经费支出中企业资金是指企业给予研究与开发机构和高等学校的研发资金总量，用于衡量企业与研究与开发机构、高等学校的合作情况。企业给予研究与开发机构和高等学校的R&D经费占研究与开发机构和高等学校研发资金的比重可以反映产学研之间协同创新的水平。数据来源于《中国科技统计年鉴》，为规模以上工业企业数。

● 企业平均吸纳技术成交额

是指按照技术流向统计的技术市场技术成交额，是衡量国内技术吸收状况的指标。企业平均吸纳技术成交额是反映企业吸纳国内技术水平的指标。数据来源于《中国科技统计年鉴》，为规模以上工业企业数。

● 企业R&D人员全时当量

是指企业科技活动人员中从事基础研究、应用研究和试验发展3类活动的人员数。包括直接参加上述3类项目活动的人员及这3类项目的管理和服务人员总数。数据来源于《中国科技统计年鉴》，为规模以上工业企业数。

● 企业R&D研究人员全时当量

是指企业R&D人员中具备中级以上职称或博士学历（学位）的人员数。数据来源于《中国科技统计年鉴》，为规模以上工业企业数。

● 企业R&D研究人员占全社会R&D研究人员比重

企业应是科技进步和创新的主体。企业R&D研究人员占全社会R&D研究人员比重是衡量R&D活动人力投入比例关系和企业科技人力投入强度的重要指标。数据来源于《中国科技统计年鉴》，为规模以上工业企业数。

● 万名企业就业人员中R&D人员数

是反映企业研发活动人力投入强度的重要指标。数据来源于《中国科技统计年鉴》，为规模以上工业企业数。

🔵 **有R&D活动的企业数**

企业是创新的主体，有R&D活动的企业数体现了企业群体中创新活动的规模。数据来源于《中国科技统计年鉴》，为规模以上工业企业数。

🔵 **有R&D活动的企业占比重**

有R&D活动的企业占工业企业比重体现了工业企业整体创新水平。数据来源于《中国科技统计年鉴》，为规模以上工业企业数。

🔵 **有研究机构的企业数**

企业研究机构是指在企业内设立的独立或非独立的具有自主研发能力的技术创新组织载体。企业研究机构是企业技术创新的基础平台，是全面提高自主创新能力的中坚力量。数据来源于《中国科技统计年鉴》，为规模以上工业企业数。

🔵 **有研究机构的企业占比重**

是反映工业企业整体创新水平的指标。数据来源于《中国科技统计年鉴》，为规模以上工业企业数。

🔵 **企业专利申请数**

是指企业在报告期内向国内知识产权管理部门提出专利申请并被受理的件数。数据来源于《中国科技统计年鉴》，为规模以上工业企业数。

🔵 **企业发明专利申请数**

发明专利是指对产品、方法或者其改进所提出的新的技术方案。企业发明专利申请数指企业在报告期内向国内知识产权管理部门提出发明专利申请并被受理的件数。数据来源于《中国科技统计年鉴》，为规模以上工业企业数。

🔵 **企业发明专利拥有量**

又称为企业有效发明专利数，是指报告期末企业作为专利权人拥有的、经国内知识产权管理部门授权且在有效期内的发明专利件数。数据来源于《中国科技统计年鉴》，为规模以上工业企业数。

🔵 **万名企业就业人员发明专利拥有量**

是发明专利拥有量和企业就业人员数之比，可以反映相对于企业就业人员规模的企业创新产出水平。数据来源于《中国科技统计年鉴》，为规模以上工业企业数。

🔵 **发明专利申请数**

是指报告期内向国内知识产权管理部门提出发明专利申请并被受理的件数。数据来源于《中国科技统计年鉴》。

◉ 实用新型专利申请数

实用新型专利是指对产品的形状、构造或者其结合所提出的适于实用的新的技术方案。实用新型专利申请数是指报告期内向国内知识产权管理部门提出实用新型专利申请并被受理的件数。数据来源于《中国科技统计年鉴》。

◉ 外观设计专利申请数

外观设计专利是指对产品的形状、图案或者其结合，以及色彩与形状、图案的结合所做出的富有美感并适于工业应用的新设计。外观设计专利申请数是指报告期内向国内知识产权管理部门提出外观设计专利申请并被受理的件数。数据来源于《中国科技统计年鉴》。

◉ 研究机构专利申请数

是指研究与开发机构在报告期内向国内知识产权管理部门提出专利申请并被受理的件数。数据来源于《中国科技统计年鉴》。

◉ 研究机构发明专利申请数

是指研究与开发机构在报告期内向国内知识产权管理部门提出发明专利申请并被受理的件数。数据来源于《中国科技统计年鉴》。

◉ 高校专利申请数

指高等学校在报告期内向国内知识产权管理部门提出专利申请并被受理的件数。数据来源于《中国科技统计年鉴》。

◉ 高校发明专利申请数

指高等学校在报告期内向国内知识产权管理部门提出发明专利申请并被受理的件数。数据来源于《中国科技统计年鉴》。

◉ 万人发明专利申请数

是反映相对于人口规模的发明专利申请一般水平的指标。数据来源于《中国科技统计年鉴》。

◉ 亿元R&D经费支出发明专利申请数

是反映相对于研发经费投入水平的发明专利申请规模的指标。数据来源于《中国科技统计年鉴》。

◉ 发明专利授权数

指报告期内由国内知识产权管理部门授予发明专利权的件数。数据来源于《中国科技统计年鉴》。

◉ 实用新型专利授权数

指报告期内由国内知识产权管理部门授予实用新型专利权的件数。数据来源于《中国科技统计年鉴》。

● 外观设计专利授权数

指报告期内由国内知识产权管理部门授予外观设计专利权的件数。数据来源于《中国科技统计年鉴》。

● 万人发明专利授权数

可以反映地区发明专利的产出效率。数据来源于《中国科技统计年鉴》。

● 万名企业就业人员发明专利拥有量

是发明专利拥有量和企业就业人员数之比，可以反映相对于企业就业人员规模的企业创新产出水平。数据来源于《中国科技统计年鉴》，为规模以上工业企业数。

● 亿元R&D经费支出发明专利授权数

是反映相对于研发经费投入的发明专利产出效率的指标。数据来源于《中国科技统计年鉴》。

● 发明专利拥有量

指年末拥有经国内知识产权管理部门授权且在有效期内的发明专利件数。数据来源于《中国科技统计年鉴》。

● 实用新型专利拥有量

指年末拥有经国内知识产权管理部门授权且在有效期内的实用新型专利件数。数据来源于《中国科技统计年鉴》。

● 外观设计专利拥有量

指年末拥有经国内知识产权管理部门授权且在有效期内的外观设计专利件数。数据来源于《中国科技统计年鉴》。

● 研究机构发明专利拥有量

指研究与开发机构年末拥有经国内知识产权管理部门授权且在有效期内的发明专利件数。数据来源于《中国科技统计年鉴》。

● 高校发明专利拥有量

指高等学校年末拥有经国内知识产权管理部门授权且在有效期内的发明专利件数。数据来源于《中国科技统计年鉴》。

● 万人发明专利拥有量

专利的数量是反映一个国家或一个地区创新活动质量的重要指标，发明专利的数量又是其中更为重要的指标。测度发明专利水平的指标可分为发明专利授权数和发明专利拥有量。前者反映的是一定时期（通常为一年）发明专利产生的数量；后者反映的是在某一时点上发明专利的存量。数据来源于《中国科技统计年鉴》。

● PCT国际专利申请受理量

是指根据《专利合作条约》（PCT）提交的国际专利申请受理量，用以反映知识产权综合实力和国际影响力。数据来源于《知识产权统计年报》。

● 国内科技论文数

是指在国内期刊上发表的论文数量。数据来源于《中国科技统计年鉴》。

● 万人国内科技论文数

用于衡量国内科技论文产出水平。数据来源于《中国科技统计年鉴》。

● SCI 收录科技论文数

是指美国《科学引文索引》（Science Citation Index，SCI）收录的中国科技人员发表的论文数。美国《科学引文索引》由美国科学情报研究所（现为科睿唯安）于1961年创立，报道生命科学、医学、生物、物理、化学、农业、工程技术领域内的科技文献。是目前国际上最具权威性的用于基础研究和应用研究科研成果的评价体系。数据来源于《中国科技统计年鉴》。

● EI 收录科技论文数

是指美国《工程索引》（The Engineering Index，EI）收录的中国科技人员发表的论文数。美国《工程索引》创刊于1884年，由美国工程信息公司（现为爱思唯尔）编辑出版。作为世界著名的工程技术领域的文献检索系统，其收录文献的内容包括以下工程技术领域：生物工程、土木、地质、环境、矿业、石油、冶金、机械、燃料工程、核能、汽车、宇航工程、电气、电子、控制工程、化工、食品、农业、工业管理、数学、物理、仪表等。数据来源于《中国科技统计年鉴》。

● CPCI-S 收录科技论文数

CPCI-S（Conference Proceedings Citation Index - Science）收录科技论文数是指CPCI-S收录的中国科技人员发表的论文数。CPCI-S是美国科学情报研究所（现为科睿唯安）出版的科学技术会议录索引。该索引收录生命科学、物理与化学科学、农业、生物和环境科学、工程技术和应用科学等学科的会议文献，包括一般性会议、座谈会、研究会、讨论会、发表会等。数据来源于《中国科技统计年鉴》。

● 万人国际科技论文数

国际科技论文数是指在国际期刊上发表的论文数量，万人国际科技论文数用于衡量国际科技论文产出水平。因国外检索机构检索的科技论文存在重复，因此，国际科技论文数引用的是《科学引文索引》（SCI）收录的中国科技人员发表的论文数。数据来源于《中国科技统计年鉴》。

● 技术市场成交合同数

是指报告期内由技术市场管理办公室认定登记的技术合同（技术开发、技术转让、技术咨询、技术服务）的成交数量。数据来源于《中国科技统计年鉴》。

● 技术市场输出技术成交额

是指报告期内由技术市场管理办公室认定登记的技术合同（技术开发、技术转让、技术咨询、技术服务）的合同标的金额的总和。数据来源于《中国科技统计年鉴》。

● 万人输出技术成交额

技术市场的发展和技术成果交易的繁荣，对技术成果迅速转化为生产力具有十分重要的作用，并反映了技术成果的市场化水平。数据来源于火炬中心《中国技术市场报告》。

● 国外技术引进合同数

是指在中华人民共和国境内的公司、企业、团体或个人（受方）为引进技术同中华人民共和国境外的公司、企业、团体或个人(供方)订立的明确相互权利义务关系的协议数。数据来源于《中国科技统计年鉴》。

● 国外技术引进合同成交额

是指中华人民共和国境内的公司、企业、团体或个人（受方）为引进国外技术开发、技术转让、技术咨询和技术服务类合同的成交额。数据来源于《中国科技统计年鉴》。

● 万人国外技术引进合同成交额

是衡量国外技术引进水平的指标。数据来源于《中国科技统计年鉴》。

● 国外技术引进合同成交额中技术经费支出

是指我国境内的自然人、法人或者其他组织从国外引进技术与技术出口国的当事人订立的合同中的技术经费金额。数据来源于《中国科技统计年鉴》。

● 国外技术引进合同成交额中技术经费支出占比重

是指我国境内的自然人、法人或者其他组织从国外引进技术时与技术出口国的当事人订立的合同中的技术经费金额占合同总金额的比重。数据来源于《中国科技统计年鉴》。

● 百万人技术国际收入

技术国际收入指通过向他国转让专利、非专利发明、商标等知识产权，提供R&D服务和其他技术服务而获得的收入。百万人技术国际收入是衡量一个国家或地区创新国际竞争力的指标之一。数据来源于国家外汇管理局《技术收支统计资料》。

● 高技术产业有效发明专利数

有效发明专利数又称为发明专利拥有量。高技术产业有效发明专利数是指报告期末高技术企业作为专利权人拥有的、经国内知识产权管理部门授权且在有效期内的发明专利数。数据来源于《中国科技统计年鉴》。

● 万名高技术产业就业人员有效发明专利数

是高技术产业有效发明专利数和高技术产业就业人员数（以万为单位）之比，可以反映相对于企业就业人员规模的企业创新产出水平。

● 高技术产业营业收入

高技术产业是国家统计局国统字〔2013〕55号文件中制定的《高技术产业统计分类目录》所包含的行业，分为高技术制造业和高技术服务业两类，如不做特殊说明，仅指高技术制造业（下同）。高技术产业包括医药制造业、航空航天器制造业、电子及通信设备制造业、电子计算机及办公设备制造业、医疗设备和仪器仪表制造业。高技术产业营业收入是指属于高技术产业统计范围的企业经常性的、主要的业务所产生的基本收入。

● 高技术产业营业收入占工业营业收入比重

是反映产业结构优化程度的指标之一。工业营业收入是指企业确认的销售商品、提供劳务等营业的收入。

● 高技术产业新产品销售收入

新产品是指采用新技术原理、新设计构思研制生产的全新产品，或在结构、材质、工艺等某一方面比原有产品有明显改进，从而显著提高了产品性能或扩大了使用功能的产品。高技术产业新产品销售收入是指属于高技术产业统计范围的企业报告期销售新产品实现的销售收入。数据来源于《中国科技统计年鉴》。

● 高技术产业新产品销售收入占营业收入比重

是衡量高技术企业创新产出的重要指标之一。

● 万元地区生产总值高技术产业营业收入

创新活动必然导致产业结构的优化。万元生产总值高技术产业营业收入是反映产业结构优化程度的指标之一。

● 新产品销售收入

是反映工业企业新产品销售规模的指标。数据来源于《中国科技统计年鉴》，为规模以上工业企业数。

● 新产品销售收入占营业收入比重

新产品销售收入是按国家统计局规模以上工业企业科技活动统计指标中新产品的定义统计的销售收入，与营业收入比较可以反映中国工业企业采用新技术原理、新设计构思研制、生产的全新产品，或在结构、材质、工艺等某一方面比原有产品有明显改进，从而显著提高了产品性能或扩大了使用功能的产品对营业收入的影响。数据来源于《中国科技统计年鉴》，为规模以上工业企业数。

⬤ 商品出口额

是指实际输出中国国境的货物总金额，是反映对外贸易总规模和商品出口竞争力的指标。中国规定出口货物按离岸价格统计，进口货物按到岸价格统计。数据来源于《中国统计年鉴》。

⬤ 商品出口额与地区生产总值比值

反映了产品出口对经济产出的贡献，也是反映相对于经济规模的产品出口竞争力的指标。数据来源于《中国统计年鉴》。

⬤ 高技术产品出口额

高技术产品是指纳入海关总署《高技术产品目录》中的产品。高技术产品包括全新型产品、首次生产的换代型产品、首次生产的改进型产品等，具有技术含量高、经济效益好和市场前景广阔的特点。高技术产品出口额是指实际输出中国国境的高技术产品总金额。数据来源于《中国科技统计年鉴》。

⬤ 高技术产品出口额占商品出口额比重

高技术产品出口额是根据海关总署《高技术产品目录》从商品出口额中分离出的数据，按原产地进行统计。高技术产品出口额占商品出口额比重可以反映一个国家或一个地区高技术产品的国际竞争力。数据来源于《中国科技统计年鉴》。

⬤ 第三产业增加值

是三次产业中除第一、第二产业以外其他行业的增加值，主要包括流通行业、为生产和生活服务的行业、为提高科学文化水平和居民素质服务的行业等。第三产业的发展水平是衡量产业经济发展程度的重要标志。数据来源于《中国统计年鉴》。

⬤ 第三产业增加值占地区生产总值比重

随着生产力水平的提高，第一产业占国民经济的比重会逐步下降，第二产业和第三产业占国民经济的比重会逐步提升。第三产业增加值占地区生产总值（GDP）比重是反映社会生产力水平和产业结构优化程度的重要指标。数据来源于《中国统计年鉴》。

⬤ 高新技术企业数

指在国家重点支持的高新技术领域内，持续进行研究开发与技术成果转化，形成企业核心自主知识产权，并以此为基础开展经营活动，在中国境内（不包括港澳台地区）注册一年以上的居民企业数。数据来源于《中国火炬统计年鉴》。

⬤ 高新技术企业年末从业人员数

指在报告期末，在企业中从事劳动并取得劳动报酬或经营收入的全部劳动力。数据来源于《中国火炬统计年鉴》。

⬤ 高新技术企业营业收入

指企业经营主要业务和其他业务所确认的收入总额。营业收入合计包括主营业务收入和其他业务收入。数据来源于《中国火炬统计年鉴》。

⬤ 高新技术企业技术收入

指企业全年用于技术转让、技术承包、技术咨询与服务、技术入股、中试产品收入及接受外单位委托的科研收入等。数据来源于《中国火炬统计年鉴》。

⬤ 高新技术企业技术收入占营业收入比重

是指高新技术企业营业收入中技术收入所占份额。数据来源于《中国火炬统计年鉴》。

⬤ 高新技术企业净利润

是指高新技术企业在利润总额中按规定缴纳了所得税后的利润留成，一般也称为税后利润或净利润。净利润取决于两个因素：一是利润总额；二是所得税费用。是衡量一个企业经营效益的主要指标。数据来源于《中国火炬统计年鉴》。

⬤ 高新技术企业利润率

是指高新技术企业净利润与营业收入的比率，是反映高新技术企业经济效益的重要指标。数据来源于《中国火炬统计年鉴》。

⬤ 高新技术企业出口总额

是指实际输出中国国境的高新技术企业产品出口的总金额。数据来源于《中国火炬统计年鉴》。

⬤ 劳动生产率

区别于劳动和资本对经济社会发展的作用，创新的作用体现为对集约型经济发展方式的促进。而集约型经济增长方式具体体现为人、财、物的节约和使用效率的提高。劳动生产率反映的是劳动效率的提高，为生产总值与就业人员之比。数据来源于《中国统计年鉴》。

⬤ 固定资本形成总额

是指常住单位在一定时期内获得的固定资产减处置（销售或转出）的固定资产的价值总额。固定资产是通过生产活动生产出来的，且其使用年限在一年以上、单位价值在规定标准以上的资产，不包括自然资产。可分为有形固定资本形成总额和无形固定资本形成总额。有形固定资本形成总额包括一定时期内完成的建筑工程、安装工程和设备工器具购置（减处置）价值，以及土地改良，新增役、种、奶、毛、娱乐用牲畜和新增经济林木价值。无形固定资本形成总额包括矿藏的勘探、计算机软件等获得减处置。数据来源于《中国统计年鉴》。

● 资本生产率

资本生产率反映的是资本投入与经济产出之间的关系，即地区生产总值与地区资本投入之比。反映地区资本投入的指标为固定资本形成存量净额，由各地区基年（1952年）的固定资本形成存量净额、每年的固定资本形成和折旧额，经价格调整，用永续盘存法求得。数据来源于《中国统计年鉴》。

● 综合能耗产出率

中国是一个能源相对短缺的国家，因此，提高能源使用效率具有十分重要的意义。综合能耗产出率是地区生产总值与地区综合能源消费量之比，反映单位能源消费的产出效率。数据来源于《中国能源统计年鉴》。

● 空气质量达到二级以上天数

按照国家统一规定，空气达到二级以上标准是指空气污染指数≤100，如果空气污染指数≤50，说明空气质量为优。空气污染指数＞50且≤100时，说明空气质量为良好。空气污染指数是根据环境空气质量标准和各项污染物对人体健康和生态环境的影响来确定污染指数的分级及相应的污染物浓度值。目前计入空气污染指数的项目暂定为二氧化硫、氮氧化物和总悬浮颗粒物。空气质量达到二级以上天数是反映空气质量的重要指标。本报告中使用的是按地区下辖的各地级市的常住人口加权计算的空气质量达到二级以上天数。数据来源于《中国统计年鉴》。

● 空气质量达到二级以上天数占比重

是反映城市空气质量的重要指标。数据来源于《中国统计年鉴》。

● 废水中化学需氧量排放量

是指在一定的条件下，采用一定的强氧化剂处理废水时，所消耗的氧化剂的量。它是表示水中还原性物质的量的一个指标。水中的还原性物质有各种有机物、亚硝酸盐、硫化物、亚铁盐等，但主要的是有机物。废水中化学需氧量排放量越大，说明水体受有机物的污染越严重。在河流污染和工业废水性质的研究及废水处理厂的运行管理中，它是一个重要且能较快测定的有机物污染参数。数据来源于《中国统计年鉴》。

● 废水中化学需氧量排放降低率

废水中化学需氧量排放降低率＝（上期废水中化学需氧量排放量－本期废水中化学需氧量排放量）／上期废水中化学需氧量排放量。废水中化学需氧量排放降低率反映了本期与上期相比废水中化学需氧量排放量的降低程度，是反映水源质量及污水减排水平的重要指标。数据来源于《中国统计年鉴》。

● 二氧化硫排放量

二氧化硫（化学式SO_2）是最常见的硫氧化物，是大气主要污染物之一，是导致酸雨的主要因素。二氧化硫排放量是指一定时期内，某企业或地区燃料燃烧和生产过程中产生并排入大气中的二氧化硫气体总量。二氧化硫排放量是反映一个地区的生产活动对空气污染程度的重要指标。数据来源于《中国统计年鉴》。

● 二氧化硫排放降低率

二氧化硫排放降低率＝（上期二氧化硫排放量－本期二氧化硫排放量）／上期二氧化硫排放量。二氧化硫排放降低率是反映空气质量及污染气体减排水平的重要指标。数据来源于《中国统计年鉴》。

● 万元地区生产总值用水量

是指相对于经济产出消耗水的水平，反映的是一个国家或地区的用水效率、节水潜力和水资源承载能力。数据来源于《中国统计年鉴》。

● 万元地区生产总值用水量降低率

万元地区生产总值用水量降低率＝（上期地区生产总值用水量－本期地区生产总值用水量）／上期地区生产总值用水量。可以反映本期与上期相比万元地区生产总值用水量的降低程度，反映了水资源的利用效率。数据来源于《中国统计年鉴》。

● 废水中氨氮排放量

废水中氨氮排放量（t）＝氨氮浓度（mg/L）× 废水排放量（t）／1 000 000。

《地表水和污水监测技术规范》（HJ 91.1 － 2019）把氨氮列为河流、湖泊水库和集中式饮用水源地的必测项目。钢铁工业、焦化、化肥（氮肥）、合成氨工业、纺织染整业、食品加工、屠宰及肉类加工、饮料制造业、航天推进剂、船舶工业、管道运输业、宾馆、饭店、游乐场所及公共服务行业、生活污水等排水单位也把氨氮列为必测项目。氨氮指标的监控在环境质量和污染控制中是十分重要的。数据来源于《中国统计年鉴》。

● 废水中氨氮排放降低率

废水中氨氮排放降低率＝（上期氨氮排放量 － 本期氨氮排放量）／上期氨氮排放量。废水中氨氮排放降低率可以反映本期与上期相比废水中氨氮排放量降低的程度，是反映环境污染控制和治理的重要指标。数据来源于《中国统计年鉴》。

● 固体废物产生量

固体废物是指人类在生产、消费、生活和其他活动中产生的固态、半固态废弃物质（国外的定义则更加广泛，动物活动产生的废弃物也属于此类），通俗地说，就是"垃圾"。主要包括固体颗粒、炉渣、污泥、废弃的制品、破损器皿、残次品、动物尸体、变质食品、人畜粪便等。有些国家把废酸、废碱、废油、废有机溶剂等高浓度的液体也归为固体废弃物。固体废物产生量＝（固体废物综合利用量－综合利用往年贮存量）＋固体废物贮存量＋（固体废物处置量－处置往年贮存量）＋固体废物倾倒丢弃量。数据来源于《中国统计年鉴》。

● 固体废物综合利用量

是指报告期内企业通过回收、加工、循环、交换等方式，从固体废物中提取或者使其转化为可以利用的资源、能源和其他原材料的固体废物量（包括当年利用的往年固体废物累计贮存量），如用作农业肥料、生产建筑材料、筑路等。综合利用量由原产生固体废物的单位统计。数据来源于《中国统计年鉴》。

● 固体废物综合治理率

固体废物综合治理量是指报告期内企业将固体废物焚烧和用其他改变固体废物的物理、化学、生物特性的方法，达到减少或者消除其危险成分的活动，或者将工业固体废物最终置于符合环境保护规定要求的填埋场的活动中所消纳固体废物的量。固体废物综合治理率是指报告期内的固体废物治理量与固体废物产生量的比率：固体废物综合治理率＝固体废物治理量／固体废物产生量。数据来源于《中国统计年鉴》。

● 生活垃圾无害化处理率

指报告期生活垃圾无害化处理量与生活垃圾产生量的比率。在统计上，由于生活垃圾产生量不易取得，可用清运量代替。数据来源于《中国统计年鉴》。

计算公式为：生活垃圾无害化处理率＝生活垃圾无害化处理量/生活垃圾产生量×100%。

● 污水处理率

指经过处理的生活污水、工业废水量占污水排放总量的比重。数据来源于《中国城市建设年鉴》。

计算公式为：污水处理率＝污水处理量/污水排放总量×100%。

● 建成区绿化覆盖率

指在城市建成区的绿化覆盖面积占建成区面积的百分比。其中，绿化覆盖面积是指城市中乔木、灌木、草坪等所有植被的垂直投影面积。数据来源于《中国统计年鉴》。